自殺会議

末井 昭

朝日出版社

自殺会議

まえがき

自殺について書いた二冊目の本になります。

これまでにも再三書いていることなので繰り返しになりますが、僕が自殺のことを書くようになったのは、母親が愛人とダイナマイトで心中していて、そのことをまるで仇《かたき》でも取るかのように書きまくっていたからです。そのことを免罪符《めんざいふ》にして、不謹慎《ふきんしん》なことも書いてきましたが、自殺しないで欲しいという気持ちは、ずっと昔から持っています。

なぜ自殺のことを書くのかというと、たぶん自殺する人が好きだからだと思います。極端なことを言えば、自殺でもしなきゃやってられない世の中なのだから、自殺する人はその犠牲者《ぎせいしゃ》です。真面目で正直な人が犠牲者になるのです。感度のいいアンテナを持っている人は、人々の悪意をついついキャッチしてしまうのです。

自殺でもしなきゃやってられないような世の中だけど、自分はなんだか図太くスイスイ生きているような気がして、自殺する人に引け目を感じているところもあります。

自殺してしまった方には、お悔《く》やみ申し上げますとしか言えませんが、自殺しようかどうしようか迷っている方は、できれば、自殺はやめて欲しいです。絶対、と言えないところがもどかしいのですが。

こんなくだらない世の中で生きていたくない、死んでやるわいと自殺してしまう人は、それはそれできっぱりしていてかっこいいのですが、そんな世の中で、もがいたり苦しんだりしている人もかっこいいのです。

舞踏家《ぶとうか》の麿赤兒《まろあかじ》さんは、「この世に生まれ入ったことこそ大いなる才能とする」と言います。僕はその言葉が大好きです。怒髪天《どはってん》の「『♪生きてるだけでＯＫ！』」という歌（『全人類肯定曲』作詞・増子直純《ますこなおずみ》）も大好きです。生きてることに意味はないかもしれないけど、あなたが生きているだけで意味が生まれるのです。

そんなに頑張らなくても、ぼちぼち生きていても、生きていて良かったと思うことがたくさんあります。いまそんなことを思えないとしても、明日になれば気持ちが変わっているかもしれません。せっかくこの世に生まれ入ったのに、「いのちは歓《よろこ》びそのもの」だという人もいるのに、それを経験しないで死んでいくのは、悔しいというか、悲しいというか、可哀《かわい》想《そう》というか……だから、生きづらさを感じている人や、自殺するかもしれないと思っている人に、この本を読んでもらいたいのです。

この本のなかに、自殺を止められる特効薬があるかどうかはわかりません。しかし、生きづらさを解消するヒントは、たくさんちりばめられているはずです。

この本は十一章に分かれていて、それぞれ自殺に縁のある方々に話を聞いています。どんな方々かというと、自殺未遂した人、自殺しようとしている人を救っている人、自殺が少ない町を研究している人、親が自殺した人、子供が自殺した人、死にたい人からの電話をすべて受けている人、自殺をテーマに絵を描いている人、などなど、みなさんツワモノばかりです。こんなにたくさんの人と自殺の話をしたのに、誰一人として深刻な雰囲気にはなりませんでした。共通しているのは、どの人も大変な状況を乗り越えてきていることです。だからこそ、笑って話せるのではないかと思います。

自殺を減らすには、自殺した人の死を悼《いた》むことだと思っています。死を悼むということは、死んでいった人のことを肯定して、その人に思いを馳《は》せることです。苦しんだ挙句《あげく》に自殺という最後の手段を選んだ人たちを見て見ぬふりをすることは、とても可哀想なことだし、その人の死は無意味なままで終わってしまいます。その人たちがなぜ自殺したのかを考え、その原因を社会から取り除いていくことが、真の意味での自殺防止になるのではないかと思っています。

この本ができた経緯を説明しますと、二〇一三年十一月に『自殺』という本を出したあと、講演会やトークショーに呼ばれることが多くなりました。それなりに切実《せつじつ》な状況にある人たちの前で話すこともあるのですが、そういうとき言葉に詰まってしまい、つくづく自分が狭い範囲でしか自殺のことを捉《とら》えていないことに気づかされました。だから勉強させてもらうつもりで、いろんな方々から話を聞き、それをまとめることにしました。みなさん開けっぴろげに話してくださっているので、読んでる人も会話に参加しているつもりになってもらえれば、つらい気持ちを外に出すきっかけになるかもしれません。

それに加えて、前々から行ってみたかった日本一自殺が少ない町、徳島県海部町《かいふちょう》（現・海陽町《かいようちょう》）に行きました。また、自殺の名所と言われている福井県の東尋坊《とうじんぼう》にも行ってみました。そのおかしな旅のレポートも入っています。

『自殺』を書く上でのモットーは「面白い自殺の本」でしたが、それはこの本にも引き継がれています。死にまつわる深刻な話をしているのに、ついつい笑ってしまうところもあるかもしれません。そういう箇所がありましたら、バカなことを言ってるなと思って笑ってください。そうすれば、死にたい気持ちも薄らぐと思いますよ。

目次

目の不自由な妹の転落事故と、母親がダイナマイト心中するまでの八日間の謎

冨永昌敬《とみながまさのり》さんとの話

子供のころの出来事はほとんど忘れているのですが、ポイント、ポイントで鮮明に覚えていることがあります。その一つが、生まれて初めて映画を観たときのことです。初めて観た映画は中村錦之助《なかむらきんのすけ》（のちの萬屋《よろずや》錦之介）主演の『笛吹童子《ふえふきどうじ》』でした。中村錦之助がまるで女の子のようにきれいだったことが、いまも頭に焼きついています。

といっても、岡山の山奥の村ですから映画館があったわけではありません。父親が町の映画館と掛け合って、映画の出前をしてもらって、村人を集めてわが家で上映会をしたのです。出前映画館は、ミゼットという三輪の小型トラックでやって来ました。映写機をうちのボロ家の床《とこ》の間に置き、土間にシーツを張ってスクリーンにしました。試しに映してみると、引きがそれほどないので、画面が小さくて迫力がありません。そのとき父親が言った言葉をよく覚えています。

いただけるかどうかわかりませんが、どうか読んでみてください。

ますが、新たに知ったこともありますので、どうかお楽しみに、いや、自殺のことでお楽しみ
すが、母親のことに少し触れておきたいと思います。母親が亡くなって六十三年になりま
これまで何回も書いたり喋《しゃべ》ったりしてきたことなので、ご存知の方もいらっしゃると思い

会のときは母親が家にいたことになります。
ると、母親が血相を変えて、「なにゅう言ようんじゃ！」と叫びました。だから、この上映
つまり、床の間の壁をぶち抜いて、外に映写機を置けば引きが取れるということです。す
「壁をぶち抜こうか！」

母親は僕が三歳のとき、弟を産んだあと持病の肺結核が悪化して、町の病院に入院しまし
た。僕はよく祖母に背負われ、祖母のしわくちゃの乳房《ちぶさ》に吸いついていたと近所の人から聞
いたことがあります。その祖母もすぐ死んでしまい、父親と僕と弟の三人になってしまい、
父親は弟をどこかに預け、僕を連れて鉱山に働きに行っていました。
その鉱山は、オートバイで三十分ほど行ったところにあり、クレーという鉱石を掘り出し
ていました。クレーは粒子《りゅうし》の細かい粘土で、化粧品に入っているとか、ビスケットに入って
いるとか言う人もいましたが、たぶん陶器の原料として使われていたと思います。
鉱山にはいくつもの坑道《こうどう》があり、坑道の奥の鉱石をダイナマイトで爆破して、トロッコで
外に運び出すというのが仕事でした。その坑道のなかで僕は一日を過ごしていましたが、や

り危ないし邪魔になるということで、親戚に預けられることになりました。僕は同じ村の母親の従姉妹《いとこ》になる人が嫁に行った家に、弟は母親の妹が嫁に行った家に預けられました。

母親が家に帰ってきたのは、僕が小学校一年生のときでした。といっても、僕は一年生を二回やっているので、どっちの一年生のときだったかが定かでありません。僕が預けられた家にも子供がたくさんいて世話がかかるので、僕は小学校に一年早く通わされていたのです。

調べてみると、中村錦之助の『笛吹童子』が公開されたのは、昭和二十九年の四月です。母親が隣の家の一人息子とダイナマイト心中したのが、昭和三十年の十二月だったので、その上映会はその間に行われたはずです。

父親が床の間をぶち抜こうとしたのを母親が止めたのは賢明でした。そうでなくてもボロボロの家だったので、ぶち抜いていたら家が崩れていたかもしれません。

父親はそういう向こう見ずなことをする人で、ダイナマイトを鉱山から一箱盗んできて、それを無造作に床下に置いていました。木の箱を開けると、油紙で包まれたダイナマイトがぎっしり並んでいて、その油紙を剝《は》がして舐《な》めてみると、少し甘い味がしました。ときどき父親とそのダイナマイトを使って、魚を獲ったりしていました。導火線に火をつけ、頃合いを見計らって川に放り込むと、ドカンと爆発して水柱が立ちます。魚はそれほど獲れなかったので、爆発させるのがおもしろくてやっていたようなものでした。そのダイナマイトで自分の妻が他の男と心中するなんて、父親は思ってもみなかったはずです。

母親の病気のことがあったにせよ、わが家で映画の上映会をしたころは、一家四人で平和に楽しく暮らしていたときでした。それはほんの一瞬のことだったのですが。

母親は浮気をするようになりました。相手は炭焼きをしている二十過ぎの禮次《れいじ》さんという隣の家の一人息子で、父親が鉱山へ働きに行っている昼間、ちょくちょく家に来ていました。そのたびに僕と弟は外に出されるので、二人で何をしていたのかわからなかったのですが、母親と一緒に暮らしたことがほとんどなかった弟はオッパイに飢えていて、禮次さんが来ても母親のオッパイに吸いついて離さなかったことがあったそうです。すると禮次さんは、「それはワシのじゃ」と言ったそうです。それでも弟はオッパイを離さなかったので、弟と禮次さんが片方ずつオッパイに吸いついていたという話を、数年前に弟から聞かされました。

母親の浮気が父親にバレてからは、夫婦喧嘩が絶えなくなりました。それが嫌で、喧嘩のたびに弟と布団《ふとん》を被《かぶ》って耳を塞《ふさ》いでいました。

ある日の夕方、大喧嘩が始まり、父親が母親に向かって火鉢《ひばち》を投げつけました。その火鉢は母親には当たらなかったのですが、母親は血相を変えて着の身着のままで家を飛び出し、そのまま帰って来ませんでした。

それから八日後、近くの山の中で、母親と禮次さんのバラバラ死体が見つかりました。ダイナマイトを爆発させて心中したのです。

学校のみんなは、もちろんそのことを知っていたはずですが、それが話題になることはありませんでした。僕のほうも、自分からその話をしたことはありません。

高校を卒業して社会に出てからも、母親の話は人に言えませんでした。言うと場がシーンとなるかもしれないし、自分が特別視されて仲間外れにされるかもしれないし、同情されたり哀《あわ》れみの目で見られたりするかもしれない、といった不安や恐怖があったからです。

そのことを最初に話した相手は、駒込《こまごめ》にある看板やディスプレイをやっている会社に勤めていたときの同僚で、僕の唯一の親友だった、近松《ちかまつ》さんという人でした。近松さんも僕以外に友達はいなかったようで、仕事が終わるとよく二人で喫茶店に行き、好きだったグラフィックデザイナーの横尾《よこお》忠則《ただのり》や粟津《あわづ》潔《きよし》の話とか、表現についての話をしていました。近松さんは僕より六つ年上だったのですが、いつも対等につき合ってくれました。

そのころ主に看板のデザインをやっていましたが、母親の自殺は自分が表現者になるための宿命だと思うようになっていて、そういう文章をノートに書いて、近松さんに読んでもらっていました。母親のダイナマイト心中を背負って自分は表現者になる、自分は表現者として選ばれた人間だと思っていたので、近松さんも辟易《へきえき》していたのではないかと思います。

表現、表現と言うけど、いったい何を表現するのか、表現したい気持ちがあるだけじゃないのか、いまこの状態こそが表現なんじゃないのかと、観念的なことばかり言う僕をやんわり批判してくれました。そのころの僕には、「何言ってんだ」という気持ちもあったと思いますが、あとになって考えると、すごく的確なことを近松さんは言ってくれたと思います。

それから五年ほどして、僕はエロ雑誌の編集者になったのですが、そのころ出会った芸術《ゲージツ》家のクマさんこと篠原《しのはら》勝之《かつゆき》さんと飲んでいたときに母親の話をしたら、「末井のおっかさん、スゲーぞ」と、まわりにいる人にも言ってくれて大ウケしました。母親の話をしてウケることを、そのとき初めて知りました。同情するのでもなく、特別視するのでもなく、純粋に受け止めてくれて、素直におもしろがってくれる人がいたのです。そのとき、心の便秘が治ったような爽快感がありました。

それがきっかけとなって、母親の話を人に話したり本に書いたりするようになりました。人に言えないことが言えるようになると、自分が解放されたような気持ちになります。

幸いにしてというか、母親はクリスマスが近い十二月十九日、相手の男と抱き合って（想像です）、その間にダイナマイトを差し込み（想像です）、性器と性器がつながった状態で（これは、死ぬ前に愛の絶頂であって欲しいという僕の願望）、ダイナマイトを爆発させて体をバラバラにし、クリスマスツリーのように木の枝に腸を引っかけて（これも想像です）、犬にも吠《ほ》えられるような派手な死に方をしたので（第一発見者は犬でした）、みんなが興味を持ってくれます。

最初に母親のことを書いたのは、一九八二年に北宋社《ほくそうしゃ》から出た『素敵なダイナマイトスキャンダル』（のちに角川文庫、ちくま文庫）という本です。自意識で頭が膨《ふく》らんでいたころから、エロ雑誌の編集者になるまでの半生記で、「芸術は爆発だったりすることもあるのだが、僕の場合、お母さんが爆発だった」と、出だしから母親のダイナマイト心中のことを書いています。

二〇一二年七月二十日、戌井昭人《いぬいあきと》さんの本『松竹梅《しょうちくばい》』のトークイベントが原宿であり、僕もゲストで呼ばれました。その開演前、会場の入り口にある喫煙所で一人で煙草《たばこ》を吸っていたら、隣に来た男の人から、「末井さんですね、映画監督をやっている冨永《とみなが》と言います。あの、末井さんの『素敵なダイナマイトスキャンダル』を映画にしたいと思っているんですけど」と言われました。そこが喫煙所ということもあって、僕は冗談かもしれないと思いながら「いいですよ」と軽く言いました。どんな映画を考えているのかぐらいは聞くものかもしれませんが、初対面の人が苦手ということもあって、話はそれだけで終わりました。

その後、冨永さんは西《にし》ヶ《が》谷《や》寿一《としかず》さんというプロデューサーと一緒に、僕が所属しているペーソスというバンドのライブにときどき来てくれました。ライブが終わったあと話をすることもあったのですが、映画の話はまったく出ませんでした。

映画化が決まったと聞いたのは、二〇一六年のはじめでした。それから急に慌ただしくなり、『写真時代』（僕が編集していた荒木《あらき》経惟《のぶよし》さん三大連載の写真雑誌。一九八八年に警視庁に摘発され廃刊）のバックナンバーを借りに冨永さんと西ヶ谷さんがわが家を訪れたり、キャスティングや脚本の打ち合わせをしたり、映画に使う看板やチラシのデザインを僕がすることになったりしました。そして、年末には脚本が完成し、主役の末井《すえい》昭《あきら》役は柄《え》本《もと》佑《たすく》さんに決まりました。

翌年二月、製作プロダクションの事務所で、柄本さんと顔合わせがありました。冨永監督、西ヶ谷プロデューサー、助監督、衣装、メイク、美術の人もいたと思います。打ち合わせのあと、柄本さん、冨永さん、西ヶ谷さん、三人の助監督と、男だけで居酒屋に行きました。

打ち合わせのときから気になっていたのですが、柄本さんはどことなく顔が僕に似ている気がして、他人とは思えないような不思議な感じがしました。僕は人見知りするほうですが、そこは僕と違って誰とでも気軽に話せるようで、みんながいる前でいきなりオナニーの話を始めました。高校生のころ、一晩に何回オナニーできるか競争をし、十六回して一番になったと自慢していました。自慢じゃないですが、僕もオナニーでは人に引けを取りません。なんだか頼もしいような気がしました。

帰りがけに、西ヶ谷さんが靴箱《くつばこ》からみんなの靴を出して並べてくれました。僕の前に置かれたニューバランスのスニーカーをなんの疑いもなく履《は》いて、どこかに飲みに行くという富永さんや柄本さんと別れて家に帰りました。

帰って、なんとなく靴が違うような気がしたのでよく見ると、柄本さんの靴のようでした。サイズも色も形もほぼ同じだったので、まったく気がつきませんでした。新しく買って返そうかとも思ったのですが、靴が同じだったのも、間違って履いたのも何かの縁ということで、そのまま履かせてもらいました。クランクインしてから七回撮影現場を見に行ったのですが、そのときも柄本さんの靴を履いて行きました。柄本さんも僕の靴を履いていて、「間違えてすみません」と言うと、撮影中はずっと僕の靴を履くと言っていました。

柄本さんのことで驚いたことがありました。岡山の山奥にある母親の墓参りに行ってくれていたことです（柄本さんは、セリフを覚えるついでに、なんとなく軽いノリで行ったと言っていましたが）。

岡山で一泊したあと吉永《よしなが》というところまで行き、駅からタクシーで僕が生まれた村まで行ったそうです。前に、吉永に行ったけど母親の墓には辿《たど》り着けなかったと言う富永監督に、紙切れに簡単に地図を書いて渡したことがありました。柄本さんがそれを写メで撮って、それを頼りに行ったそうですが、あんな落書きみたいな地図でよく行けたものだと思いました。やはり、かなり迷ったそうで、タクシーを降りたのは四キロも手前で、そこから母親の墓がある方向に歩いたそうです。「行けども行けども民家がなくて、遭難《そうなん》するかと思いましたよ」と柄本さんは言っていました。しかも、墓地にやっと辿り着いたものの、母親の墓を見つけられず、諦《あきら》めて帰ろうとしてふと横を見ると、末井冨子《とみこ》の墓がポツンとあったそうです。

それらのことはみな偶然といえば偶然なのですが、何かに導かれているような気もします。

四十年ほど会ってなかった親友の近松さんに会うことができたのも、映画がきっかけでした。近松さんは四十年ほど前、千葉のほうに行ってしまい、住所も電話もわからなくなっていました。『素敵なダイナマイトスキャンダル』が出たころ、それを読んだという電話があって、会って飲もうと話していたのですが、後日電話がきて、いまお金がないから会えないと

柄本さんがお参りしてくれた末井冨子の墓。

いうことでした。お金は僕が持っているからと言ったのですが、人のお金に頼る近松さんじゃないので、そのまま会わず仕舞いでした。

五年前、『自殺』という本を出したとき、近松さんから読者ハガキが出版社に送られてきて、いまは群馬に住んでいるとわかり、それから手紙のやり取りをするようになりました。千葉にいたころ、お母さんが歯科医院をやりたいと言うので、借金して開業したけどうまくいかず、近松さんはその歯科医院で働いていた女の子と駆け落ちしたそうです。しかし、その人ともすぐ別れ、奥さんや子供とも別居状態で、一人で群馬に行って山の洞山《どうざん》つつじや苔《こけ》を採って暮らしていました。いまは市営住宅の一室で、野良猫たちと暮らしているようです。

近松さんから来た長い長い手紙の一節には、こんなことが書かれていました。

話したい事はあまりに有って……気軽に一晩中コーヒーいっぱいでもあきもせず夢中で話し合った確かあれは上野の喫茶店。店を名ごり惜《お》しく出ると外は白々と夜が明けていて……涙の出て来そうな僕達2人の青春の思い出の一コマですね。

だけど……あれからお互いに時間が経ち過ぎてしまった？　それぞれお互いに多くの出来事があって……ただすごく不思議に思えるのは、こんな永い間別々に全く別々な人生を送って来たのにもかかわらず、そして僕は僕なりに、地味かもしれないけど様々な人達と関わって来たのですが、正直言って末井さん程にインパクトを与えられた人は誰一人居《い》ませんでした。いやもっと分かりやすく表現すれば末井さん以上に好きになれた人は遂《つい》に居なかった。

自分のことが書かれているのでちょっと恥ずかしいのですが、七十を過ぎてこんな手紙を書く近松さんがいるということが嬉しかったのです。そしてこれも偶然か、あるいは必然かもしれませんが、この手紙に出てくる「上野の喫茶店」が、冨永さんが書いた脚本のなかに出てくるのです。その喫茶店で、近松さんがデザインしたキャバレーのポスターがあまりにもおどろおどろしいので、昭が見て絶句するシーンがあります。近松さん役は僕が大好きな銀杏《ぎんなん》ＢＯＹＺの峯田和伸《みねたかずのぶ》くんに決まっていました。

そのポスターは近松さんに描いてもらうしかないということになり、お願いしたら描いてくれると言うのです。ポスターを受け取りかたがた、近松さんに会いに群馬へ行きました。四十年経っているので、近松さんは老人になっていましたが、外見以外は昔と何も変わっていませんでした。肺気腫《はいきしゅ》なのでボンベから酸素を吸いながら、二十日間かかって描いてくれたポスターを見て絶句しました。黒い太陽をバックにフェラチオをする女、まわりにハイビスカスの花が咲き乱れ、花芯《かしん》は全部勃起《ぼっき》したちんぽ、数珠《じゅず》を手に巻きつけ拝む手のアップが左右から突き出ているという、あのとき見たのと同じ情念溢《あふ》れる迫力のポスターでした。

映画がクランクインする二、三ヵ月前だったと思います。映画の打ち合わせを兼ねて冨永監督と二人だけで食事をしたことがあります。そのとき、普段あまり自分のことを話さない冨永さんが、目が不自由で盲学校に通っていた妹さんが、マンションのベランダから転落して亡くなっていることを話してくれました。ベランダには柵《さく》があるはずです。ひょっとしたら自殺ではと思ったのですが、しつこく聞くのも悪いので、話はそれだけで終わりました。

映画の公開が近づき、パンフレットができたので見てみると、冨永さんが妹さんのことを書いていました。妹さんの目がどんどん見えなくなっていることを知らされていなかった冨永さんは、テレビに目をくっつけるようにして、好きなダウンタウンの番組を見ている妹さんに、「目に悪いから離れろ」と注意したことがあったそうです。「あす起きたら目の前が真っ暗かもしれない。そんな彼女の不安がいかばかりかに思い及ばず、俺はなんと的外れで酷《こく》なことを言ったんだろう」と書いています。

冨永さんは、妹さんは事故で転落したと言っていましたが、「あす起きたら目の前が真っ暗かもしれない」という不安を抱えていたわけですから、自殺の可能性もないことはありません。冨永さんに電話して、妹さんのことを詳しく聞かせて欲しいと言うと、「いいですよ」といとも簡単に承諾《しょうだく》してくれました。そして、映画が全国公開されてから十一日目の二〇一八年三月二十八日、新宿の喫茶店で冨永昌敬《まさのり》監督と会いました。

ほんとに事故だったのか

——妹さんが亡くなったのは、冨永さんが大学に在学中のときですよね。

そうですね。僕が大学（日本大学藝術学部映画学科）三年生のとき、九七年の五月でした。妹は、二十歳になった直後だったんです。

――目は、前から悪かったんですか。

小さいころからです。網膜色素変性症《もうまくしきそへんせいしょう》っていうんですけど。視野狭窄《しやきょうさく》っていう、どんどん視野が狭くなる症状で。どれくらい見えるか妹に聞いたことがあるんですけど、「これぐらい」って双眼鏡を覗《のぞ》くような仕草をしたので、そんなに見えないのかってびっくりして。

――それ、いつごろ？

ええと……僕が高校生ぐらいだったから、妹が死ぬ五、六年前だったと思います。

――盲学校にはいつごろから行くようになったんですか。

もともと地元の普通の中学校に行ってたんですけど、まあ、いろいろストレスも重なったみたいで、過呼吸の発作が出たりしてたんですよね。それで松山の盲学校に移るんですけど、家から遠すぎて通えないんですよ。だから寮に入って、中学の途中から、そのまま高等部に進級して、二十歳のときは理学療法とか習ってました。

で、妹の一つ下の弟が松山の大学に入学したんですけど、弟もやっぱり実家からは通えないんで、盲学校の近くにマンションを借りて、二人暮しを始めたんですね。それで、二ヵ月後ぐらいですかね、ベランダから落ちたんです。

――何階だったんですか。

九階です。

――九階、あ、高い。ベランダには、柵がありますよね。

そうなんです。ベランダに、部屋から椅子《いす》を出してたらしいんですよ。ベランダの物干《ものほ》し竿《ざお》に洗濯バサミがついていて、それを取ろうとしたんじゃないかって。

――その椅子に上がって？

椅子に上がって洗濯バサミを取ろうとして、そのときに過呼吸の発作が起こったんじゃないか、みたいなことを言われたんですよね。伯母からそう聞いたんです。それを僕、ずっと信じてたんですけど、よくよく考えたら、洗濯バサミを取るのに椅子に上がる必要があったのかなあと。

――えっ？

妹は身長一六〇ぐらいあったんで、手を伸ばしたら普通に届くんじゃないかなって。ほんとに事故だったのかなって。そう思うようになったのは最近なんですよ。自分で椅子持って行ったんだから、もしかしたら飛び降りたんじゃないかなっていうふうに。

――椅子があったのは事実なんですよね。

らしいんですよ。僕もそのことを、それ以降、一回も家族に聞いてないんですけど。

その日、弟が大学からマンションに帰ったときには、もう警察が来てて、人が落ちたって説明されたみたいですね。とにかく他殺ではないっていうことはわかったみたいで、警察は事件性がなければそれ以上は調べなかったと思うんで。だから誰も……。

――真相はわからない。

ええ。わからないし、調べようとも思わないし。

そのころ妹は、徐々に徐々に見えなくなってきてたんで、生まれつき全盲の人とはストレスや不安も、たぶん違ったと思うんです。明るい子だったけど、毎日しんどかったんじゃないかなと。死んだのは五月の下旬だったんですけど、僕はゴールデンウィークに地元に帰ってたんですよね。妹が盲腸で入院してたから、弟と見舞いに行ったんですよ。そのときも妹は明るくしてて、楽しく話した記憶があるんです。

僕は東京にいたから、妹が死んだ日のことを家族のなかでいちばん知らないんですよ。

その日は、父親が松山に用事があって出かけて、帰りに妹のところに寄る予定だったみたいです。で、どこから連絡がいったのか知らないですけど、連絡を受けて病院に着いたときには、もう死んでたって。

——九階だったら即死ですかね。

おそらく即死だったと思うんですよね。僕もベランダから下を見たんですけど、下はアスファルトの駐車場だったんで。

その日、大学からアパートに帰ったら伯母から留守電が入ってて、妹が死んだって言ってる声を聞いて、びっくりして実家に電話したら、近所のおじさんが出たんです。ちょっと鳴らしただけで、「もしもし!!」ってすごい勢いで出て、「まあ君《くん》か!!」みたいな。まあ君って呼ばれてたんですけど、「いつ戻ってくるんだ!! 飛行機は取れるんか!!」って、怒鳴《どな》られるみたいな勢いで。

——テンションがあがってるんですね。

そうなんですよ、自分の役目がそれだから。家族がみんな松山の病院に行っちゃったから、近所の人が留守番してくれてたんですね。その電話の声があまりにも怒鳴り声だったんで、他人事みたいですけど、あ、やばい、これは普通の状況じゃないってわかって。

翌日すぐ松山に帰って、従兄弟《いとこ》の車で空港からまずマンションに行って、そしたら、弟が一人でいたんですけど、そのときの弟の顔がもう、ちょっと……焼きついちゃってますね。なんかもう、自分じゃなくて弟がその役目だったので、可哀想《かわいそう》なことしたなと。

実家に帰ったら、玄関先で、いつもニコニコしてる伯父が泣いてるのを見て、家に入ったら親父がいて、親父は、あまり感情を表に出す人じゃなかったんですけど、ぐしゃぐしゃな顔で抱きしめられて、それでようやく妹が死んだのは事実なんだって理解しました。奥の部屋に行ったら、布団に寝かされてる妹のそばで、母親がぬいぐるみ抱いてタンスにもたれて座ってて、自分のせいだって言ったんです。母親はもう自分を責めるしかない状態で、それはつらかったですね。

妹が死んでますます自意識過剰に

――小さいころの妹さんは、日常生活はそれほど不自由なかったんですか?

小さいころは、すごい度の強いメガネをかけてましたけど、自分で歩いたりなんかはできてました。でも大きくなるとメガネもやめてましたね。メガネじゃどうにもならないくらい、見えなくなってたんだと思います。

でも僕は、妹が目が悪いっていっても、ずっとただの近視だと思ってたんですよ。中学のとき、家に白杖《はくじょう》が置いてあるのを見て、それで、妹の目がどんな状況なのか知ったんですね。

母親は一時期、健康オタクになったことがあって。僕も子供のころ、ちょっと体が弱かったらしくて、母親が僕と妹をやたら整体に連れて行ってたんですよ。その整体治療院は道後《どうご》温泉のそばにあって、週末に母親の運転で一時間以上かけて行くわけです。その治療院の名物が「コーボ」っていう酵母《こうぼ》の溶液の変なジュースで、必ず飲まされるんですけど、これがマズいんですよ（笑）。風邪ひいてもそこに連れて行かれて、おでこや胸にヤマイモ状のトロトロしたものを塗《ぬ》られて、それが乾いてカチカチになるんですよ。その白いのが熱を吸い取るみたいな理屈で。

――体に悪いんじゃないですか、それ（笑）。熱吸い取ったりして。

他にも桃の葉っぱの水溶液とか馬の油とか飲まされたりして。ちょっと憑《と》りつかれてたんじゃないかと思うんですけど、それくらい母親は、子供の健康面に一生懸命だったんだと思います。あの、妹が事故だったのか自殺だったのかっていう疑問は、全然なかったんですよね。最近たまたま、あれ、あれ？っていうふうに思っただけで。

――最近、あれ？って思ったのはどうして？

それ、末井さんに話してからだと思いますよ。二人で飯食ったときに。

――あのときは転落事故だったと言ってましたよね。僕も根掘り葉掘り聞くのは悪いと思って、それ以上聞かなかったんですけど。あのとき、話してくれたのは、なんとなくですか。

そうですね。『素敵なダイナマイトスキャンダル』の主人公の自意識過剰ぶりっていうのに（笑）自分も心当たりがあったんで。なんか、そういうつもりで言ったと思うんですよね。

あのときも同じように、ベランダで洗濯バサミを取ろうとして転落したんですよ、って話しましたよね。でも数日経って、なんで俺はそれをまことしやかに説明できるんだろう、誰も見てないのにって思ったんです。家族では、あのときの話も、僕が知る限り二十年してないんですけど。

——妹さんのことがあって、冨永さんのなかで、それまでと変わったことってありますか。

当時の自分のことを思い出すと、妹が死んでから、余計な自己主張をしなくなった気がするんですね。それまでは、若いころの末井さんみたいに頭でっかちで、既存《きそん》のものをなんでも批判してたんですよ。だけど、妹が死んで、なんていうか、人生のリアリティみたいなのを初めて感じて。俺だけ家族と離れて生活してて、映画の大学に行って、夢みたいなことばかり考えてたのが馬鹿らしくなって、いっぺんに冷めたような。

そういうときに実習で短編を撮ることになったんですけど、自分が直面していることを、その映画で表現しようとしちゃったっていう（笑）。葬式のとき、母親が髪を後ろにひっつめてたんですけど、僕は母親の後ろに座ってたんで、そればっかり見てたんですよ。葬式か納骨《のうこつ》のときに、なぜか母親の頭の写真を撮ったんです。そんな写真撮っちゃったもんだから、なんか焼きついちゃって。自分が表現すべきなのはこれだって思い込むようになって、その映画のヒロインの髪型を、葬式のときの母親の髪型とそっくりにしたり。

——どんな髪型だったんですか。

オールバックで、後ろにぴたーっとなるように、役者の髪を僕がグイグイ引っ張ってお団子にして。ヒロイン役の同級生の女の子にこういう髪型にしたいって見せたのは、全然別のキム・ノヴァクの写真でしたけど。で、母親のタンスから持ってきたバッグを持たせて、母親のスカートも履かせて。もう、とにかくヒロインに母親を重ねようと。それで何か表現できると思ってたのは、僕だけだったんですけど。

――その映画って、どんなストーリーなんですか。

それが子供を亡くした母親の話だったんですよ。妹が死ぬ前に台本書いてたんで、なんていう偶然なんだろうって思いますし、つい自己投影してぶっ込んじゃったみたいな（笑）。

つまり、これがいまの自分なんだっていうふうに発見したつもりになったんですよ。それから無駄な自己主張はしなくなったんですけど、そのかわり、ますます自意識過剰になって、自分が映画をつくるっていうことは、これを表現することなんだって。だからあの実習映画は、末井さんにとってのちんぽの塔《とう》だと思いますね（笑）。

――まあ、僕のちんぽの塔と比べるのも申し訳ない気がしますけど（笑）。

ちんぽの塔は、僕がキャバレーでチラシやポスターのデザインや店内の装飾などをやっていたころ、大阪で開催されていた日本万国博覧会の太陽の塔にちなんで、新しくオープンしたキャバレーの真ん中におっ立てた塔のことです。キャバレーに来るお客さんをシンボライズするものはなんだろうと考えた末に行き着いたのが、勃起したちんぽでした。観念的で自意識過剰だった僕は、つくるものすべてに自己表現していたので、上司からいつも「こんなものでお客が来るか！」と怒鳴られていました。そんななかで、これなら文句ないだろうと思ってつくったちんぽの塔でしたが、店長から「これは警察が来るぞ」と言われて、大きな風呂敷《ふろしき》が掛けられてしまいました。このちんぽの塔は、映画のなかでも登場します。

冨永さんが二つ目のちんぽの塔と言っている作品『ドルメン』（視覚障害者の白杖が空を飛び、仇《あだ》の背中に突き刺さる映画。セリフが分解されコラージュされている）は、オーバーハウゼン国際短編映画祭で審査員奨励賞《しょうれい》を受賞していて、ただのちんぽの塔では終わりませんでした。

――いまは？　お母さんは。

もう、いまはさすがに立ち直ったというか、孫も生まれて元気にしてますけど。でも何年もかかったような気がしますね、普通にできるようになるまで。実家が客商売なんで。

――旅館でしたよね。

そうですね。普段から人が出入りする家なんで、母親はすごくつらかったと思います。まあ、兄弟が死ぬっていうこと自体は、さほど珍しいことでもないので、考えすぎだったかもしれないですけど、まわりから一瞬でも可哀想《かわいそう》と思われるのが嫌で、当時は、特に身近な友達以外には、妹が死んだことを話しませんでしたね。

末井さんのときはどうでした？　お母さんが亡くなって。近所の人たちが特別視するようになったことって感じましたか。

――うちの近所は末井という姓の家が五軒並んだ集落で、遠い親戚みたいなつき合いがあったんで、母親と心中した息子の家以外は、同情というより、わりと温かい目で見てくれましたね。

その集落から外れたところでは、ヒソヒソ噂になっていたと思いますけど。
学校では、小林定子《こばやしさだこ》先生という方が担任で、優しくしてくれたんです。僕だけ母親が死んじゃってますから、先生方から特別扱いだったんで。
小林先生は今年九十四歳なんですけど、岡山まで息子さんと『素敵なダイナマイトスキャンダル』を観に行ってくれて、（柄本）佑くんが僕に似てるんで、なんか昭ちゃんに会ってるような気がして嬉しかったよって先生から電話いただいて。すごく嬉しかったですね。

心中した二人しか知らない八日間

——僕は母親のことを、表現のほうに行かなければ忘れていた、いや、忘れるわけがないけど、記憶がだんだん薄くなっていたかもしれないですね。悲しみを伴った記憶なんで、なるべく忘れたいけど、そのことばっかり考えるから膨らんでくるんですよ（笑）。でも、その、妹さんの話っていうのは、なんか文学っぽいですよね。

あ、そうですか。

——表現としてですけど。映画よりは文学のような感じがする。だって、あやふやなことで、どっちか決められないわけだから。事実ははっきりしていることだと思うんだけど、いろんな想像力がまわりに渦巻《うずま》くというか、それがなんか、文学のような感じがして（笑）。

はははは。そうですか。文学かもしれないですけど、なんか、サスペンスのような気がするんですよね。真相はどっちかって。もう一つ、全然想像外の真相があるかもしれないですけれど。

――家族や親族が自殺した方と話すと、死んだとき、何があったかはわからないって、みなさん言うんですよね。あと、ほんとうは死ぬつもりがなくても、成功しちゃった人もいるみたいだし。自殺なのか事故なのかわからないのに、自殺だと思い込んじゃってることもあるっていうことですよね。末井さんのお母さんは、その、爆発する数日前から家出するじゃないですか。

――八日前からですね。

家出して姿が見えなくなってからのことって、本人と心中相手の人しか知らないじゃないですか。で、爆死して、それが自殺だっていうのは、みんな疑わなかったですか。

――あ、それは疑ってないと思いますね。

まあ、状況から見て、自殺なんだろうと。

――他者が関わる余地がなかったと思うんですけど。……その可能性あるのかなあ?って、一瞬思ったんですけど。二人っていうのはすぐわかったんですか。あ、男の人と女の人の体が両方あったのか。

――僕は何も見てないですから、状況は全然知らないんです。父親もそのことは話さなかったから、親戚の人とかから断片的に聞いているだけです。

最初、犬が見つけてワンワン吠えて、その犬の飼い主がそっちに行ってみると、バラバラになった死体があったと。ジープで警察官が来て、村人が集まって、警察官立会いのもとで死体処理が行われたと思うんです。警察は、その場で焼くことは許可できないって言ってたらしいんですけど、僕が預けられていた母の従姉妹にあたる人が、私が全部持って帰るって言って、大きな桶《おけ》を持ってきて拾い出したらしいんです、肉片を。家が桶屋なんです。警察官は見るに見かねたのか、ここで焼くことを黙認するってことになって、それでその場で二人の遺体を焼いたらしいんです。

母親がダイナマイト自殺する直前のことですけど、映画のなかで、母親が最後、夜中にいったん家にこっそり戻って、子供たちを見に来たあと、ダイナマイトを帯に差して山を登って行くシーンがありますね。その途中、小さな橋を渡るところがありますよね。ロケ地は山梨県でしたけど、実際、地元にもそういう橋があったんです。親戚の人が映画を観て、「あれはもう、ぴったりだった」とか言うわけ。

あ、そうですか。へへへへ。

――僕は、どこで死んだか、だいたいの場所はわかってるんだけど、どういうルートでそこに行ったのかは、その親戚の人と電話で話して初めて知ったんです。うちの家の近くに山に入って行く道があって、小さな川があってきれいな水が流れているので、いつもそこで飲み水を汲《く》んでいたんです。その道を入って行くと小さな橋があって、そこから山に登って行ったところで死んだらしいんです。そこに行くまでの風景と映画のシーンが似てるって。

ええ、嬉しいですね。

――教えてくれたのは、さっき言った桶屋のおばさんの息子さんで、清美《きよみ》ちゃんっていうんだけど。たぶん、お母さんからいろいろ聞いていたんじゃないかと。

お母さんが家出してから亡くなるまでの八日間は、末井さんも見てないじゃないですか。だから、映画のなかで、家出してからのお母さんが何をしていたかっていう場面は、イメージでつくってるわけですけれども。その空白になってる八日間の場面をつくるときに、あの……映画の主人公の母親って思ってますけど、でも、やっぱり、末井さんのお母さんなので、なんか人の母親のことを、こんなに好き勝手に書いていいのかなって思ったんですけどね（笑）。

――ああ、まあ全然いいんですけどね（笑）。

末井さんも、たぶん、想像されたと思うんですよね、その八日間の母親を。

――たぶん、心中相手の男が、食べ物を運んだりしてたんじゃないかなと。

そっか、その隣の家の人はずっといなかったわけじゃないんですね。

――そのへんもよくわからないけど、警察に捜索願いを出したのは、母親のほうだけだったと思うんです。両方とも行方不明になっていたら、もっと大騒ぎになっていたと思うし。で、相手の人が炭焼きやってたから、炭焼き小屋にいたのかもしれないとか。

――炭を焼いている釜は暖かいんですよ。密封した釜自体がもうすごい暖かくて、十二月中旬だったし、着の身着のまま飛び出していたし、結構寒かったと思うんだけど、炭焼きの釜の近くにいれば暖かかったんじゃないかと。ま、想像ですけどね。八日間何をしてたかとか、何を考えてたとか想像すると、ちょっと可哀想になっちゃう。まだ三十だしねえ。

バラバラになった肉片から推測していったわけじゃないですか。これはダイナマイトで爆発したに違いない。どうやら二人分ある。じゃあ、あいつと心中したに違いないって。

――よく見たら三人分あるって（笑）。

ははは。

――あれ？　足が多いぞって。

そこで二人でダイナマイトで爆発したって、誰も疑わなかったっていうことですよね。事故だったら、それが事故だったらどうなってたんですかね。

――事故？　事故っていうのは、ダイナマイトが爆発するつもりはないのに爆発してしまったってことですよね（笑）。でも、なんの目的があってダイナマイトを持って行ったかが……。

次の日、川で魚を獲ろうと思って持ってきてたダイナマイトに、焚《た》き火が移ったとか。

――まあ、ありえないですよねえ。原理的なことを話すと、ダイナマイトは密閉したところで爆発しないと威力がないんです。岩盤を崩すときとかは、岩盤に一メートルぐらいの細い穴を空けて、そこにダイナマイトを詰めて爆発させるんです。だから、心中のときも、抱き合ってその間にダイナマイトを挟んで爆発させないと、単なる怪我《けが》で終わってしまう可能性があるんです。よく、昔のヤクザ映画なんかで、若山富三郎《わかやまとみさぶろう》なんかが相手の組に乗り込むとき、ダイナマイトを持って威圧したりしますけど、ほんとうはそんなに威力はないんです。

ああ（笑）、そうなんですね。

――あ、そういえば、さっき話した親戚の清美ちゃんですけど、こないだ電話がかかってきて、エンドロールで流れる歌をカラオケで歌いたいから音源を送ってくれって。そう言われたからCD送ったんだけど、歌うの難しいと思いますね（笑）。カラオケは好きらしいんです。

映画『素敵なダイナマイトスキャンダル』の音楽は、菊地成孔《きくちなるよし》さんと小田朋美《おだともみ》さんです。菊地さんはさらに、写真家・荒木経惟さんの役でも出演されているのですが、出ることをかなり渋っていて、母親に死なれた末井と、その母親を演じる女優さんとのデュエットで映画を締めたい、それができるのなら出演してもいいという条件が出されて、それでエンドロールの曲を、母親役の尾野真千子《おのまちこ》さんと僕が歌うことになったのでした。

しばらくして、そのエンディングの曲『山の音《ね》』のデモの音源が送られてきました。作詞・作曲は菊地成孔さんです。聴いてみると、若くして死んだ母親のイメージがダブってジーンときました。菊地さんはこの映画を、登場する女性も一部の男性さえも、すべて僕の母親が変形したマザコン映画と評していますが、なんとなく僕もそういう感じがします。そういう意味でも、尾野真千子さんとのデュエットは大事だと思って、砧《きぬた》公園に行って練習したのですが、歌うとかなり難しいことがわかりました。

しかも、録音の日の前々日に僕が風邪をひいてしまい、録音は散々な結果に終わったのですが、清美ちゃんはどう歌うか聴いてみたいと思います。

僕の弟は高松に住んでいるのですが、数年前に墓参りを兼ねて岡山に行ったとき、弟も高松から来てくれて十年ぶりぐらいに会いました。

そのとき、親父が当時つき合っていたお婆《ばあ》さんと、「ルックルックこんにちは」というテレビ番組に出ていてびっくりしたことや、弟が川崎で働いていたとき、岡山出身の人から「お母さんに大変お世話になった」と言われたことがあることなどを話していました。

父親は鉱山で使っているトロッコに激突して腰を怪我したことがあります。そのことは僕も知っていましたが、弟は、その怪我が原因で一時的に性的不能になって、母親が浮気をしだしたのはそれが原因だったのではないかと言うのです。僕が漠然と考えていた浮気の原因は、肺結核は体温が上がるので性欲が増すということでした。

母親は禮次さんのことがほんとうに好きだったかもしれないので、何が原因だったかはわからないのですが、肺結核が末期まで進んでいたのでそう長くは生きられないと思っていて、やりたいようにやろうと思っていたのはほんとうだったと思います。

冨永さんと話してから、母親が家を飛び出してからの八日間のことが、妙に気になるようになりました。死体が発見されたのは爆発直後だったのか、それともだいぶ経っていたのか、それが曖昧《あいまい》なような気がしてきました。ドーンという爆発音を聞いたという人がいたような気がするのですが、確証はありません。

映画のなかでは、母親が死ぬ前に、夜中に子供たちの顔を見に帰ってきて、そのときダイナマイト数本を着物の帯に挟んで山に入って行くのですが、実際ダイナマイトはいつ手に入れたのでしょうか。母親はそんなに長く生きられないと思っていたはずですが、禮次さんはどうだったのでしょうか。ほんとうに死のうと思ったのでしょうか。

禮次さんは、頭をリーゼントにしていて不良っぽいイメージがありました。岡山によく女遊びをしに行っていることは、村で噂になっていました。性病になって、母親にうつしたという話を誰かから聞いたことがあります。その性病はなんだったのか。ひょっとして梅毒《ばいどく》なんかだったら、禮次さんも「もうどうにでもなれ」と思っていたかもしれません。

また、母親が禮次さんの子供を流産したという話も聞いたことがあります。それがほんとうなら、父親もそのことを知っていたはずです。

母親が死んでから、父親は母親のことを何も話しませんでした。情けない感じになってしまい、働かないで家でゴロゴロしていました。食べるものもなくなったので「働け」と言うと、「なんでワシだけ働かすんじゃ〜」と、弱々しい声で言っていました。そういう父親が大嫌いでしたが、父親の孤独はいくばくだったか、いまになって思ったりします。

僕は母親の死を人に話せるようになってから、それを美しい心中物語に仕立ててあげようとしてきたのかもしれません。だからおそらく、禮次さんの性病のことも、母親の流産のことも、これまで書かなかったのです。

映画『素敵なダイナマイトスキャンダル』は、僕が東京に出てきてエロ本の編集者になっていく物語ですが、母親と禮次さんの心中のことは、映画のなかのもう一つの物語です。僕がこの映画にいちばん望んでいたことは、そのことが美しく描かれることだったかもしれません。そのことを冨永監督が知っていたかどうかわかりませんが、母親役の尾野真千子さんは妖艶《ようえん》で美しく、尾野真千子さんの出てくるシーンは特に頭に焼きついています。

統合失調症と自殺

松本ハウスとの話

家の前が保育園なので、朝、子供のキャッキャッという笑い声で目を覚ますことがあります。そういうとき思うのは、人間はもともと、いつも笑っていられるものとしてつくられているのではないかということです。本来なら一生笑って暮らせるはずなのに、大きくなるにつれてだんだん笑わなくなるのはなぜなのか。楽しくないことばかりするようになるからか。笑ってばかりいると不真面目に思われるからか。苦悩を抱えてしまうからか。結局、自分で笑えないようにしているのではないか。そんなことを布団《ふとん》のなかで考えたりします。

漫画家でテレビタレントの蛭子能収《えびすよしかず》さんは、お葬式のときでも笑っています（目撃したことがあります）。みんなが神妙にしている様子がおかしくて、思わず笑ってしまうのだそうです。僕は、お葬式でおかしいことがあったとしても笑いをかみ殺します。不謹慎《ふきんしん》だと思われるからです。世間体を気遣ってのことです。そういうことが積み重なって、人は笑えなくなっていくのでしょうか。ちなみに蛭子さんは、奥さんのお葬式ではずっと泣いていました。

僕はいつも、読んでくれる人が笑ってくれればいいと思って原稿を書いています。笑ってもらえるのがいちばん嬉しいのです。ギャグのセンスがないので、わざと笑えるようには書けませんが、くすっとでも笑ってもらえればありがたいと思っています。

この前、夫婦喧嘩になったとき、部屋のドアを蹴飛《けと》ばしたらバランスを崩してステンと転んで、妻が笑い出したことがありました。笑い出したらもう喧嘩にはなりません。

そういうふうに、笑いというものは頭のモード切り替えになるものです。「くすっ」がきっかけとなって、悩みがスーッと消えることだってあるのです。


二〇一四年の三月、まさに笑いのプロである、ハウス加賀谷《かがや》さんと松本《まつもと》キックさんの漫才コンビ・松本ハウスと、リブロ池袋本店（二〇一五年七月閉店）でトークイベントを行いました。

自分を笑ってもらいたいと思っているわりには、お笑い番組もお笑いライブもほとんど見たことがないので、松本ハウスのことをまったく知りませんでした。とりあえずユーチューブで検索してみたら、九〇年代のテレビで大活躍していたことがわかりました。

そして、体の大きいほうのハウス加賀谷さんが統合失調症《とうごうしっちょうしょう》だということを、松本ハウスの本、『統合失調症がやってきた』（イースト・プレス、二〇一三年）を読んで知りました。このトークイベントはその本の販促でもあって、トークのテーマは「統合失調症と自殺」です。

統合失調症と自殺とどういう関係があるかというと、統合失調症の人の約10％が自殺で亡くなっているのです。うつ病も自殺率が高くて、その重症度と自殺の危険度は比例するようですが、統合失調症の場合は、自殺のはっきりした原因が見つからないことが多く、自殺の危険を予測することが難しいそうです（参照『統合失調症　薬物治療ガイドライン』医学書院、二〇一六年）。

統合失調症の症状として幻聴《げんちょう》や幻覚《げんかく》がありますが、加賀谷さんも中学二年生のときから幻聴に苦しめられています。

あるとき、授業中にうしろの席の女子生徒が、下敷きをウチワ代わりにして顔をあおいでいるのを見て、自分が臭いからそうしているんだという妄想がインプットされ、数分後に、教室のあちこちから、「かがちん、臭《くさ》いよ」「うわ、臭い」「なんだよ、このにおい、くせー」といった幻聴が聞こえて来るようになりました。誰もいじめていないのに、幻聴にいじめられているわけですから、かなりつらい状況です。

進路相談を受けたときは「ホームレスになります」と答えたそうです。お母さんに説得されミッション系の高校に通うのですが、幻聴はますますひどくなるばかりで、とうとう幻覚も見るようになり、家に引きこもってしまいます。

その後、グループホームで二年間過ごし、何をやってもダメなら自分がやりたいことをしようと、大川総裁《おおかわそうさい》率いる大川興業（お笑い・演劇グループ、芸能事務所。構成員に江頭2:50など）のオーディションを受けて合格します。同時期に大川興業を受かったキックさんは、大川総裁から加賀谷さんとコンビを組むように言われ、松本ハウスが誕生しました。

そのうち「進め！　電波少年インターナショナル」で全国的に知られるようになり、「タ客の大歓声に迎えられて二人が舞台に立つところは、読みながら涙ぐんでしまいました。

それから十年が経ち、松本ハウスが復活します。『統合失調症がやってきた』の最後、観

ていくことができなくなり、九九年の十二月、八年間続いた活動を休止します。そして、ついに松本ハウスを続け

大量の睡眠薬や向精神薬《こうせいしんやく》を飲んだりするようになります。そして、ついに松本ハウスを続け

て休みが取れない日々が続くようになり、加賀谷さんは安定した精神状態が保てなくなって、

モリのボキャブラ天国」で一躍有名になります。テレビ、CM、営業と仕事がどんどん増え

トークイベントの当日、控室で待っていると、松本ハウスの二人が現れました。テレビで

大人気だった漫才コンビです。気後れしないだろうか、うまく喋《しゃべ》れるだろうかと不安になり

ます。加賀谷さんはテレビに出ていたころよりだいぶ太ったようで、その体格と坊主頭に威

圧感があって、ちょっとビビりました。それに比べてキックさんはひょろっとした体型で、

優しそうな目をしていました。そのキックさんの風貌で少し気持ちが楽になりました。

打ち合わせを済ませ、いよいよトークの開始です。いつの間にか加賀谷さんはボタンが飛

び散りそうなきちきちの白いシャツと、ぴちぴちのピンクのスパッツに着替えていました。

三人で壇上《だんじょう》に上がり、キックさんが「どうも、松本ハウスです。よろしくお願いします」

と挨拶したあと、おなじみの「か・が・や・で〜す!」で、場内は爆笑になりました。

キック「とりあえず座りましょうか。ちょっと、手が震えてるんだけど、大丈夫?」

加賀谷「ええ、この震えはいい頃合いに仕上がってますね」

キック「いい頃合いにビブラート利かせてね」

いたるところにスナイパー

キック 最初に、統合失調症のことを知らない方に説明しますと……じゃあ、君からね。

加賀谷 僕の経験したことしかわからないんですけども、僕の場合は、幻聴や、過度な妄想からくる幻覚映像、目に見えないはずのものが見えてしまったりします。あと、話がまとまらなくなったり、集中力が低下したり、記憶力も低くなったり。まあ、人によって出方が違うといいますか、どういうふうになるかわからないっていうのが多いですね。

キック だいたい百人に一人といわれる病気で、遠いところの話ではなくて身近な話なんですね。

末井 百人に一人って、けっこうな確率で、ごく普通にいらっしゃるってことですよね。

キック そうです、そうです。この池袋の西武のなかにもいっぱいいると思いますよ。

統合失調症は、幻聴とか妄想とかが、しんどいときの陽性《ようせい》症状として現れます。加賀谷の場合は、狙われているっていう妄想が膨らんじゃって、幻覚を見たりするようになったんですね。

あと、陰性《いんせい》症状という、比較的落ち着いたときに出る症状としまして、加賀谷の場合は、集中力がないとか、感情が平坦化しちゃったり、記憶力の低下とか、気力がわかないとか、いろいろあるんですけれども、それもほんとうに人それぞれなんですね。だから、幻聴が聞こえない人や、幻覚が見えない統合失調症の患者さんもいらっしゃるんです。

加賀谷さんに幻覚が現れ始めたのは、松本ハウスとして忙しい毎日を送っていたころでした。住んでいたマンションの向かいのビルの屋上に、キックさんが様子を見に現れるようになったのです。落ち込んでいる姿をキックさんに見せないようにカーテンを閉めて隠れ、窓のすりガラスの部分に姿を隠し、四つん這《ば》いになって部屋を這いずりまわります。そのうち、屋上にスナイパーが現れるようになり、加賀谷さんは腹這いの匍匐前進《ほふくぜんしん》で部屋を移動するようになります。スナイパーはいたるところに現れ、玄関のドアの郵便受けからも銃口《じゅうこう》が出てきます。加賀谷さんは風呂場に逃げ込んで、震える体を自分で抱きしめるようにして、「助けてくれ、助けてくれ」と言いながら泣いていたそうです。

加賀谷さんの幻覚は恐ろしいものですが、僕は花畑をフワフワ飛ぶくまのプーさんの幻覚をインドで見たことがあるので、そういう楽しいものが出ることはないのか聞いてみました。

加賀谷　いいものはなかったです、僕は。でも、変わった幻聴や幻覚を見る人とか、たまに「バリバラ」（NHKEテレの障害者のための情報バラエティー番組）とかでお会いする機会はありますね。

キック　目の前にずっと観音様《かんのんさま》が見えてるっていう方がいらっしゃったりしますね。「それは消えたほうがいいんですか？」って聞いたら、いや、消えるとまたそれも不安だって。

加賀谷　ありがたいものですからね。

わからないから怖い

末井　もうだいぶ前、八〇年代の話ですけど、結婚していながら、十歳ほど年下の女の人とつき合っていたことがありまして、その人が突然おかしくなっちゃったんですね。

真夜中に電話が来まして、「医者に行ったら、私、死ぬって言われた、すぐ来て欲しい」って言うわけですよ。その人は実家住まいで、行ったらお母さんが出てきて、「帰ってください、帰ってください」って言うから、何があったんだろうと思いながらも、そのまま帰っちゃったんです。

そのあと手紙が来て、入院しているから見舞いに来て欲しいと書いてあったから病院に行ったんですけど、看護婦さんに案内されたところは鍵がかかる病棟《びょうとう》なんですよ。

加賀谷　ああ、閉鎖病棟ですね。

末井　数ヵ月後に退院したんですけど、そのあとマンションの八階から飛び降りたんです。全身複雑骨折の大怪我《おおけが》をしたんですけど、奇跡的に命は取り留めて。怪我が回復して松葉杖《まつばづえ》で歩けるようになってから、またときどき会うようになったんですけど、「どうして飛び降りたの?」って聞いたら、ボーイ・ジョージが「ここから飛び降りろ」と言ったと言うんです。最近になって統合失調症に関する本を読んだら、「屋上から飛び降りろ」とか「電車に飛び込め」といった、命令性の幻聴によって自殺するケースがあることがわかって。

それと、会うたびに「電波を出さないで欲しい」と言われたんです。僕が電波を出して彼女を操っているらしいんですけど、これも統合失調症の特徴的な症状だったんですよね。当時はまだ統合失調症っていう言葉がなかったんですけど。

キック そうですよね。名称が違いましたよね。

加賀谷 精神分裂病《せいしんぶんれつびょう》ですか。

末井 そう言ってましたね。

キック 加賀谷は、中学校のときに発病していて、それも八〇年代前半でしたね。

加賀谷 高校生のとき、母親が見つけてくれた思春期精神科で受診しているんですけれど、診断名は言われなかったんです。お薬は出されて、なんらかの精神疾患を持っているんだろうなって思ってはいたんですけれども。で、二〇〇〇年の入院のときに、統合失調症ですって言われて。

末井 ああ、病名はそのころ出てきたんですか。

キック 正式には二〇〇二年なんですよ。全国で統合失調症に統一しようってなったのは。

末井 精神分裂病のほうが怖いよね。分裂しちゃうんだから。人格崩壊みたいなイメージで。

キック 精神科医の先生に聞いたら、精神分裂病っていう名称が重過ぎるので、患者さんに伝えない場合も結構多かったって言うんですね。重く受け止め過ぎるということで。

末井 そういえば、この前、週刊誌を読んでいたら、千葉の連続通り魔殺傷事件（二〇一四年三月に発生）の記事があって。犯人は統合失調症かという、「だ」とは断定していなかったかもしれないけれど、統合失調症の治療歴があるという記事で、松本ハウスさんとトークイベントをやるっていうのが頭にあったので、「えっ?」と思ったんですよ。

なぜかというと、統合失調症の治療歴があるとなると、あ、頭のおかしい人が無差別殺人したんだって、ものすごいつながるんですよ。みんなそこで納得しちゃうと思うんです。そうすると、統合失調症の人はそういうことをしかねないって、みんなが思うようになりますよね。

加賀谷　もう、そうなっているんですよ、世間さまでは。これには二つの落としどころがあって、一つは、通り魔殺人犯の○○さんが、確信犯として（刑を逃れられることを見込んだ）統合失調症でした、っていうこと。もう一つは、末井さんがおっしゃったように、ああ、統合失調症だったんだ、じゃあ通り魔殺人、するするするするって。普通しねえよ、と思うんですけど。

末井　それは、殺人っていうことと、統合失調症に対して世間の人たちが思っているイメージがくっついているんだけど。たとえば、犯人は痔《ぢ》だったとかね。

キック　いぼ痔だったとか。いぼ痔の人は人を殺すみたいな。

末井　そうそう。思い込むということでは同じだと思うんで。統合失調症の人の犯罪率が高ければそう思われても仕方がないけど、そんなデータはないですから。

キック　マスコミのみなさんによく言わしてもらうことですけど、精神疾患を持ってるっていうと、いままで二つのイメージしかないんですね。犯罪者か、もう一つはドラマとか映画みたいな、すごくピュアな存在か。その両極端なかたまりだけが独り歩きしているっていう。

加賀谷　わからないんですよ。統合失調症がわからない。別に学ぶつもりもないんだと思うんですけど、わからないから怖いっていう。

キック　どう接していいかわからないっていう面もあるよね。ものすごく大変なものだっていうふうにでき上がっているから。そうすると、どんどん距離ができてしまう。

末井　そうですよね。僕も、さっき言った女の人とつき合って、病気の全貌はわからなかったんですけど、話は通じるんです。ときどき急に笑い出したり、「電波を出さないで」って言ったりするんですけど、僕はその人が好きだったし、向こうも僕といるのが嫌じゃないみたいだったんで、病気前のようにつき合っていたんです。急に笑い出すのもだんだん慣れてきて、ああ、普通に話せばいいんだって。わかると楽ですよね、楽っていうか、恐怖はなくなる。

キック　そうですね、難しく考え過ぎてるんじゃないかなって。単純に人と人との関係性で相性が合う合わないもあるし、普通に接して、おもしろい話とか共通の趣味の話でもなんでもいいし。

末井　たまにへんなこと、電波とか言うけど、まあそれは楽しんでいればいい？

キック　ああ、そうなのかって。まあ、ほんとに危ないときは、うまく止めないといけないんですけど。

つき合っていた人がマンションの八階から飛び降りた話は、その人をF子という名前にして、『自殺』に書きました。映画『素敵なダイナマイトスキャンダル』では、笛子《ふえこ》という名前になり、三浦透子《みうらとうこ》さんが演じています。F子さんは僕が編集長をしていた『ウィークエンドスーパー』という雑誌の編集者でしたが、三浦さんは『ウィークエンドスーパー』のF子さんの編集後記を全部読んで、笛子のイメージづくりをしたと聞きました。映画を観ていると、一瞬、F子さんとイメージがダブることがあって、ドキッとすることがありました。

カミングアウトで肩の荷が降りた

キック　末井さんに聞いてみたいんですけれども、自殺を人前で語るじゃないですか。そのとき、この言葉だけは使わないでおこうとか、そういうことってあったりするんですか。

末井　……特にはないんですけど、たとえば、命を大切にしようとか、そういう言葉は一切使ってないですね。それ、おかしいですよね。自殺する人は、命を大切にしてないから悪いことをしている、ということになるでしょう。それは全然違う問題だし、自殺しようとしている人に「命を大切にしよう」って言ったって、まったく届かないと思うし。

あとね、よく「自死」という言葉を使う人がいますけど、僕、あれがダメなんですよ、言葉の響きが。あ、個人的な問題ですけど。なんか、ちょっと暗いイメージがあるんですよ。自死、自分で死ぬってね。自殺のほうが、なんか派手な感じが。

キック　それはパチンコ的な発想ですね（笑）。

末井　うちの母親がダイナマイトという爆発物を使いましてドーンと爆発して死にまして。

キック　派手過ぎますよね（笑）。

末井　そのくらいですね。それと、もっとみんなが日常会話のように、「自殺」、「自殺」って言ったほうがいいように思ってるんです。自殺っていう言葉をみんなが普通に喋れる、それから、誰かが自殺したっていうことを、普通に話せるようになってもらいたいですね。

以前、（『自殺』の取材で）青木ヶ原樹海《あおきがはらじゅかい》に行ったとき、案内してくれた人が、自殺しに来た人に「こんなところで死なないで、南の島のほうがいいんじゃない？」とか冗談言って会話すると、自殺しないで帰って行った、みたいな話もあるんです。人に言うのって、すごくいいんですよね。

キック 楽になりますよね。誰かが自殺したことを普通に話すって、どういうことですか？

末井 自殺した人がいると、それを隠す家もあるんですよ。心不全で亡くなったとか。自殺したっていうことを知られたくないっていうことですね。まあ、それはそれでいいんですけど、自殺した人が可哀想《かわいそう》だと思って。せっかく自殺したのに心不全にされるなんて。

キック ああ、なるほど。大きいっすね、末井さんは。

末井 いやいや、亡くなった人に気の毒だなという気持ちがあって。自殺したって聞くと、なんでだろうって考えるじゃないですか。そのことが始まりのような気がするんです。

加賀谷 あの、自殺っていう言葉が含む、意味みたいなものってあるんでしょうか。

末井 やっぱり、自殺するということは、負け組みたいな、プラスのイメージはないですね。人より敏感だったとか、真面目だったとか、優しかったとか、自分に厳しかったとか、そういう面もあると思うんですけど、そういう良い面はあまり言われません。

僕も母親の自殺のことは言えなかったけど、出版の世界に入って、表現する人とつき合うようになって言えるようになったんです。

加賀谷 僕も表現の世界に出て、キックさんと漫才するようになって、まあカミングアウトして、肩の荷がほんとうに降りたような気がしたんですけれども。

キック　最初はやっぱり、隠そう、隠そうとしてたもんね。

加賀谷　もうこれ、バレたらフィナーレだみたいな、勝手な偏見が自分のなかにあったんです。

キック　統合失調症も、どうしても孤立してしまいがちなところがあるんですね。だから僕らも、統合失調症っていうものが、普通の会話のなかで使えるぐらいのレベルまで、世の中がなってくればいいなって。たとえばバラエティ番組に出て、こんな活動してます、統合失調症ですって言っても、オンエア見ると、統合失調症だけがカットされてるんですよ。

末井　ああ……。

キック　で、ほんわり、なんか病気持ってるんだろうな、くらいなところで止めておくんですね。

末井　まあ、松本ハウスの活躍で、それが少しずつカットされなくなっていくんじゃないかな。

キック　それは、まあ、加賀谷くんが活躍してくれてね（笑）。

末井　病気を笑いに転化する漫才って、初めてですよね。

キック　精神疾患ではそうですね。身体のほうだといるんですけど。ホーキング青山（両手両足が不自由な車椅子芸人）とか脳性マヒブラザーズ（脳性麻痺《まひ》で歩けない人とうまく喋れない人の漫才コンビ）とか。

加賀谷　精神疾患は、あんまり風当たりよくないですね。

末井　なのに、お笑いで舞台に立つっていうのは、やっぱりすごいと思うわけですよ。

加賀谷　僕も、それを表現する仕事としてやっていながら、うまくできてないところもあるんです。新ネタなんかやるとき、楽屋で、今日うまくできるかなとか、おもしろくない芸人は芸人じゃないとか、みんな思ってるんじゃないかとか考えちゃって。水を飲もうとすると、こう、手が震えるじゃないですか。やばい、震えてる、おかしな人だと思われるとか。おかしな人で売ってるのに、おかしな人だと思われるのが怖かったりするんです（笑）。だけど、はたと気がついて、僕、それでいいんだ、もういいやって、ごろーんと床に寝っ転がっちゃったりするんですけど。

昔は舞台に立つとき、よーし、じゃあ行こうっていうぐらいのいい緊張感とともにあったんですけど、いまは結構不安があります。

末井　どうしても舞台に出られなかったっていうことはないでしょ。

加賀谷　それはないですね。特に不安なときは頓服《とんぷく》の薬を飲んだりしますね。

負の力と正の力

加賀谷　松本ハウスが忙しくしてたころ、僕としては恥ずかしながらなんですけど、何回か自殺未遂がありまして、僕の場合はぜんぶ衝動的なんですよ。

キック　自分でもう、感情のコントロールができてないんだよね。

加賀谷　はい。もう場当たり的な犯行ですね。

キック　犯行、犯罪になっちゃった（笑）。

末井　たとえば、それはどういうときに？

加賀谷　ライブの前のときもありましたね。睡眠薬二百何十錠飲んだりとか。

末井　わぁー。

加賀谷　『完全自殺マニュアル』（太田出版、一九九三年）っていう本、当時あったじゃないですか。それ読むと、薬を砕《くだ》かないと吐いちゃうって書いてあるんですけど、僕、健啖家《けんたんか》なんで。

キック　大食いや（笑）。

加賀谷　とくに吐きもせず、そのまま昏倒《こんとう》するようにコーンって寝ちゃったんです。

キック　夜にね。

加賀谷　そしたら朝、パッと普通に目が覚めて。あ、今日、キックさんとネタやる日だって。

キック　目が覚めてよかったよね（笑）、ほんとうに。

加賀谷　僕、一人っ子なんですけれど、当時、父親、母親からもらった僕っていうものがすごい嫌いで、それは漠然としたものとして心のなかにあったんです。お仕事が増えていくにつれて、お笑い芸人として評価していただけるようになって。すっごい嬉しいんですけれども、その評価されている僕は、嫌いな自分なんです。そこの落差が埋《う》められなくて、たとえば、僕がボケで、それでウケているなら、僕は青梅《おうめ》街道沿いに住んでいたんですけど、車の通りが多いですから、もう真剣に車に頭をコツンとぶつけてほんとうの馬鹿になってやろうかな、とか思っていたんですよ。

末井　それは、なんか、敵対していたんじゃないですか。自分と、自分を取り巻く世界と。

加賀谷　それもありました。昔はほんと、負の力で生きていたなあって。中卒でグループホームを出て、こういう場でお金を稼《かせ》がせてもらっていると、偏見で見られるのはわかっているんですけれども、だからこそ負の力でみたいな。ちくしょうとかバカヤローとかって、すごい力を出しやすいんです。ガスタンクに突っ込んで、「みんな死んでしまえ！」みたいな、そういうの簡単に湧《わ》き上がるし、でもそういうのって力は出しやすいんですけど、自分がからめ取られちゃう。

僕は十年間休んでて、きれいごとだよって言われてもかまわないから言いたい言葉があるんですけど、自分の人生のなかでは必要な十年だったと思うんですよ。ほんとに運がよかったところがあって、いま、生きてて。正《せい》の力でこれからは生きようと思ったので。

キック　その十年間が必要だったっていう言葉で、何が素敵かなって思うと、それが言える現状にあるというのがいいと思うんですよね。

末井　あ、そうだね。あの、自分のこと、好き？　いまは好きになった？

加賀谷　あの……すごい病《や》んでる人の前では、「自分大好き！」って言いますよ。でも、ほんとうのところは、ま、ぼちぼち好きです（笑）。

末井　ぼちぼち（笑）。だんだん好きになっていきますよ。

私は闇組織に狙われていた

トークが終わり、「質問がある方」と言うと、いちばん前の席の女性からサッと手が挙がりました。質問者は四人いましたが、そのうち二人の方とのやりとりを紹介します。

質問者Ａ　私も統合失調症で、中一から病院に行き始めて、親が両方ともＤＶがひどくて、幻覚、幻聴がひどくて、それから……（質問者の方が途中で笑いだし、「大丈夫ですよ」とキックさんが声を掛ける）話がまわらないんですけど、あの、私は、闇組織に狙われたんですよ。
加賀谷　ああ、はいはい。
質問者A　隣のビルの屋上から、マリリン・マンソンの服を着た人が銃を持って狙ってきて、そのビルの上に子供がいっぱい縛りつけられていて、銃で私を外すたびに、子供を落としていくっていう幻覚を見て、それがもう、実際、起きていることとまったく変わりないほどリアルだったんですけど、加賀谷さんの幻覚は、どれくらい。
加賀谷　もう、現実ですね。現実としか。
キック　ちなみにお前の場合はどういう人間が狙ってたの？
加賀谷　ゴルゴ13と渡哲也《わたりてつや》さんを足して二で割ったような、本物のスナイパーです。
キック　コントじゃない。
加賀谷　いやいや、コントじゃないです。銃口で狙われるってほんとうに怖くて、ほんとうに現実としか受け止められないんで。
キック　狙われているっていう症状の方、多いんですよね。いまはどうですか？
質問者A　いまは、夢なのか現実なのかわからない時間帯が多くて、一日経ってたのか、一時間経ってたのか、わからない。
キック　ああ〜、似てるね。
加賀谷　僕は、朝起きて、足の裏をコリコリ掻《か》くんですけど、あぐらかきながら。気がついたら夕方になってたことあるんですよ。「スッキリ!!」だったはずが「ミヤネ屋」も終わってて（笑）。

キック　どうですか、そういうことを話し合える仲間とか、いたりしますか。

質問者Ａ　岐阜《ぎふ》のど田舎《いなか》だったんで、小さいときは、まず悪魔祓《あくまばら》いとか。三日、効くんですよ、してもらうと。しばかれまくって、歯もぜんぶ差し歯ぐらいに殴られていたんで。東京のデザイナーさんが夜逃げを手伝ってくれて、その方が加賀谷さんにとってのキックさんです。

キック　うーん、夜逃げも、いいものですね（笑）。

加賀谷　環境を変えるって、大事なことですよね。

質問者Ａ　めちゃくちゃ思いました。

キック　こうやって、過去を振り返って話せるって、すごいことですよね。

質問者Ａ　私は人形作家なんですけど、統合失調症で、人形作家っていうのが……。

キック　あ、売りになりますよ（笑）。

質問者Ａ　雑誌で連載を持たせてもらうようにまでなったんです（この方は人形作家の与偶《よぐ》さん。アトリエサード発行の『トーキングヘッズ叢書《そうしょ》』で「辛しみと優しみ」連載中）。

キック　ええ、ほんとですか。すごいじゃないですか。案内してくださいね、何かあるとき。

加賀谷　お笑いは、お笑いはやらないでください！

「残された人が悲しむから」と言われて

質問者Ｂ　私は境界性人格障害《きょうかいせいじんかくしょうがい》で、自殺未遂を何度か繰り返して、まあ、失敗しているからここにいるんですけれど。まわりが、自殺を止めるときに言う言葉が、残された人が悲しむからっていうのがいちばん多いんですけれども、その言葉に効果はあると思いますか。

末井 あの、僕が思うのは、効果はないと思います。自殺を決めた方に何を言ってもダメだと思うんですね。全部お説教になると思うんです。じゃあ、どう言えばいいかというと、「どうして自殺しようと思うの?」とか聞いて、あとはもう、その人の言うことを真面目に聞くとか、その人の思っていることを真摯《しんし》に受け止めるとか、それだけだと思うんですよね。

キック 僕、リストカットをしちゃう子と、何回もお話ししたことがあって。会ったことないんです。その子が電話番号をどこかから入手してきて、いきなり自宅に掛かってきたんですけれども。電話が掛かってきて、取ったら朝までずーっと話を聞く。電気グルーヴが好きなんだとか、そんな話をずっとして。で、言っていたのが、いつか僕はいなくなるよっていうことと、毎回電話取れるわけじゃないよっていうこと。最終的にその子は立ち直ったんですけど。加賀谷の復活していく段階でもそうですけど、本人の自立ですね。そこを大事にしたいなとは思ってますね。

ご自身ではどうですか。残された者が悲しむっていう言葉、どう感じてますか?

質問者B それは知らないって。

キック 知ったこっちゃねえよ、ですよねえ。そう思いましたよ、僕もすぐに。

あらためて話すと恥ずかしくてしょうがないんですけど、僕は、加賀谷が自殺するんじゃないか、あ、これやばいんじゃないかなと思ったとき、ファックスを送ったんですね。

その日は小学校でのロケだったんです。NHKBSの健康子供番組のレポーターをレギュラーでやってたんですよ、不健康な僕らが（笑）。で、加賀谷が来ない。ようやく連絡が取れてもそれからまだ来ない。最終的に来たのが四時間後。もう、本人は泣いちゃってるし。

末井　来たとき泣いてるんですか。

キック　抑えてはいるんですけれど、帽子を深くかぶって、すいませんでしたって、声、震えてて。スタッフさんもいますし、学校のこともあるんで、そのときはなんとか収めて。で、夕方に終わって、一緒に電車に乗って帰ったときに、もうなんか……ぼろぼろ泣いてるんですね。これは半端《はんぱ》に声掛けてもなあと思って、「今日はゆっくり休んでいいよ」って言って降りたんです。

で、夜中になったとき、やっぱりその日のこと、すごい思い返すじゃないですか。すごい胸騒ぎがして、あ、まずい、と思ったんですよ。これはもう、ほんとに自分で自分の命を絶ってしまうんじゃないかと思って、電話をしようかなと思ったんだけど、絶対、そんなときって電話出たくないだろうし。当時、メールとかないんで、あ、ファックスだと思って、A4の紙にバッと、「簡単なことはするな。それはつまらないから。俺もそれはしない」と書いて。で、それを送信したんです。加賀谷は芸人として居場所を見つけていた人間なので、それはおもしろいことなのかっていう問い掛けをしてみたんですね。

加賀谷はその流れてくるファックスをジーッと見てて、「汚い字でしたよ」って（笑）。

加賀谷　はい、ほんと汚かったですよね。

キック　そこはいいだろ（笑）。

加賀谷　僕は、つまらないことっていうのは、ああ、見抜かれた、自殺のことだって思いまして。

それ以降は、致死量をあえて飲むとかはしてないですね。僕にとって、まわりの人っていうことじゃなかったです。お笑いのコンビっていうのは、またちょっと別な感じなんで。

キック　いただいた質問に戻ると、残された者が悲しむっていうのは、強制されることじゃないですよね。ほんとうにそう思いますよ。一票入れます、私。

重い話をしているのに暗い雰囲気にならないのは、加賀谷さんとキックさんがときどき漫才モードになって笑いを入れてくれるからです。自分がうまく喋れるかどうか危惧《きぐ》していましたが、そんなことは吹っ飛んで一緒に笑っていました。

このトークショーから二年ほど経ったころ、松本ハウスは『相方は、統合失調症』（幻冬《げんとう》舎《しゃ》、二〇一六年）という本を出しました。幻冬舎のウェブサイトで、この本を紹介する対談のゲストに呼ばれ、二年ぶりに松本ハウスの二人に会いました。キックさんは二年前と全然変わらなかったのですが、加賀谷さんは前より体が一層大きくなっていました。あのステージ衣装は着られるのだろうかとチラッと思ったりしました。

前の本では、二人がコンビを復活して、勢いよく舞台に飛び出して行くところで終わっているのですが、今度の本には、その後のことが書かれています。復活ライブは勢いで乗り切って盛況だったのですが、それ以降、ガタガタになってしまい、加賀谷さんの焦りとキックさんの試行錯誤が続きます。キックさんが最終的に到達したのは、昔の松本ハウスを目指すのではなく、間違ったら間違ったままでいい、ありのままの加賀谷さんを見てもらったほうがいい、ということでした。

僕はどんなお笑いでも、練り上げられたネタより、本音が出たり、天然のおかしさだったり、アドリブだったりするほうが笑えるので、ありのままの加賀谷さんをステージでぜひ見たいと思っていました。

数ヵ月後、新宿の劇場でやっているお笑いライブに松本ハウスが出ると、この本の担当編集者の鈴木さんから知らされ、鈴木さんと観にいきました。ところが、プログラムは松本ハウスとなっているのに、加賀谷さんは出てこなくて、キックさんが一人で漫談をやりました。そのお笑いライブは毎月やっていたので、二ヵ月後にもう一度観に行ったら、またキックさん一人でした。こうなれば、加賀谷さんが出てくるまで観に行くぞと思ったのですが、三回目でやっと二人の漫才を見ることができました。

加賀谷さんは、もう着られないと思っていた、ぴちぴちになった白いシャツとピンクのスパッツを着て出ていました。キックさんの目は、一人で漫談をやっていたときより断然キラキラ輝いていました。

*

幻冬舎の会議室で松本ハウスの二人と会ってから、また二年経ちました。『相方は、統合失調症』には、キックさん自身が学生時代にひきこもりになったことや、死に憧れていたことなどが書かれています。また、キックさんは、精神科医からナチュラル・カウンセラーの称号《しょうごう》ももらっているそうです。

近況も聞きたかったし、あらためて取材を申し込んだのですが、加賀谷さんは治療のため休んでいると言われました。そのことも含めてキックさんから話を聞こうと、早々と梅雨が明けそうな二〇一八年七月の初め、二人が所属しているサンミュージックに伺いました。

――ときどきライブに行かせてもらってたんです。キックさんがピンでやっていて、加賀谷さんが出るまで通おうかと。それで三回目ぐらいで、あっ……出た！　みたいな感じで（笑）。ピンでの漫談はつなぎのつもりでやってたんですけれども、どうもつなぎじゃ済まなくなってきてるなって（笑）。まあまあ、気長にやっていこうとは思ってますね。

――最近、どういう感じなんですか、加賀谷さん。

……そうですね。いま、減薬《げんやく》っていう流れがあるんですよ、治療において。医師の指導のもと入院して、病院で減薬していたんですけど、そこから薬が合わなくなってしまいまして。また戻したりしながら様子みて、退院の許可も出て、自宅療養を経て復帰するんですけど、ちょこちょこっと仕事すると、「やっぱり駄目です」って、おんなじところに戻ってしまうっていう……。

――加賀谷さん自身は、薬を減らしたいっていう意思があるんですね。希望っていうか。

昔は、自分が飲んでる薬の量とか種類がすごく合っているから触りたくないって。そう言ってたんですけど、本人としては、どこかまだ引っかかる部分があって、自分がもっとクリアになるんじゃないかっていう思いもあって、ほんとによくなろう、よくなろうと思って取り組んでるんですね。それがちょっと……その、思ってもいない方向に転がってしまって。

――やっぱり、頑張ってよくなろうとするとダメなのかもしれないですね。

そうかもしれないですね、ほんとに。講演会で、いつも加賀谷が締めのメッセージをお客さんに贈るんです。僕は十年間治療して、復帰するまで十年かかりました。そこで感じたことが二つあります。一つは焦らない、もう一つは諦《あきら》めないことですって。入院したとき、お前、いまこそ、自分が言ってる「焦らない、諦めない」だよって言ったら、「難しいです」って。

――ははは。

どうすんだよ、いままでずっと言ってきたのに、お前がそれ言っちゃダメだろって（笑）。

ナチュラル・カウンセラーの資質

――講演会は、続けられていますか。

そうですね。いまは一人で。昨日も北九州に行ってきたんですけれど。

――お一人でやられるときは、どういう話をするんですか。

基本は変わらないんですけれども、相方の発症の時期から順に追っていって、そこにちょっと多めに加えるのが、どういうふうに自分は接してきたか。僕の立場としてよく言われるのが、当事者と世間との接点、架《か》け橋になるっていう役割があるんじゃないかって。あくまで加賀谷と自分っていう一例に過ぎないんですけれども、そんなことを話してますね。

――キックさんは、精神科医から、ナチュラル・カウンセラーだって言われたという。

ははっ。ナチュラル（笑）、天然っていうことですかね。言い換えてみたら。

――日本で唯一の……（笑）。それはすごいなと思って。ナチュラル・カウンセラーになった要因というか、そういうものがあるんじゃないかなと思って、それを聞こうと思ったんです。

ええっ、要因ですか……。

――キックさんは高校時代、世の中に対して冷めた目を持っていたって本に書かれてますね。

そうですね。もうなんか、世の中すべてが愚《おろ》かに見えていたんですね。高校二年だったと思うんですけど、必修の書道の授業で、あるとき先生が、今日は好きな文字を書きなさいって、それで、「愚」って書いた。ほんとねえ、つくづくやな高校生だなと思いますね。ふふふふ。

――何を考えてその文字を？

そこは何も……ただその文字がふっと浮かんだんだと思います。高校時代になると、かっこつけてみたり、自分を大きく見せようとしてみたり、そういうふうな姿がまわりにいっぱい溢《あふ》れ出す、みんなそうなっていくっていうのが、すごく愚かに見えたっていうか。

――その年代のころって、わりとそういうところ、ありますよね、ひがんでみたりとか。

ひがみっていうのもすごくあったとは思うんですよ、どこかに。たぶん自尊心とか、認めて欲しいっていう気持ちが人より強かったりとか、そういうところかなっていうのもあるんですけど。

まあ、考えるのが好きっていうか、考え過ぎちゃうところがあるんだと思いますね。嫁には、考えてると何も進まないよって、よく言われるんですけど。

——でも、考えるから、ネタがどんどん出てくるっていうのもありますよね。

そうなんですよ（笑）。良くも悪くも考えますね。ぐちゃぐちゃなときも考えちゃって、もう夜も眠れなくなって睡眠障害が出てみたいな。

——あ、そこまでいっちゃうんですか。

そういうときもありましたね。いまは、逆にそれを楽しもうとして。家に自分の部屋があって、倉庫みたいになってるところなんですけれど、雨戸を閉めて、電気消すと真っ暗になるんですよ。そこを勝手に哲学の部屋とか呼んで。嫁に、バカじゃないのって言われてるんですけど。真っ暗ななかで、うーんって考えてるの、楽しいんですね。

——おお……どんなこと考えてるんですか。

……なんていうのかな……どうしていけばいいんだろう、何がいちばんいいんだろうかって。ギリシャの哲学者の時代から、まだ誰も出してない答え、どっかにあるんじゃねえかとか。そうかと思ったら、誰も見つけていないパンチの出し方があるんじゃねえだろうかとか（笑）。

——はははは。

ものすごく幅は広いですね。なんか、考えてしまうんですよね。

——キックさんは大学二年で中退されましたよね。大学では、何を勉強していたんですか。

一応、経済学部に入っていたんで、経済なんですけれども、ほとんど授業には出てないです。

部活だけやってましたね。琉球拳法《りゅうきゅうけんぽう》っていう、沖縄空手《からて》なんですけれども。

——いまもそういう、誰にも出せない技を考えたりするんですか。

そうです、そこはもう、ロマンだと思って(笑)。

——大学を中退したころは、ひきこもりみたいになってたわけですよね。

そうですね。二、三ヵ月だと思うんですけれどね、記憶のなかでは。

——そのとき、世の中が怖いって書かれてましたけれど、どういう感覚だったんですか。

そのときも、何かがあったわけではないんですけれども、考え過ぎたんだと思いますね。自分は何ができるんだろうか、この世の中に必要なんだろうか、何をするために生まれてきたんだろうって、自分の道がわからなかったっていうか。世の中には自分で決めて進んでいる人たちがいるのに、何者かわからない人間が、そんなところにとてもじゃないけどいけないって。

全然部屋から出ないっていう、出るときも夜中に、こそっとお弁当買いに行ったりとか。

——それは、まあ、ほとんど精神障害の当事者と同じ感じもするんですけどね(笑)。

そうなんですよね……行動だけ取ってみると、そうですよね。

——そういう体験が、ナチュラル・カウンセラーとして活かされているとか。

どうなんですかね。でもたぶん僕は、最終的にどこかがいい加減なんですよ。だから、そこまで深く、しんどくなっていかなかったのかなって。どっかで、なんとかなるかっていうふうなところに落とし込んでいける。いい加減だと思いますね。

キックさんは引きこもって悩んでいたとき、思っていることをノート六冊に書いたら、自分を客観視できたと話しています。

僕も若いとき、悩むというか、気持ちが落ち込んだときに、喫茶店に入って思っていることをノートに書いていました。キックさんと違い、自分を客観視するためではなく、いま考えていることを記録しておきたいと思ったからです。僕の場合、憂鬱《ゆううつ》なときだけ何か考えていて、気持ちが明るくなると何も考えなくなるので、ノートはいつも途中で終わっています。そうやって途中まで書いたノートが五〇冊ぐらいあるのですが、いま読むとかなり恥ずかしいものなので、僕が死んだあと誰かに読まれるのが心配だけど、それでも捨てられません。

死への憧れ

――そのころ、死への憧れみたいなのがあったんですか。

そうですね。その当時、持ってましたね。

――死への憧れって、どんな感じなんですか？

それは、怖いと思っている世の中への、ある意味、復讐《ふくしゅう》みたいなものなんですよね。死んで自分の爪痕《つめあと》を残してやろうとか。……それこそ愚かな考えなんですけれども。

――なんかその、テロみたいな、そういうんじゃないですか。

そういうんじゃないですね。自分だけで。あと、死ぬっていうことが、すごくいけないことって言われてたんで、そうじゃないだろうっていう。それもやっぱり、一つの表現なんじゃないかって、そういうふうにも思って。そうすると切腹に行きつくんですけれども。

——うん、まあ、派手ですよねえ（笑）。

ものすごい美しいものだと思っていて。実際、そんなことしたら、ものすごい汚いことになると思うんですけど（笑）。

——ちょっとやってみたりは、しなかったんですか。

ちょっとやってみましたね。でも、ほんとに傷をつけるところまではいかないんですよ。そこがほんとに……いい加減っていうか（笑）。

——ちょっとって、どのぐらいですか。

もう、こう（のどに刃物を）くっつけるぐらいですよ。イメージなんですよ。これでもう、あと、くっと力を入れれば……って。

——それは大学中退のころだけですか。それとも、何回かその後もあったんですか。

その後も、そういう意識に駆《か》られることっていうのは、三十代半ばまでありました。世の中に出て、テレビに出てるときでも持ってましたね、その意思は。

加賀谷と出会って、自分と近い匂いっていうのは、最初っから、なんか感じてたんですね。よく、駆け出しのころ、加賀谷は「あいつはモノホンだ、モノホンだ」って言われてたんですよ。で、逆にそれを素晴らしいものとして取り上げる風潮もあったりして、蔑《さげす》むのとどっちかみたいな、そんなんだったんですけど。それに対しても反発心があって、別に普通じゃんって。なんもおかしいことねぇよ、普通だよ、加賀谷は加賀谷っていうだけの話だよって、なんかそこだけで見られることに対して、すごい反発心は持ってました。

で、加賀谷からいろんな話を聞いたときに、ああ、自分に通じるようなところがあるなあと。それは、世間と遠ざかったりとか、そういうところだと思うんですけど。

——そういうネタをやるって、僕、すごい期待してますけどね。

ああ……一時、死ぬっていうワードが、三十個とか四十個とか出てくる、もうほんとうに嫌だっていうぐらい出してやれっていう、そんなネタとかつくったりもしましたね。ふふふ。

あと、お笑いライブに自分らの書いた文章をチラシに挟んで撒《ま》いてましたね。いまから私は死にますっていう女の子の話とか。幸せだから死ぬ、何もないから死ぬって。

——それ、もらった人はびっくりしちゃうね。

怪文書ですもんね。そういえば、三十過ぎぐらいのとき、ライブで占いの特集をやったんですよ。銀座の母、母じゃないや、銀座のママっていう占い師がいたんですけど。

——銀座のママ？　クラブじゃないですよね（笑）。

じゃないです。数寄屋橋《すきやばし》に出してて、当たるって聞いて行ったんですよ。手相を見て、生年月日とか聞いて、その人、いきなり考え込んじゃったんです。「うーん」って。どうしたんだろうなと思ったら、「あなたはそう思ってるかもしれないけど、私はそういうの嫌いだから」って、いきなり言われたんです。なんのことかと思ったら、「あなた、五十ぐらいで死のうと思ってるでしょう」って。思ってたんですよ、ほんとに。信長《のぶなが》だと思って（笑）。それはびっくりしましたけどね。もう一つびっくりしたことがあって、「あなたね、このお水買いなさい」って。

――はははは。

売りつけられた。おいおいおいって、そこでもうすっ飛んじゃいましたけどね。

――けっこう高い？

一万円ぐらいしますよ、お水が。

――それから、三十半ばぐらいに、どうして死にたい気持ちがなくなったんですか。

なんだかね、年齢とともに鈍感になったんじゃないかなと思うんですけどね。まあ、ここまで来ちゃったし、別にそんなに急ぐ必要もないんじゃないのっていう。

――結婚したのって、おいくつぐらいでしたっけ。

三十七ですね。

――奥さんの力ってありますよねえ。漫才がうまくいってないとき、自宅に友達呼んで飲んだり食べたりしながら、「そこで漫才やってみたら？」って言って、お二人に練習させてみたり。

ははは。ほんと、しんどいんですけど、人付き合いの悪い人間としては。でも、自分にないところを補ってくれてて、そういう意味ではすごく助かりますね。

笑いに来た客が心配して帰った

――『相方は、統合失調症』では、復活後に難しかったこととか、詳しく書かれてますけど、加賀谷さんの感情表現が難しいっていうのは、どういう感じだったんですか。

復活直後だと、喋り方もまったりしてますし、言葉に抑揚《よくよう》がなかったですね。さらに記憶力がすごく下がっていて。僕らの仕事は、台本を記憶して感情のやり取りをするんで、まったくうまくいかないんです。なんとか覚えた台本でも、ダーッと平坦《へいたん》に喋るんで。もうちょっとテンション上げてやってよって言うと、今度は、ずーっとテンション上げっぱなしでやるんですよ（笑）。まあ、いろんなノッキング（エンジンの異常燃焼）を起こすんで、ネタ中に止まってしまったり。ちょっとした間違いでも、それが膨らんでいっちゃうんですね。で、どんどん言葉が小っちゃくなっていったり。そんなことが実際の舞台で起きてて、笑いに来た客が心配して帰ったっていう。

——はっはっはっは。お客さんが心配してるっていうのはわかりますか。

ええ。ざわつきますもん。ははははは。

——一人で沈んじゃうっていうのは、もう、見ててわかる感じですか。

わかりますよ。

——そういうのを見たいっていう人は少ないですか。

それは、あの、末井さんのような意地悪な人ですね（笑）。いまのお笑いが好きな人は、そういうところまで望んではいないですね。与えられるものを喜んで受け入れているっていうところで、自分から探って、笑いを見つけようということは、あまりしないとは思いますね。

——キックさんは、そこから、漫才のつくり方を変えていったんですよね。

なんでノッキングを起こすかというと、言葉に囚《とら》われてしまってるって気づいたんです。じゃあ、台本なくしちゃおうと。今日はこういうことをしていこうかって口頭で合わせて、じゃあやるよって。それは劇薬ですけど、ちょっと効き目ありましたね。ほんとうに調子がよくなって。

それで即興漫才っていうのをやったんですよね。お客さんにお題をもらって、たとえば「ほうじ茶」っていうお題が出た瞬間に始める。考える時間ゼロ秒、打ち合わせもゼロ秒。そうすると、もうフル回転するしかないんです。で、囚われる言葉がないんですよね。

それでリズムも出てくるようになって、身体の硬さもだいぶ取れてきて、ほぐれてきたんで、あ、もういいかな、と思うところに、また台本を復活させてみたり。

――それは漫才の根本的なことを、キックさんがよく知ってるっていうことですよね。

そういう漫才もありなんじゃないか、もともとそんな……加賀谷と組んだ時点で正統派は捨てたんで（笑）。それはそれでいいんじゃないかっていう。

――でも、正統派も異端も、基本的なところは同じっていうのはあるわけですよね。身体の硬さのことをおっしゃっていましたが、膝《ひざ》が動いていないとか、本に書かれていましたね。

そうですね。ほんとに、笑い取るのは膝が大事なんだって。膝が硬いっていうことは、もうからだ全体硬いっていうことなんですよね。たとえば（立ち上がるキックさん）、ちょっとこう、横を向くのでも、下半身が前向いてどっしりしてたら。

――ああ、人形みたいになっちゃう。

そうなんです、バラッバラなんですよ。ちょっとした動きも全然うまくいかない。

――だんだんやり方を変えることによって、膝もやわらかくなって。

そうですね。軽やかにまではいかないんですけど、まあ、それもひっくるめていいんじゃないの、というところまでは。また帰ってきたら、どうなってるかはわからないですけれど。体重も相当増えてるんで、膝が硬いじゃなくて、膝が痛いになってると思いますね。

――ははは。いま、加賀谷さんの体型はもっと大きくなってるんですか。

もっと大きくなって、ついに衣装が着れなくなりましたね。でも持ってくるんですね、衣装は。

――あの衣装っていうのは特注なんですか。

オーダーメイドです。どこへ向かうコンビなのか……。さらにわからなくなってきてるんですけど、まあ、それもありかなっていう。

テレビの判断は世間の判断

――いま、お二人でやっているのは、漫才より講演会のほうが多いですか。

そうですね。講演会が多いですね。ライブもやっていこうとはずっと話しているんですけど、やっぱり本人が不安だっていうところもあって。

不思議なのが、ほんとに嬉しいんですけど、自分らが講演会をすると、それに触発された当事者の方たちが、自分も何かやりたいとか、アクティブになっていったりするみたいなんです。相模原市《さがみはらし》の精神保健福祉関係のイベントでは、三年連続で呼んでくれて、最初の年は、普通の講演会だったんです、自分らだけの。次の年になったら、担当者の方が、「去年、見てた当事者の方が、すごいパワーアップしてるんですよ」って。え、パワーアップってどういうこと?って思ったら、大喜利《おおぎり》があったりとか。みんながやるんですよ。

――へえー。それまでは見ていた人が、今度は演者になるっていう感じですか。

そうなんですよ。三年目は、加賀谷もそこへ参加してみたいな。

――それはいいですね。そういえば、以前、お笑いで精神疾患は風当たりがよくないっておっしゃっていたんですけど。最近ではどうですか。ちょっと変わってきた感じはありますか。

どうなんですかねえ。……たぶん、精神でいうんであれば、変わってないと思いますね。身体のほうだと、こないだR1で優勝したりとか（二〇一八年R-1ぐらんぷりで、先天性視覚障害を持つ濱田祐太郎《はまだゆうたろう》が優勝）、ちょこちょこいろんな身体障害者の人は出てたりするんですけれども。

現場サイドでは、統合失調症の話をどんどんしてもらってもいいよって、打ち合わせで言われるんです。出演が決まって、前の日にマネージャーから夜中に電話が掛かってきて、「すみません、飛びました」って。上のところで最終的にチェックが入ると、いや、それはまずいだろうっていうふうになってしまう場合も、まだあるんです。

――上に知らせないって……まあ、できないんでしょうね。内緒ではできないか。

難しいところなんだと思いますけれどね、まだまだ。いろんなしがらみとかもありますので。まあ、ほんとは、そんなの話さなくてもいいぐらいでいければいいんですけどね。

でも、テレビの判断っていうのは、僕は世間の判断だと思ってるんですね。だから、いまの世の中も、やっぱりまだまだそういう目で見てるんだろうなとは思っていますね。別にそれがいい悪いとか、だからなんだとかいうことも思ってはいないですけど。

自分たちは地道にやっていくしかないですし。全員に理解してもらおうとか、そんなことは思わないですし、わかってくれる人がいればいいのかなっていうところで。それが一人でも二人でも増えれば。その本人も生きやすいし、そのまわりの人たちも、まあ、生きやすくなってくるのかなって。


キックさんは、テレビの判断は世間の判断だと言っています。世間の判断とは、いい学校を出て、いい会社に入り、いい家庭を築き、決して不倫などせず、子供も二人ぐらい儲《もう》けて、平穏な暮らしをすることがいいことだということです。社会に刃向かったり、モラルに反したり、真実を求めたりすることを嫌います。生きづらさを感じたり、自殺したりする人を負け組とみなします。僕はそういう世間というものが大嫌いです。世の中がどんどん悪くなるのは、世間の考えが増長しているからだと思っています。

キックさんに話を聞くと、だいぶいい具合に世間からズレているようで、より好きになりました。世間からズレると世間をクールに見ることになり、それは表現の源《みなもと》になります。

松本ハウスは世間からズレズレの二人なんだから、世間に嫌がられるような不謹慎《ふきんしん》なことでも、どんどん笑いにしていって欲しいと思います。そして、統合失調症の人も、うつ病の人も、死にたい人も、みんな笑わせて元気にして欲しいと思います。

生と死の境界で

岡映里《おかえり》さんとの話

僕は高所恐怖症のようなところがあり、高いところが苦手です。高いビルのへりや崖《がけ》っぷちに立って下を見ると、呼吸が苦しくなります。

飛び降り自殺と言っていいのかどうかわかりませんが、僕の曾祖父《そうそふ》は、瀬戸内海で船の上から海に飛び込んで死んだそうです。甲板《かんぱん》に履物《はきもの》をきちっと揃《そろ》えていたということを親戚の人から聞いて、それを見てないのに揃えた履物が頭に浮かんでくることがありました。

高いところが怖いのは、曾祖父の遺伝子が自分のなかにあるから、ふと飛び降りてしまうことだってあるかもしれないという恐怖が、薄《う》っすらあるのかもしれません。だから、ビルの屋上とか、崖の上とか、高い橋の上とかに行くと、キワのところからなるべく離れるようにします。そのキワは、一歩踏み出せばあの世行きという生と死の境界《きょうかい》です。

人はみな、生と死の境界から遠いところに意識を置いて暮らしています。僕は、自殺したいと思ったことは一度もないのですが、それは、わが家は自殺の家系なんじゃないかとあるときまで思っていて、意識をひたすら自殺から遠ざけてきたからかもしれません。

人はみな、生と死の境界から離れたところにいるのに、生と死の境界をウロウロしているような、何かのはずみで死んでしまうような危うい人もいます。岡映里《おかえり》さんはそういう人ではないかと、勝手に想像していたのでした。


岡映里という名前が頭に焼きついたのは、東日本大震災を私小説風に書いた著書『境界の町で』（リトル・モア、二〇一四年）を読んでからです。震災に関したどの本とも違う、震災によって揺れ動く岡さんの心を描いたような本でした。

週刊誌の記者をしていた岡さんは、震災の日、上司からの指示で電動自転車に乗って東京の被災状況を見てまわります。コンビニから食べ物が消えていたり、電車が運休になって、歩いて帰る人たちが歩道に溢《あふ》れていたり、東京タワーのアンテナが曲がっていたり、一通り見てまわったその状況を上司にメールで報告したあと、その自転車で「私を捨てた男」に六年ぶりに会いに行きます。そのプロローグの最後、岡さんは次のように書いています。


たいそうな使命感も、正義感もなく、ただ私は自分が怖かったこと、悲しかったことを伝えられる相手を探したかったのだろうと思った。

私にとって、震災とはこんなものだったのだろう。

私は3月11日から、「本当に会いたい人」を探すために、まるで汚水《おすい》の上に浮かんだ木《こ》の葉のように街に流れ出た。

岡さんが東北に行ったのは、震災の日から一週間後でした。盛岡から取材拠点を徐々に南下させ、一ヵ月後に福島に入り、本を書くきっかけとなった人と郡山《こおりやま》で出会います。原発の仕事を請け負《うお》っている双葉町《ふたばまち》の建設会社の社長が取材を受けている記事を読み、岡さんはその社長に連絡を取り、一週間かけて説得し、取材させてもらうことになります。

その三十五歳の社長は、十年前までは恐喝《きょうかつ》などを業務とするヤクザでした。五年前から原発に作業員を入れる「人夫出し《にんぷだし》」の仕事を始めていましたが、震災後、社員一〇〇人は散り散りになり、郡山で借りた三軒の民家で、家族と残った数名の作業員と暮らしていました。その社長は、本のなかでは「彼」または「親方」と書かれていて、岡さんはその人と出会ったことによって、他の記者が行けないところまで行くようになります。

「今日、中（警戒区域）行くけど、一緒に来てみるか?」と「彼」に言われ、「はい」と岡さんは答えます。「彼」は、「マジで? 線量《せんりょう》すごい食うぞ」と言います。

「原発の前まで行けますか?」

「行けるよ。行きたいの?」

「行きたいですね」

「行きたいですね」と言う岡さんは、記者として誰も行けないところに行きたいということだけではなかったと思います。

「境界の町」とは、福島第一原発の事故により半径二〇キロ圏内の警戒区域に指定され、立ち入りができなくなった双葉郡楢葉町《ならはまち》のことですが（二〇一五年九月五日に避難指示解除）「生と死の境界」という意味もあるように僕は思いました。

『境界の町で』を読んでいると、何か、切ない気持ちになってくるのは、岡さんの死にたいような気持ちにチューニングしてしまうからではないかと思っているのです。

岡さんのお母さんが、飛び降り自殺で亡くなっているということを知ったのは、『境界の町で』を読んで、だいぶあとになってからのことです。岡さんがブログにそのことを書いているのを読んだり、ユーチューブ（「ナママス」というマスナリジュンさんがホストのツイキャス番組）で、お母さんが病院から飛び降りて亡くなったことを、淡々と話しているのを見たりしました。

僕は、飛び降り自殺をする人に対して尊敬に近いような気持ちを持っています。よくそんなことができると思って。飛び降りた瞬間「あ、気が変わった」と思っても手遅れです。

岡さんに、お母さんのことを根掘り葉掘り聞くのは気が引けそうだったのですが、思い切ってメールでインタビューのお願いをしてみました。そのメールに、「この本は、思いつめた人が読んで、死ぬのを思いとどまってくれたらという願いを込めてつくっています」と書いたのですが、岡さんから「私は、今は人は（私も含め）自殺をしてもいいと思っているので、止めたいとあんまり思っていないんです」という返信がありました。

返信メールにあった、「(私も含め)」のところが気になっていたのですが、待ち合わせの喫茶店に現れた岡さんは元気な様子だったのでほっとしました。

しょうもない生活にケリがつけられる

――もうすぐ震災から七年目になりますね(このインタビューを行ったのは二〇一八年二月二十四日でした)。

うん、だいぶ経ちますもんね。もう小学一年生は震災知らないんですから。

――あのころ、テレビで被災者の人たちを見ていると、何かしないといけないと思うようになって、それで自殺について書き始めたんです。だから、震災にあと押しされたんですけど。岡さんは、最初は週刊誌の取材で行ったんですよね。

そうですね。私は『週刊新潮』の記者だったんで。十一日に発災《はっさい》して、沿岸地域が危ないから女性記者たちはすぐには行かせてもらえなかったんですけど、翌週の十八日の取材から合流させてもらって、カメラマンと二人でレンタカーを借りて、最初は釜石《かまいし》とか岩手をまわってました。

――普通は取材で行っても、取材対象の人と深く関わらないと思うんですけど、岡さんは「人夫出し」をやっている社長とか、のちに衆議院議員選挙に出る社長のお父さんとか、警戒区域にある自宅に母親と住み続ける女性とか、深く関わっていきますよね。

まあ、そこにいた人がおもしろかったんですよね。被災地域は五〇〇キロぐらいあるんで、そこを移動しながらいろんな人に会ったんですけど、それまで十何年記者をやっていて、本を書きたいなあ、みたいに思う人に会ったのは、それが初めてだったので。

——取材のときは向こうに住んでいたんですか。

いや、通ってましたね。二、三日いさせてもらって、東京に戻ってくるっていう。会社員だったので、途中から休日を使って取材するようになったんです。

——二〇一一年末にうつ状態になったと書かれてますけど、だんだんそうなっていったんですか。

そうですね。うん……ただ、わりともうちょっと前から、具合はよくなかったんだと思います、メンタル的に。で、なんつうのかな、震災の取材をしているときに、一瞬、こう、気持ちのガス抜きができたというか。

——気分が高揚《こうよう》したということですか。

うーん……こう言うと語弊《ごへい》があるかもしれないですけど、わりと早い時期、発災後一ヵ月とか二ヵ月以内に現場に入っている記者とか作業員の人って、結構死にたい雰囲気を持っている人が多かった気がして。話を聞いてみると、地震が来る前の生活が全然ダメダメだったり、破れかぶれの感じの人が入ってきていて、そこでみんな気が合っちゃって、すごく親しくなるんです。

新聞やテレビなんかだと内規《ないき》ができちゃっていて、放射能的観点から原発三〇キロ圏内に入っちゃダメなんですね。だから最初の一年ぐらいは週刊誌とフリーの独壇場《どくだんじょう》でネタ取り放題だったんですけど、現場に入って行くときって、ほんとうに行く人と行かない人に分かれるんです。極端な話、命を大事にしている人はあの時期には行かないんじゃないですかね。まだ事故の全容もわからなかったころだし。家族や恋人がいたり、何か大事なものがある人は命を惜《お》しむだろうけど、私にはそういうのがなかったんで。あったら行かなかったかもしれないですね。

1F（福島第一原子力発電所）の目の前まで行っちゃう人って、お金がなくて引越し屋さんで生活費を稼《かせ》ぐしかなかったライターさんだったり、出会い系にハマっちゃってる人とか、なんか、うまくいってない人ばかりが集まってきていて。

（原発の）作業員の人も、家族に逃げられちゃってる人とか。そういう人たちのなかで、いきなり国家的発言をし始める人もいて。それが面白かったですね。「俺がやんないと、国民みんな困るし」みたいな。私は外国からの記者を福島に連れていくコーディネーターの仕事もしていたのですが、外国人記者を連れていって作業員たちに会わせて、そういう発言を聞くと、「日本人気質だ」「神風だ」みたいに言うんです。でも、私は必ずしもそうは思わなくて、なんか、もしかして、これで死ねたりしたら、しょうもない日常生活のケリがつけられる。くだらない生活を終わらせられるのにちょうどいい口実《こうじつ》ができたみたいな、そういうふうに見える人もいたんですよ。

最初のころは、発災直後のわーっというエネルギーで、なんとなくうつっぽさとか、そういうものがすり替わっている人が多いような気がしましたね。だけど、一年近く経っちゃうと、だんだん日常になるじゃないですか、非常時が。

私も夫と別居してたり、診断がつくかどうかは置いといて、どうにかなんないのかなっていうような苦しい気分は持っていたんですけど、震災で誰かの役に立ってるのは自分だみたいな、社会的な意義づけとか与えられて、バランスがすごくよくなったんです。一年近くは生き生きしてたんですけど、それを過ぎていくと普通に戻っちゃうっていうか。

被災地の事情が耳に入ってきたり、親しくなった人ができちゃったりすると、日常生活に戻ろうとしたとき、じゃあ私は関係ないんで帰りますよ、みたいにはできないんですよね。

『境界の町で』は、「彼」のお父さんが衆議院議員選挙に出馬して落選するところ（二〇一二年十二月十六日）で終わっています。その後、二〇一四年にこの本が出版されますが、その時点で岡さんは、精神科から六種類の薬を与えられている双極性《そうきょくせい》障害（躁《そう》うつ病）になっていました。

病院の屋上から飛び降りて即死しました

——このインタビューをお願いしたとき、岡さんがメールに「私は、自殺をしてもいいと思っているので、止めたいとあんまり思っていないんです」と書かれていたんですけど、そういう意見の人があまりいないんです。僕も、自殺はしないで欲しいという気持ちが強くあるんですね。だから、岡さんの自殺してもいいという意見が聞きたくて。

うん、その話をうまくできるかわからないなって、今日も考えてきたんですけど……。まず、私、自死遺族なんですけど、お母さんが自殺してて。あ、末井さんもそうですよね。

——そうです。自殺遺族同士ですね。

私も、お母さんが六十一歳のとき、病院の屋上から飛び降り自殺しているんです。で、……私がどんなふうに生きていっても関係なく、たぶん一生、そのことは思い出し続けるじゃないですか。お母さん、自殺しちゃったな、何考えてたんだろうな、とか。いろんなこと考えるんですけど、なんか、よく言われる「自殺しちゃいけない」みたいな言葉に触れたときに、やっぱり、いけないことをした人なんだっていうことを思わないでもない、みたいな感じがあったんです。

でも、人って本来、無駄なことをしてもいいはずじゃないですか。なんだろう……本来自分の幸福を追求するために人は生きているから、それが生産性がないものとか、無駄なこととか、愚《おろ》かなこととか、他人からしたらいけないことだって、やっていいはずなんですよね。

なので……死ぬのはいけないことだけど、それがその人にとって幸せになるための選択なら、いけないことをしてもいいはずだって思ったとき、そこを、いろんな思考の過程をショートカットして、まあ、死んでもかまわないみたいな気持ちになったのかな。

――お母さんが亡くなったのは、岡さんが二十八歳のときですよね。

そうですね。母は一九四四年に当時の満州国《まんしゅうこく》で生まれて、一歳で引き揚《あ》げているんですね。で、三十ぐらいで結婚して、姉が生まれて、私が十五歳のときに父と母が離婚するんです。そこから母子家庭だったんですけど。大学出て、就職してからはずっと仕送りをしていました。

お母さんが自殺する二、三年ぐらい前から……あの、正直言って、お母さんを扶養《ふよう》するのが苦しかったんですよ。結構大病をくり返す人で。乳がんで左胸を全摘出《ぜんてきしゅつ》したり、甲状腺《こうじょうせん》の病気でまた入院したり。

当時は大学出てすぐだからお金がなくて。このまま行くと、会社をやめて退職金をつくってそれで看病しなきゃダメかな、とか考えるくらいだったので。他の人たちはＯＬさんとか楽しそうにしているのに、私は看病代をつくるために働いているのかな、ああ、早く死んでくれたら楽なのにって思ったことがあるんです、何度か。そしたらほんとうに死んじゃって、自分が思ったことがほんとうになっちゃって、うわぁーってなってましたね……（苦笑）。

──それは、きついですよね。

それが最初の感情でした。それから二年間、生理が止まったりもして。私は母が死んだ半年後に、経緯を一部始終知っていて、理解してくれる人と結婚したんです。

そのあと、いまに至るまでの十何年かの時間のなかで、自分も精神的な病気になってみたり。カウンセリングに通ってみて初めて、自分が機能不全家庭で育ったことに気がついたり。死にたい気持ちになってみたりして。それはお母さんとなんの関係もないかもしれないけど、自分が知りたいと思うんですよね。そういう状態のとき、何考えてるのかなって。

──お母さんは、精神的な病気だったんですか。

だと思います。

──病院に入院してたわけですよね。

そうです。ただ、それは外科的な治療をするための入院だったんです。

母は、死ぬ三ヵ月前くらいに胃がんの手術をして、胃を全摘出してるんですね。食道と小腸をつないで。人体の特徴みたいなんですけど、胃がなくても、食べてるうちに胃みたいなものができるらしいんです。胃液とか胃酸は出ないけど、食べ物溜《だ》まりみたいなものができるらしくて。

それで、自力で食べられるようにリハビリをやってたんですけど、やっぱ、吐いちゃって、毎日吐いてたそうなんです。水飲むのも怖くなっちゃったみたいで。

手術後は、妊娠中の姉と旦那《だんな》さんとその長男の四人で古い団地に住んでたんです。六月に退院して、水が飲めなくって脱水症状を起こして、救急車で運ばれて、それが確か七月の終わりぐらいだったと思うんです。で、そこからずっと、外科病棟に入院してたんですけど、そのころからなんとなく異変みたいなものを感じてたんで、私も頻繁《ひんぱん》に病院に通うようになったんですね。

――異変って、どういう状態だったんですか。

死ぬ一ヵ月ぐらい前から、お母さんみたいな別人と話してるみたいな気持ちになって。最期の二週間ぐらいは、ひたすら仰向《あおむ》けで寝てて、隣の人が聞き耳を立ててるから話すなとか、すっごい被害妄想が出ちゃってて。ナースステーションで医師と姉と三人で今後の相談をしていたら、それまで起き上がるのもしんどそうな母だったんですけど、いきなり、「あんたたち、あたしの悪口言ってるでしょ!」って怒鳴《どな》り込んで来たり。うつ病でそうなっているっていう知識が、当時の私になかったから、おそらく外科の先生にもなかったと思うんで、わからなくて。

死んだのは、二〇〇五年の九月六日なんですね。台風がちょうど過ぎた日の朝で。風が強くて小雨《こさめ》がぱらついていて。午前八時半過ぎぐらいかな、姉から電話が掛かってきて。大宮日赤《おおみやにっせき》病院の屋上から飛び降りて、十九・八メートルあったそうなんですけど、下に駐輪場があって、そこに激突して、自転車二台ぐらいメチャクチャにして、そのまま即死したと。

私は東京で一人暮らしをしていて、タクシーで行ったんです。で、十時ぐらいに病院に着いたら、救急のところに母が入れられていて、一応、蘇生処置《そせいしょち》したそうなんですけどダメだったようで。病院のまわりにでっかい高層マンションが建ってて、母が飛び降りるところを、そこの人が一人見てたんですね。もう一人、同じ病棟に入院してた人が、朝のお散歩をしてたんですけど、その人も目撃していたそうなんです。マンションから見てた人は、母が柵《さく》を乗り越えたとき、大声を出して止めてくれたんですって。道路を挟んで向かい側のマンションだから、聞こえなかったのかなんだかわからないけど、飛び降りちゃったんですよね。

――病院で、うつだという診断はされていなかったんですか。

抑《よく》うつ状態とは診断されていて、薬は処方されていたんですね。ただ、亡くなってからわかったんですが、服薬の管理ができてなかったですね。遺品整理のために病室のロッカーを開けたら、ドグマチール（中枢神経用剤《ちゅうすうしんけいようざい》）が飲まないで全部入ってたんで。

いま、精神保健福祉の勉強をしてて、去年初めて、あ、お母さんの状態って、うつ病の妄想の症状の一つだったんだなってわかったっていうか。うちの母は、うつ病のなかの三大妄想（お金がないと思い込む「貧困妄想」、重い病気だと思い込む「心気《しんき》妄想」、罪深い人間で罰せられなければならないと思い込む「罪業《ざいごう》妄想」）の一つの、貧困妄想っていうのにかかっていたんだと思うんですね。

母が胃がんになるちょっと前だと思うんですけど、仕事してたらお母さんから電話が掛かってきて、電話取ったら泣いてるんですね。「どうしたの？」って聞いたら、年金がいくらもらえるか調べたと言うんです。当時、厚生年金を離婚で分けられなかったんです。そうすると一ヵ月支給される金額が二万円とかなんですね。で、「どうやって暮らしていったらいいの、ううう」とか言って泣いちゃってて。

私が、「新潮社の給料も結構もらえるから、私が勤めている間は大丈夫じゃないの？ まあ、いざとなったら生活保護受けてもいいんじゃない？」って言ったら、めちゃくちゃ怒ったんですよね。「そんな情けないことできない！」みたいな感じで絶叫してて。

なんか、だんだん楽しいことがないみたいになっちゃったんですよ。以前は、年に一回バスツアーに行ったりしてたんです、団地のみんなと。でも、それもやらなくなっちゃってたし、友達とも会わなくなっちゃってたり。

そういえば、私が入社してから、お母さんが死ぬまでの丸五年、すごく嫌だったことがあって。週に二、三回、母が職場あてにハガキを送ってくるんです。

——どんなことが書いてあるんですか。

まあ、傍《はた》から見たらどうでもいいだろうっていう内容なんだけど、子供からすると、なんかちょっと刺さってくるようなことを書くんですね。私も大学に最後まで行けてれば、あなたと同じような仕事についていたかもしれませんみたいなことを書いてたり。あと「ザ！鉄腕！DASH!!」が始まったころで、TOKIO（当時）の山口《やまぐち》（達也《たつや》）くんのファンになったみたいで、山口くんと朝まで麻雀《マージャン》してみたいけど、いまはHさん（当時のお母さんの恋人）とも別れちゃったから、パソコンで麻雀してますとか（笑）。「どうしろっていうの？」みたいな（笑）。

——週に二、三回ハガキが来るのは、ちょっと大変ですね（笑）。

圧がね（笑）。まだ若かったから、そこまで人の気持ちわかんないじゃないですか。

それ以前も、ずーっとお金に困ってたんですよね。この前、二十五歳のときに買った家を売ったんですけど、生活福祉資金貸付制度の母子手当を見つけて、どうやらそれで私は中学と高校を出してもらってるんです。たぶん、五十代のはじめからずっと悩んできて、そうこうしているうちに、うちのお父さんが起業した、大成功したらしいって風の噂で入ってくるようになって。でも、母のほうは彼氏ともうまくいかなくなって。胃がんで入院するころ、喧嘩別れしたらしくて。

飛び降りようとしたら猫が鳴き出して

——岡さん自身が病気になっていく過程ですけど、福島に行って、向こうにいる人とつき合いが始まって、そのうちマスコミは震災のことを話題にしなくなってくる。福島の人たちとのつながりが切れていくというのもあったんですか。調子が悪くなった原因ということでは。

そうですね、震災の年の六月ぐらいから記事になる頻度が激減していって……私のなかではあったと思います。でも、福島の人たちは、まあこんなものだろうみたいな感じだったんで。お世話になった人とはいまだにつき合っているし。福島の人たちとつながりが途絶《とだ》えたとかいうより、仕事のほうでギクシャクしちゃって。

震災の直後は、『週刊新潮』では総力取材でほとんど編集部を東北にぶち込んでたし、カメラマンも全員行ってたんだけど、写真が載るページが四、五ページしかないから、『FOCUS』(写真週刊誌、二〇〇一年休刊)を復刊したらいいんじゃないですかね、みたいな軽い話を、当時の常務と昼ご飯を一緒に食べてるときに話したら、「それすごくいいからやろう」ってことになって（『FOCUS』大災害緊急復刊、週刊新潮別冊二〇一一年四月二〇日号）。だけど、それがものすごく売れなかったんですよ。

編集部のなかの関係性にしても、私が福島のネタをバンバン取ってたから、なんかヘンに目立ってたし、私が常務と話して勝手なことしたみたいなこともあって、なおかつ、まったく数字に反映してないから、それでちょっと具合が悪くなって。

――それ、すごくわかります。僕も自分がつくった雑誌が十万部出して九万部返品があったとき、会社辞めようと思いましたもの。そのためにお金があればいいと思って、商品先物取引《しょうひんさきものとりひき》に手を出して借金地獄になっていくんですけど（笑）。会社を休んで何をされてたんですか。

仕事をしてしまっていたんですよ。休めてなかったですね。精神科に行かないで心療内科の診断書を取って、三ヵ月休んだんですね。常務が、そこまで編集部との関係が悪いなら、異動させてあげるから三ヵ月休めよって言ってくれて。でも、休んだことがなかったから休み方がわからなくて。メンタルがギリギリだとか、そういう認識がなかったんですよ。

そのあと復帰するんですけど、今度は本格的にうつ状態になってしまって。二〇一三年の三月から一年四ヵ月休むんです。

――今度は長いですね。

そのときは、さすがに精神科に行きました（笑）。もう、起き上がれなくなっちゃったんで、さすがにこれはおかしいだろうと。

――ゴミ屋敷になったことを本で書かれていましたね。

ゴミ屋敷でした（笑）。しかも、猫が三匹いて、猫って二日か三日世話しなかっただけで、大変なことになるじゃないですか。猫もよく生きてたなって思うんですけど（笑）。

――猫ってトイレ掃除を忘れると、怒って砂を外に蹴《け》り出したりしますね。猫のトイレ掃除もしなかったんですか。

あの、できなかったです。バタッて倒れて起き上がれない状態が八週間ぐらい続いて、自分のトイレに行くのもかなりギリギリ、漏《も》らす寸前まで我慢してから行ったり。で、人間のトイレの隣に猫のトイレがあったんで、そのとき外に散らばったやつとか片づけたり、餌《えさ》をパパッと出したりしてたんですけど、もう全然追っつかなくなって。

寝込み始めて一週間ぐらいは、会社に行こうとするんですけど、夜になっても服の着替えが終わらないんです。ご飯も全然食べられなくなっていたし、なんか怖い、私どうなっちゃうんだろう、死ぬのかなって。それで友達にメッセージを入れたんです。起き上がれなくて、会社にも行けなくなってってって。その友達がたまたま双極性障害（躁うつ病）で治療したことがある人で、おかしいから絶対病院に行きなって、病院の予約も取ってくれたんです。

次の日、歩いて百メートルぐらいのところにある精神科クリニックに行って、薬もらって、それからその友達とかが、週に一回か二回、猫のことをやりに来てくれるようになって。

――ブログで読んだんですけど、ベランダから飛び降りようとしたこともありますよね。

うちは四階なんですよ（笑）。なので、四階から飛び降りても死ねるかどうか、ちょっとわかんないですけど、そのときは死ねると信じてたと思うんです。

うちの間取りって、片側に窓とベランダとリビングがあって、反対側は寝室と玄関と壁なんです。まあ自分なりのライフハックで、リビングの途中から窓側には行かないようにしてたんです。飛び降りちゃいそうになるから、行かないようにしてたんですけど……気持ちがこう……なんか、死にたいなあっていう気持ちにまみれてみたい雰囲気《もよ》になるときってあるじゃないですか。

電車も乗らないようにしてたんです、自宅の最寄り駅にはホームドアがないから。乗るにしても、電車が来るまでホームの壁に背中をつけて立ってて。でも、ちょっと死にたいかもっていうときは、試しに一歩前に出てみたり、みたいなことがあるんですね、いまでも。

――えっ、いまでもですか。

ベランダに出たときのことも、ちょっといま、どういう状態だったか思い出せないんですけど、四階のベランダに一・五メートルぐらいの手すりがあって。植木を置いていたんですけど、手すりを乗り越えられる台みたいなものがあって、ま、そこに乗って、手すりにまたがってみました、みたいな（笑）。そしたら、猫がワーッと。

――部屋のガラス戸を開けていたから、猫が出てきたんですね。

そう。で、ニャーニャーニャーみたいな。私がそんなことしてるから、猫も手すりに乗ろうとするし、危ないって思ったと思うんです。で、猫を部屋に入れて、ベランダ側からガラス戸を閉めたんです、猫が出てこないように。そしたら、ものすごくデッカイ声で、「開けろ～！」みたいな感じで鳴き出して、なんかすごいうるさくて、近所迷惑だなと思って、それで一旦部屋に入ったら、ちょっと死ぬ気がなくなっちゃった、みたいな。

——ああ、よかった。賢《かしこ》い猫だなあ。名前はなんていうんでしたっけ。

もんたっていうんですけど、でっかい猫です。

——僕は、憂鬱なときはしょっちゅうあるんですけど、死にたいというところまで発展しないというか。死にたい気持ちっていうのは、どういうときに起こるんですか。

う〜〜〜ん。どういうときなんでしょうねえ。つい最近でも、死にたいって思うことありましたよ。東京を出て、新しい仕事を始めようと決心したときだったんで、不安だったのかもしれないですね。あと、やることがなかった。精神保健福祉士になるための学校に通っていて、二月って、国家試験が終わってまるまる一ヵ月授業もないし、なんにもやることがなかったんで、寝込んでたんですよ。直近だとそれなんですけど、もっと前の、ほんとうに起きてから寝るまで死にたいっていうときって、なんだったんでしょうね（笑）。

——それが病気の状態ってことなんですか。

病気だからといえばその通りだし、そうなんだけど、その病気の背景にあるものってなんなんですかねえ。死にたいって。………それも表現の一つかもしれないと、いまちょっと話しながら思ってて。「死にたい」につながる苦しさみたいなものは……たぶん、こういう自分でいたいっていう自分になれなかったことかもしれないですね。それで、もうリアルな自分をなくしたい、みたいな気持ちになっていたかもしれないですね。

自殺でも選択を尊重してあげたい

――お母さんの自殺について岡さんが話している動画で、「最後まで、自分がやりたいことをやったんだから、それはすごいことだ」って話されていますけど、いまも同じ気持ちですか。

そうですね。やっぱり、選択をすることは尊《とうと》いことだから、その人の選択を尊重してあげたいですね。それが負けだとか、見苦しい死に方だとか、敗北だとかっていうと、その人そのものを否定しちゃうことになるから、それでよかったんだっていうふうに思ってあげるのが一番いいかなと思ってるんです。

西部《にしべ》さん（西部邁《すすむ》。保守派の評論家。雑誌『表現者』顧問。二〇一八年一月二十一日未明、多摩川で自殺。享年七十八）なんかは、ほんとうによい死に方をしたとしか思わないですね。

――どういうところがですか。

家族にも誰に対しても同じように発言していて、やりたいことをやったという意味でもよかったと思うし、手伝ってくれる人がいたということも、支持されてるわけじゃないですか、彼の考えが。西部さんの場合は、幸福な死に方ができたんじゃないかと、私は思ったんです。

最初にメールで、末井さんに、自殺してもいいんじゃないかと思ってるって書いたことですけど、そう思うようになった理由はもう一つあって、私、臨死体験の本を読んだんですよ、たくさん。そのなかの一冊なんですけど、アニータ・ムアジャーニさんっていう人の『喜びから人生を生きる！』（ナチュラルスピリット、二〇一三年）っていう本があるんですね。

アニータさんって、私が読んだ臨死体験のなかで一番変わったことを言ってて、死ぬとあらゆることが完璧だとわかるって言うんですよ。自殺した人や、人をいじめた人や、人を殺してしまった人ですら、宇宙を構成するきれいなタペストリーのなかの一つの糸だって、それがわかることの素晴らしさを臨死体験中に知ったんだ、みたいなことを言ってるんですね。

私、それを読んで、ほんとに、ああ、よかった、読めてよかったなあと思ったんです。この人が言ってることが正しいかどうかはわからないですよ。だけど、私がいま、生きてるときに楽になれることが重要なので。

で、うちのお母さんも死んで完璧になったんだなって思えたんですよ。何かをやり残したり、罪を犯したんじゃなくて、これはこれで人生をまっとうしたんだなって思ったんです。だから、何も責める必要もなかった、悪いことしたんだって思う必要もなかったなあと。

——それはどんな人でも等しくそうなるんですかね。

アニータさんの言い分としてはそうです。ただ、私は、これが嘘だったときのことを担保しなきゃいけないじゃないですか。死んだら完璧だとか言っていても、実際どうだかわからないし。

——ですよねえ。死んだら違ってたなんて（笑）。取り返しがつきませんよね。

死んで完璧だったら自爆テロをやってみようとか、そう思ってしまう人もいるかもしれないし。

死んだらどうなるかということですが、僕のなかでは、霊として残るということと、すべて消滅してしまうということが、以前は半々でしたが、いまは後者のほうが優位に立っています。しかし、それも死んでみないとわからないので、死んでからのお楽しみということにしたいと思っています。

それよりも、死ぬ直前に、自分のことではなく他者のことを考えられるように生きられたらと思っています。死ぬときがいちばん孤独になるはずなので、そうならないためには他者のことを本気で考える以外方法はありません。妻のこと、子供のこと、友達のこと、誰でもいいからその人の幸せを本気で願うことができれば、死ぬとき孤独ではありません。なぜなら、他者のことを思うことが孤独から抜け出せる唯一の方法だからです。自分のことだけ考えて「死にたくな～い」と思って死ぬのが、最悪の死に方ではないかと思っています。

おじさんの姿をした天使

――お母さんは、いのちの電話の相談員をされてたんですよね。

やってました。三年間ぐらいかな。その人が死んじゃったから……寒いギャグみたいですよね。

――自殺の講演会に呼ばれたとき、懇談会で来られている人と話したら、いのちの電話をやってる人が何人かいて、精神科の治療を受けてるって言ってたんです。そのとき思ったのは、いのちの電話を受けるほうも、相談に乗ることで自分が少し楽になるんじゃないかと。

絶対それ、あると思います。私も、いのちの電話はやってないですけど、障害者施設に行って、精神障害の人と喋《しゃべ》ったり一緒に仕事してると、私が救われるような気持ちになるんで。

——いま、精神保健福祉士の勉強をされてるんですね。

そうです。国は、メンタルヘルスと関連する福祉サービスのために予算や制度をいろいろつくってるんだけど、ほんとに困ってる人にあまりリーチしていなくて、そのための資格なんですよね。日本って、精神病院への入院日数がぶっちぎりで世界一位なんです。三〇〇日近くあって。昭和から入ってる人もたくさんいて。

そういう人って出ても行く先がないとか、親も縁が切れちゃってるとか死んじゃってるとか。精神障害の人も、地域で自分の人権を行使して、幸せを追求しながら生きていくべきだ、みたいな条約（障害者権利条約。二〇〇六年に国連で採択）があるんですけど、日本もそれに加盟していて、その地域移行をお手伝いする資格でもあるんです。お家がなかったらグループホームに住んでみませんかとか、お仕事したいなら仕事に行く練習ができる支援事業所に行ってみませんか、とか。

その学校の友達と話してたとき、サンフランシスコのゴールデン・ゲート・ブリッジっていう自殺の名所の話になって。あそこに自殺パトロールをする人がいるらしくて、その人が自殺を止めた人を二十年ぐらいに渡ってテレビ局が追跡調査して、その人たちがその後どうしているかを調べたっていうのが記事になっていたのを教えてくれたんです。

その調査では、ゴールデン・ゲート・ブリッジで自殺未遂した人は、ほぼ94％生きていたんですって。それも短いスパンじゃなくて、二十年後とかも生きていて、死んでる人は自然死か、ガンとかの病気だったって。だけど、私が勉強のために読んだ、『自殺予防へのプロの対応』（高橋祥友《よしとも》著、医学と看護社、二〇一三年）っていう本には、未遂の人の自殺の実行率はすごく高いって書いてあるんです。この違いはなんだろうって、友達と話したんですけど。

そのとき、友達が言ったことで、なるほどなぁと思ったのは、死のうとしたとき、本気で止めてくれる人、自分をバッと抱きとめてくれて、なんで死にたいのかみたいなことを死にたい本人が話す、ある意味、心のなかをぶちまけることと、それを受け止めてくれる人が、その瞬間いた人って生きられるのかもしれないって言ってて。たぶんそうだなって。

――そこでパトロールしている人が、受け止めてくれる人ってことですね。

そうですね。わーって話聞いて、それはつらいことだったんだねって、ちょっと共感してもらったり、でも死なないで欲しいとかお願いされたり、ほんとに自分を思ってくれる言葉を掛けてくれる経験がある人とない人だと、やっぱりその後が変わってくるのかもしれない。

――「死ぬしかない」ってなってしまって、他の選択肢が見えなくなってる人でも、ちょっとしたきっかけで切りかわるって言う人がいますね。

それは、ほんとにそうじゃないですかね。うちのクラスメイトが二十人いて、そのうち病気の当事者で勉強している人は四人ぐらいいるんです。そのなかで自殺未遂したのは、私ともう一人、昼にゴミの収集の仕事をしながら学校に通っている友達で、その人は川に飛び込もうと思って家を出ようとしたら、前に退学した学校の先生から電話が掛かってきて、「進級するとか考えなくていいから、ちょっと話ししない？」って。それでパッと、死ぬ気が失《う》せちゃったって。

他にも、死にたくなったけど飛び降りるのが怖くなってずっと屋上にいたら、管理人のおじさんに、なんとなく隣に寄り添うような感じで、「なんか大変そうだね」って声を掛けられて死なないで済んだっていう友達がいたり。その管理人のおじさんは、「おじさんの姿をした天使だったんだね」って言ってました。

――いるんですよね、そういう天使がいろんなところに、ちょこちょこね（笑）。

そうそう、たまにいるんです。うちの猫も天使かもしれないし（笑）。

――猫天使（笑）。

カナダかどこかで、電車に飛び込もうとした人を止めたときの映像がツイッターでまわってきたんですけど、その人、ふつうの駅員さんなのにスゲーなと思ったんですけど、飛びこもうとした人の隣に一緒にしゃがんで、「私は強い」って言おうって。「私は強い！」、「私は強い！」ってずーっと言ってるんです。そのうち通行人の人たちも巻き込んで、みんなで「私は強い、イェーー！」ってなって。たぶんその人、死ななかったと思う（笑）。

いまはすごい楽に生きてます

――岡さんは、誰かから「死にたい」と言われたら、どう答えますか。

「どうしてそう思うの？」って聞き返すのが、いまのところ一番効果があるのかなって思いますね。「自殺したい」は「助けて欲しい」の言い換えだって聞いたことがあって、なるほどなと思ったので。

――僕はまあ、そんなに多くはないんですけど、何人かの死にたい人に会いまして、話聞いてると、その人の気持ちになっちゃうんですね。つられちゃうっていうかね。

ああ、もらいますよね。

――これはやっぱり、死ぬしかないね、この人は、みたいな。

あははは。

――そうは言えないから、「まあ、考えてみたらどうですか？」ってなるんだけど、気持ちのなかでは「死ぬしかないんじゃないか」と思ってるから、ちょっと、説得力がないというか。

それはたぶん、優しいんだなって思いますね。「私でも死にたくなりますね」は、結構嬉しいかもしれないですね、言われて。つらいのはあなただけじゃない。生きていくのは大変なんだ、みんな苦労してるんだって言われるより、「うーん、それはつらい。私はどうすることもできない、名案も思いつかないですね、私でも死にたくなりますよ」って言われたら、ちょっとハクがつくじゃないですか（笑）、悩みに。

――自殺したらいけませんっていうことを言おうとしても、その理由がうまく言えないんですよね。命は大事にしないといけないとか、本気でそう言う人もいるんですけどね。

大事だと思いますよ、それは（笑）。

――そういう確固たる考えで自殺を止める人もいますけど、僕のなかでどうしても自殺はいけないという答えが出てこないんです。でも死んで欲しくない気持ちもあるから、「死なないほうがいいんじゃないですか？」みたいな曖昧《あいまい》な言い方にしかならないんですよ。

自分も含めて、曖昧さに対する忍耐力が極端に低いですね、精神疾患に罹《かか》る人は。変な完璧主義っていうのかな。こうでありたいと考えている自分と、現実の自分にズレが生じて、理想とする自分になれないから具合が悪くなって。

じゃあ、そういう人への支援ってなんだろうって考えたとき、その人が調子悪くなってもよくなっても、ただ生きてることだけを評価することかなって。その人が病気だろうが無職だろうが別にいいやってこっちが思ってると、その人も、ちょっと幸せを感じる力がつくのかもなって。

私だって、作家とか名乗っているわけだから、もっとバンバン書いて売れたいとかすっごい思ってたんですけど、全然書けないんですよ、原稿が。それで苦しんだりもして。明日から毎月一冊出せるぶんくらい原稿を書いて頑張ろうって思っていた時期もあるんですけど、いまは自分でできる範囲のことをして、すごい楽に生きてますね。病気したり、離婚したり、会社を退職して無職になってますけど、四十年間生きてきて、いまが一番生きやすいんですね。

いまも寝込んでるときがあるんですよ。昨日まで三日ぐらい服を着替えられなくて。

――え、そうなんですか。

お風呂入れなかったりとかあったんですけど、でも、幸いというか、用事ないですからね。ぐったり寝てても問題ないじゃないですか。寝込んでるのは変わんないけど、それ以上、なんか悩むことあるのかなって思うようになって、すごい楽になったなと思いますね。学校で福祉制度の勉強をしたおかげで、いざとなったら生活保護や障害年金の申請も自分でできますし。

ただ、私は、「あのとき、死ななくてよかったですねぇ」っていうような人が、その後自殺してもかまわないと思ってるんですよね。あらゆる人が、いまもすでに完璧に生きてると思うし、私もそうだと思うし、自分が死を選んだとしても、その結果だから、まあ、それでいいかな、みたいな。だから、私もいまはこんなふうに生きることを選んでますけど、未来のことは未来の自分が決めると思っています。

岡さんの話を聞いていると、「自殺してもいいんだ」という気持ちについついなってしまいそうになるのですが、やはり「自殺はしないほうがいい」と、僕は思います。

そのためには、なぜ自殺してはいけないのか、その理由がないといけません。ちなみに、僕が自殺しない理由は、「生きているのが楽しいから」ですが、「生きているのが楽しくないから死のうとしているんだ」と言われればそれまでです。もっと普遍的な理由はないものか。そんなことを三日間も考えていたら、冗談ではなく、ほんとうに死にたくなりました。

自殺してはいけない普遍的な理由は、おそらくないのだと思います。あるのは、「あなたに死んで欲しくない！」という思いだけです。死のうとしている人に、「あなたに死んで欲しくない！」と本気で思うことが、唯一その人の自殺を止めることができるのです。

岡さんの話に出てくるゴールデン・ゲート・ブリッジでパトロールしている人も、「私は強い」って言うカナダかどこかの駅員さんも、自殺してはいけない理由なんか考えていません。「あなたに死んで欲しくない！」と本気で思っているだけです。もちろん、岡さんちのもんたくんも、僕も。だから死なないでください、お願いします。

繊細と乱暴
東尋坊《とうじんぼう》の用心棒

茂幸雄《しげゆきお》さんとの話

この本の担当編集者の鈴木さんと話していたとき、東尋坊《とうじんぼう》に行ってみたいという話になりました。

東尋坊は福井県の三国町《みくにちょう》というところにある観光地で、日本海の荒波に浸食された安山岩《あんざんがん》が柱状にそびえ立つ奇岩《きがん》で知られています。その奇岩の絶壁が一キロにも及び、〝輝石《きせき》安山岩の柱状節理〟という地質学的にも珍しい場所で、国の天然記念物に指定されています。

といった観光パンフレットに書かれていることより、東尋坊を有名にしているのは過去三十年間に東尋坊で自殺した人が六四三人（『これが自殺防止活動だ…！』茂幸雄著、太陽出版、二〇一四年より）もいるということです。青木ヶ原樹海《あおきがはらじゅかい》（山梨県）、三段壁《さんだんべき》（和歌山県）と並んで、日本の三大自殺名所に入っています。

『自殺』を書いていたころ、青木ヶ原樹海に行ったことがあるのですが、林のなかに入っていくと、そこで死んでいった人たちの気配が漂《ただよ》っているような気がしました。樹海から帰ってから、その気配が『自殺』を書くあと押しをしてくれているように思うときがありました。

東尋坊に行ってみようと思ったのは、自殺の名所を見てみたいという好奇心と、樹海のときの「気配」の記憶があったからです。六四〇人以上の人が身投げしている場所に行ってみれば、そこで亡くなった人たちが何かインスピレーションを与えてくれて、本がスラスラ書けるかもしれないと思ったりしたのです。こういうのをなんと言うのでしょう。他人任せじゃなくて、死人任せとでも言うのでしょうか。

真面目な鈴木さんは、東尋坊についていろいろ調べているようでした。そしてぶち当たったのが茂幸雄《しげゆきお》さんです。ぶち当たるという表現が適切かどうかはわかりませんが、東尋坊で茂さんの話を聞いたとき、ぶち当たったと言っていいような衝撃があったことは確かです。

茂幸雄さんは、「心に響く文集・編集局」というNPO法人をつくり、東尋坊で自殺防止活動をしている方です。数十人の仲間と遊歩道や岩場をパトロールし、自殺企図者《きとしゃ》（自殺を考えている人をそう言うそうです）を見つけると声を掛け、「心に響くおろしもち」（茂さんたちが運営している「おろし餅」を食べさせる茶屋）に連れてきて詳しく話を聞き、再出発の援助までしている人です。

茂幸雄さんにぶち当たったと書きましたが、東尋坊のことを調べれば、誰でも茂さんにぶち当たるはずです。それぐらい頻繁《ひんぱん》にメディアに登場していて、最近ではドローンを使って空から自殺企図者を見つけ出し保護していることが、テレビや新聞で報道されていました。

茂さんはたくさん本を出されていて、『自殺したらあかん！　東尋坊の〝ちょっと待ておじさん〟』（三省堂、二〇〇八年）『自殺をくい止めろ！　東尋坊の茂さん宣言』（三省堂、二〇一〇年）『これが自殺防止活動だ…！』（太陽出版、二〇一四年）の三冊を読んでみました。どの本のタイトルも「！」がついていて元気がいいのです。これらの本のなかから、『自殺したらあかん！』を元に、茂さんがどんな人なのか紹介しておきたいと思います。

人の痛みに敏感な警察官

茂幸雄さんは、福井県警の警察官をしていました。二十代半ばの巡査時代、三国警察署（現・坂《さか》井《い》西《にし》警察署）に一年間勤務することになります。三国警察署の管内に東尋坊がありました。

この巡査時代に一度、母親が二人の赤ちゃんを抱えて東尋坊の岸壁《がんぺき》から飛び降り、母親だけが助かった事件に関わっています。母親は一人の赤ちゃんを抱きかかえて海から這《は》い上がってきたのですが、もう一人の赤ちゃんは見つからず、茂さんは一人で岸壁に立ち、赤ちゃんが浮かんでくるのを夜通し見張っていたそうです。そのときのことを、茂さんは「暗闇の中で、ピューピューと鳴り響く海鳴りの音を聞きながら、その海鳴りがまるで女のすすり泣く声のようで肝《きも》を冷しながら見張りをしていた」と書いています。

その後、県警本部の交通部、生活安全部の刑事を経て、暴力団担当の刑事になります。「シャブの神様」とか「特法のシゲ」と呼ばれていたそうですから、腕っ節の強い刑事だったのかもしれません（ちなみに茂さんは剣道二段、柔道三段、アマ囲碁《いご》四段の腕前）。

二〇〇三年三月、三国警察署の副署長に任命され、単身赴任で東尋坊の近くにある宿舎に住むことになります。赴任した二日後、東尋坊で水死体が上がり、この日から一ヵ月で十件の自殺通報を受け、茂さんはすべての死体検視に立ち合いました。茂さんはこれだけ自殺者が多いのに、なんの対策もとられないで放置されていることを不思議に思うようになります。

着任して三ヵ月ほど経ったころ、地域の議員、警察、海上保安署などの関係者による懇談会がありました。その席で、茂さんは東尋坊で自殺が多い実態とその対策について話しました。そうすると、数人いた議員のなかで特に権威のある議員さんが、茂さんの横に来て次のように言ったそうです。

「〔略〕東尋坊での自殺防止については何も言わず、何も行動を起こさないでおくのが得策なんですよ。悲しい事ですが、ここ東尋坊では全国から自殺をしに沢山の人が来ており、自殺の名所となっていることは知っています。しかしその事で東尋坊の土産屋《みやげや》さんや三国町も潤《うるお》っているのです。あの東尋坊の景観だけでは他県の景色には勝てません。〔中略〕自殺防止については、そのことを口にすること自体が地元の人の意に反することになり、自殺防止を口に出しただけで、その警察官は、三国警察署にいる間は何も協力はしてもらえなくなるよ……」

これを読んだときゾッとしました。自殺してくれる人がいるから東尋坊が潤っている、だから自殺者を減らしてはいけないと言っているのです。それに反した行動を取ろうとする茂さんを脅しているのです。心がまったくありません。そういう人を僕は人間とは思えません。

おそらく、茂さんも同じように思ったのではないかと思います。この議員さんの発言やそれに準じる人たちに対して次のように書いています。

この人達は、自分には関係のないよそ者の事は、たとえ「命」に関わる重大なことであっても分かろうとしない、「人の痛み」を理解しようとしない冷たい人間の集まりであることが分かったのです。

実を言うと、僕は警察官にあまりいいイメージを持っていません。というより、はっきり言って警察官は嫌いで、警察官にいい人がいると思ったことがありません。偏見だと言われるかもしれませんが、前科三犯（猥褻《わいせつ》雑誌の販売）の身だからというより（担当刑事さんのなかには、親しくなり、好きになった人もいました）職務質問の横柄《おうへい》な態度や凶暴な機動隊を見てきたからです。ところが、茂さんのこの文章を読んだとき、警察官にも優しい人がいるんだなあ、人の痛みに敏感な人がいるんだなあと驚き、茂さんのファンになってしまったのでした。

茂さんはその後、警察生活最後の仕事として、自殺防止対策の基礎になるものをつくりたいと思い立ち、毎朝六時から双眼鏡を持って東尋坊をパトロールするようになります。そして、自殺を考えて東尋坊へ来る人の行動パターンを、次のようにまとめています。

遠くから来る人は晴天の日を選んでいる。カメラや土産物は一切持っていない。五体満足の健常者ばかりである。ほとんどが公共機関を利用して来る。軽装で所持品は少なく所持金もほとんどない。死に装束《しょうぞく》の喪服や白の浴衣《ゆかた》を服の下に着ている人もいる。到着時刻は午後一時過ぎが多い。まず正面の通称「大池《おおいけ》」付近から徘徊《はいかい》を開始する。飛び込む場所は三ヵ所に限定されている。人目を避けて何時間も遊歩道を迷走している。地上五五メートルの東尋坊タワーに昇り終焉《しゅうえん》の場所を決めている。岸壁に立った瞬間死が怖くなった人は、岩場付近に座り込み誰かが声を掛けてくれるのを何時間も待っている。

三国警察署を退官したあと、二〇〇四年四月にＮＰＯ法人を立ち上げ、その基点となる「心に響くおろしもち」という店を開き、自殺防止活動を続け、すでに六三七人（二〇一八年十一月四日現在）もの人たちを助けています。

最初は喧嘩から始まる

鈴木さんと東尋坊に行ったのは二〇一七年七月でした。

小松空港まで飛行機で行き、福井駅で三国芦原《あわら》線に乗り換え、三国港に向かいました。窓から、青空に白い雲がポッカリ浮かんでいるのを眺めていると、夏休みでどこかに遊びに行ってるような気分になりました。自殺する人たちは晴天の日を選んでいるそうなので、ひょっとしてそういう人に出会えるかもしれないと思ったりもしました。

お昼前に三国港に着き茂さんに電話すると、車で迎えにきてくれました。短パンにスニーカー、真っ赤なタオルを首にかけた茂さんは、とても七十三歳には見えません。

まず東尋坊の近くにある、幽霊が出ると言われているらしい雄島《おしま》が見えるところに連れて行ってくれました。島に渡る赤い橋を歩いていると、海から手が出てきて足を摑《つか》まれたとか、うしろを歩いていた女の人が振り向くと消えていたとか、そういう噂があることを茂さんは笑いながら話していました。ひょっとして東尋坊で自殺した人たちの幽霊かもしれません。

次に行ったのはみなさんがよく飛び降りる場所です。茂さんは「誰も止めるものはおりませんから、お好きなところでどうぞ」と言っていました。おちゃめなところもある人です。

一番人気があるのが、二五メートルほどの垂直の断崖がある大池だそうで、下は水深二〇メーター以上の深い海です。しかし、そこから飛び降りても70％の確率でしか死ねないそうです。無惨《むざん》なのは助かった人のほうで、岩に当たったりして大怪我をして、後遺症で苦しみながら生きることになります。「可哀想《かわいそう》だから死なせてあげたいと、そういうふうに思ったりしますよ」と茂さんはしんみりと言っていました。

東尋坊の岩場周辺を見てまわったあと、茂さんたちの活動の基点になっている「心に響くおろしもち」に行きました。東尋坊タワーの近くにある店で、二階部分を覆《おお》ったテントには、大きな字で「おもちを食べて　金もち　長もち　力もち　になりましょう　笑」と書かれています。あまりおもしろくないダジャレですが、最後にある「笑」がちょっとテレているようです。その横に「終着駅は始発駅」と書かれているのは、自殺企図者に再出発して欲しいという意味を込めているのでしょう。店には、茂さんと一緒にNPO法人をつくった福本さくら（仮名）さんもいました。

「おろしもち」とは、福井名物の大根おろしをからめた餅のことで、茂さんが餅にこだわっている理由は、家族や近所の人たちと餅をついて食べた思い出がみんなにあること、神様に供える神事的なものでもあるということですが、観光客にはあまり人気がないようです。

さらに夏場は流しそうめんもやっていて、カウンターに太い竹を割ってつくった流しそうめん装置がついていました。茂さんが「そうめん食べる?」と言って、自らそうめんを茹《ゆ》でてくれました。鈴木さんと僕はドンブリと箸《はし》を持って待ち、流れてくるそうめんをすくって食べました。「流しそうめん食べ放題五百円」です。茂さんは「餅も流そうか」と言って、餅をちぎって流してくれたのですが、餅は流れず途中で引っ掛かっていました。

パトロール隊の人たちが徐々に増えてきてザワザワするなかで、茂さんをインタビューさ

心に響くおろしもち。

せてもらいました。茂さんの前には、いつの間にか清酒「まる」の赤い箱とコップが置かれていました。

――茂さんは、東尋坊に立っている人をしばらく保護しているんですよね。保護した人を住まわせるシェルターがあるそうですが、どこにあるんですか。

福井市内。ここの二階もシェルターになってるんだよ。立派なもんですよ。

――普通のアパートなんですか?

アパートです。ごく普通の空き部屋って感じの。

――救助された人は、まずシェルターに入居して、平均四十五日過ごすって本に書かれていましたよね。その期間何をするんですか。職探しとかですか。

要はね、自殺まで考えて来る人はどんな人かっちゅうことなんですよ。こんなもん持って来るんですよ。現物です（と言って、太いロープや細いロープや薬が入った袋を見せてくれました。警察が証拠品押収《おうしゅう》のときにつけるようなタグがついていて、それぞれ押収した年月日や持ち主の名前が書かれていました）。

――これはどこで?

本人から取り上げたよ。現物ですよ。東尋坊まで来て、ぐるっといろんなところを見て、こんなところから飛び込めないと思う人もいるんですよ。もし、あかなんだら途中のどこかでって、そんな気持ちで準備して来るんじゃねぇかなと思うんですけど。

しかし、ここまで準備して決心している人たちが、そのあと私たちと遭遇《そうぐう》して話聞いて、なんで再出発できるんですか？　それなんですよ。

遺書もあるんですよ。長い旅に行きます、お母さん、またあの世で会いましょうね、そういう遺書もたくさんあるんです。そこまで決心して東尋坊に来てるんで、私らが声掛けると、「放っといてください、観光に来たんですよ、迷惑ですよ！」って、開口一番は相手と喧嘩になる。「自殺？　そんなこと考えてませんよ！」って。そっから入っていくんですね。

――そういうとき、どういうふうに話すんですか？

昨日もね、そういうのがあって。福本（さくら）さんもいたんだけど、言葉一つでわーっと泣きついてくるんですよ。助けて欲しいんやて。決心してここまで来てるのに死ぬの怖い。福本さんが「あんたどこから来たの？」って聞いただけでも、もう、わーっと涙流して。「今日までつらかったね」って、これだけです。死にたくないってことですよ。

だれ〜も死にたくない。死ぬの怖いんです。できるならリセットして、再出発したい。（近くにいた二十代の青年を指して）このあんちゃんに聞いたらええ。一週間前に新潟から歩いて来てここにいる。なんで来たんやお前。

青年　どうにもならなくて。

死にゃぁよかったんやぁ。はっははは。家にも電話したんです。「ドラ息子でもう迷惑ですよ。放っといてくださいよ。好きなようにさせてくださいよ」って、親がですよ。

――親がですか。ひどいですね。

ま、いろんなケースがある。だいぶ元気になったんやけど。彼だってワシと会わなんだら（崖の上から）飛んでるよ。その可能性がある、何パーセントかね。

実はワシ、まだ彼から悩みごとなんにも聞いてないんや。女に騙《だま》されてフラフラしたということしか聞いとらん。この子が来た明くる日から、取材、取材で、今日もまた東京からあんたたちが来たから、彼の話、何も聞いてない。「なんとかしてやる！」だけで今日まで引き延ばしているんです。この人たちと一緒に話を聞いたほうがええな。（その青年に向って）嫌か？


その青年は新潟から歩いて一週間ほど前にここに着いたそうです。「野宿しながらですか？」と聞いたら、「ネットカフェなんかで」と言っていました。何があったのか、なんで歩いて来たのか、いろいろ聞いてみたかったのですが、本人が気乗りしないようだったのでやめました。

茂さんに悩みを聞いてもらえないまま、その青年は「心に響くおろしもち」で雑用のようなことをしているようでした。もう一週間近くいるところを見ると、居心地がいいのかもしれません。ちなみに、住んでいるのは店の二階のシェルターだそうです。

茂さんは「まる」を飲み続け、声がだんだん大きくなってきました。


生と死の境目というのは、みんなが想像していることと、ものすごく違うんよ。現実と差があり過ぎる。彼らの声を聞いて欲しいと思うんです。この新潟のあんちゃんだって、なんでここまで来なきゃあかんの。自殺という言葉で、現実を、ほんとうのことをきれいにしてしまう。

——自殺のほんとうの原因を考えないということですか？

自殺してもいいとワシは思うとるんです。憲法十三条にちゃんと書いてある。個人の自由でしょう。あなたどう思う？（第十三条　すべて国民は、個人として尊重される。生命、自由及び幸福追求に対する国民の権利については、公共の福祉に反しない限り、立法その他の国政の上で、最大の尊重を必要とする）

「あんたに止める権利あるんかぁ！」言われますよ。「関係ないでしょ、あなたに迷惑かけるわけじゃない」って言われます。そういう人を説得できますか？　なんと言って説得しますか？

ガンなどで余命宣告受けた人が、「死なせてください」って言った場合、あんただったらどう言う？　胃ろうすれば助かるよ。「私、胃ろうはいりません」、輸血すれば助かります、「わたし輸血いらんのです」。自分の命のことも個人の自由なんです。最高裁の判決まで出てるんですよ。エホバの事件、あったでしょう（エホバの証人輸血拒否事件。宗教上の理由で輸血を拒否していた患者に、医師が無断で輸血を行い、そのことに対して患者側が損害賠償を求めた事件。最高裁判決は、輸血を受けるかどうかは患者自身に意思決定をゆだねるべきだったというもの）。

そこから考えてみると、自殺するのも個人の自由。そこらを勘違いしている人がものすごく多いと思うんです。なんで死んだらあかんのです。

いじめられたら自殺しなきゃいけない

新聞なんかで言うとる通り、青少年の自殺が多いんですよ。国やら県とも話するんですけど、みんな青少年の自殺防止対策せにゃあかんと言う。私から言わせると「ボケるな！」ですよ。ものすごう腹立つんです。ここにいて、今日までに高校生や中学生、二十一人ほど助けてきました。あの言葉、全然違うんですよ、解釈が。

いじめられたから自殺する。逆に言えば、いじめられたら自殺しなきゃあかんと言っとるんです。そしたら自分の気持ちが認められる。社会に対して、友達に対して、学校に対して抗議している、それが認められる。僕はそのために自殺しなきゃいけなかった。まともにそういう人たちの話を聞いていない。聞いてないから報道にもならん。間違った対策を学校当局がやっとる。

マスコミがよー聞きに来るんです。「最近どんな自殺が多いんですか？」「こんなんですか？」。「ボケんな！」って怒ってやるんです。なんとかして形をつくりたいんですよ。それで十把《じゅっぱ》ひとからげにしてしまってるんです。それによって苦しんでる人がたくさんいる。

――確かに、いじめられたから自殺するってわかりやすいんですね。

（大きな声で）死なあかんのですよ！　いまの子供さんは、先生に死んでしまいたい言うたら脚光《きゃっこう》を浴びる。しかし、その子供さんたちのほんとうの心情を知らなきゃいけないんです。

教育するって最高の場所でしょ。先生はいろんなことを勉強して、いろんなこと知ってなあかんのやけど、私に言わせればまったく聖職と言われることができてない。彼らはみんな自分なんですよ。自分のことしか考えてんのですよ。この子にこうしてあげたよ、誰もひとことも言わない。全体的におかしいと思うんです、死に対して。自殺という言葉を軽はずみというか、もてあそんでいるというのかな、ワシから言わせれば。

人命救助ということなんですよ。自殺を防止しましょういうのは、ワシ違うと思うんです。自殺を決心した人が、みんな助けてくれと言うんです。今日まで声を掛けた人五九九（二〇一七年七月二十一日現在）人、みんな死ぬの怖いって言ってるんです。死にたくないって言ってるんです。だから人命救助なんです。これを発信する人がどこにもいないんです。

「いじめられたら自殺しなきゃいけない」ということはわかりにくいし、誤解されるかもしれないので、僕が感じたことを書いておきます。

僕らがいじめを考えるとき、いじめる側といじめられる側では、いじめられる側に同情が集まります。

もしいじめられた人が自殺したら、いじめた相手やいじめを無視していた教員や学校などに対する抗議と見なされ、茂さんの言葉を借りると、自殺した人はヒーローに祭り上げられます。そして、「こんなことは二度とあってはいけない」ということで、根本的な問題を考えることなく、そのいじめ自殺事件は収束されていきます。自殺した人は、言わば人身御供《ひとみごくう》のようなものです。

もしそうであれば、いじめられている子供に自殺してもらいたいという意志が、どこかで働いている可能性があるということです。その意志が、過敏な子供の心に影響を与えないはずはありません。それが「自殺しなきゃいけない」という気持ちにさせる要因につながっているということなのでしょう。つまり、助けてくれる大人がどこにもいないということです。

繊細と乱暴

私は五九九人、（自殺を考えて東尋坊まで来た人に）今日までお会いしてきて、その悩みごとを聞いてきました。よしわかった、ワシがなんとかしてやる。「ワシがなんとかしてやる」という言葉、誰も言わないでしょ。

みんなあっちの法律事務所に行きなさい、どこどこの福祉課に行きなさいと言う。あっち行け～、こっち行け～言われてきたんや。たらい回しですよ。

――なんとかしてやるって言えないんじゃないですか？

（大きな声で）言えるんですって！

――いや、言うだけだったら言えますけど。

せにゃあかんのです！　なんとかしてあげなあかんのですって。できるのにできない言うて手を抜いてる。できるんですよ。ワシがなんとかしてやる。なんでできないの？

――たとえば債務者がいて、借金でどうしようもないと。

そんなのはもう朝飯前や。オーケー、わかったよ～。一発や。電話一本で済む。

――その金を自分がなんとかしてあげないといけないと思うでしょ。

間違ってます！　電話一本で済むんですって。間違っていることが多過ぎて多過ぎて。「ワシがなんとかしてやる」と言う人が、どこにもいない。少なくとも行政にはいない。

この五年、一生懸命やってあげたのに、その相手が死んでしまったっていう人、いるんです。「自殺してしまったんですよ～」って。よくよく話を聞くと自分の弁護ばっかりしてるんや。こんな方法があるよ、あんな方法があるよ。そんなこと、あの人たち（自殺企図者たち）は全部知ってますよ。命までかけてるんやで。知ってても自分で動けないんです。エネルギーがない人に対して、ああしろこうしろよう言えるな、というのが私の気持ちです。

要するに、「そんなものできんのか、やれや」って、頑張れってことでしょ。本人にしてみれば、自分が不甲斐《ふがい》ないと思うでしょ。「頑張れないからこの世から消えます」ってなるでしょ。私は五九九人、全部話聞いてます。全員考え方わかってます。それをなんらかの形でお伝えしたいなあって。外国の人はみな理解してくれた。タイムズ紙にも出てるし、アルジャジーラ、韓国からもいろんな……。そんなこと言わなきゃいいんだけど、言うてしまう。「こうすればいいと思う」なんて言うのは、無責任なことや。上から目線のね。「同情するなら金をくれ」、昔、安《あ》達祐実《だちゆみ》のドラマあったでしょ、「家なき子」。ここに来る人たちに、みんな同情ばっかりしてる。

こうしろああしろ言われても、私には能力ないから同伴《どうはん》してください、一緒に歩いてくださいというのが、その人たちの叫び声なんですよ。できんからみんな岩場に立っとるんです。「同情するなら同伴してくれ」それがほんとうの叫び声だと思うんです。

で、私たちは何をやってるか。そんな人に声掛けて、「放っといてくれ」言うのを、「ボケんな～!!」「ワシがお前の悩みごと解決できないはずあるかい！」そう言って、襟首《えりくび》つかんで引っ張ってくるんですよ、ここまで。それで元気になるんやって。なんでなるの？

「襟首つかむ」と聞いたとき、正直驚きました。犯人逮捕を想像しました。

しかし考えてみれば、岩場に立っている相手が一瞬の隙《すき》に飛び降りるかもしれないという緊迫した情況だったら、襟首つかむぐらいのことはしてしまうというか、して当然というか、心の底から死んで欲しくないと思っているのなら、気がついたら咄嗟《とっさ》に襟首をつかんでいると思います。そうしなければ助けられません。

ふと「繊細と乱暴」という言葉が浮かびました。茂さんは繊細かつ乱暴な人ではないかと。その乱暴は持って生まれたものなのか、それとも警察時代に身についたものなのかわかりませんが、情緒《じょうちょ》に流されないで、どんなことをしてでも相手の命を救うという乱暴なところがあるからこそ、六三七人の人が助かっているのではないかと思います。

茂さんは、自殺企図者の悩みごとを自分のものとして受け取り、その人とともに歩くことですべての問題が解決すると言います。たいていの自殺企図者は、「誰も私の苦しみをわかる人はいないし、解決できる人もいない」と言うそうですが、それに対して「大丈夫です。なんとかできますよ」とはっきり断言すると、相手は解決策に耳を傾けてくるそうです。

解決の第一歩は、「この人は先ほど東尋坊の岩場に立ち、いままさに命を落とそうとしてたんですよ！」と、その人の周辺にいる人たちに、第三者の中立的立場で訴えることです。そうすると、その人たちは解決に向かって動いてくれるのです。いまのところ、このことに耳を貸さない人は一人もいなかったと、茂さんは言っています。

それは、自殺するかもしれないと思いながらも、関わりたくないから見て見ぬふりをして逃げていた人たちを、「知らなかった」と言って逃げることができない状態に追い込むことでもあります。茂さんは「自殺したければしたらええよ」と言いながらも、命を救うためにはなんでもする覚悟を持った人なのではないかと思います。

茂さんはこっちの質問を無視して一方的に喋《しゃべ》るので、インタビューというより茂さんの独演会になってしまったのですが、それは毎度のことなのかもしれません。

気がついたら茂さんのまわりにいた人たちはいなくなり、茂さんと福本さんだけになっていました。そして茂さんの声はますます大きくなっていくのでした。

――茂さんは救助した人の家族のなかに入って仲裁《ちゅうさい》したり、職場に問題があるときは、わざわざ職場まで乗り込んで行ったりしてますよね。

どこまでも行きま〜す。なんで行けるか。法律を知っているからです。法律を知らんから、みんな騙されてしまうんです。公務員はそういうことできません。民事不介入というのがあって、生活に入ったらあかんのですよ。しかし民間だったらどこにでも入って行けます。

カウンセラーいますね。悩みを聞いてあげて共感しなさい、そうすればカウンセラーとしての資格を与えてあげますと言うんです。カウンセラーって何？　共感って何？　その人の悩みごとにうまく共感できて受け止められたって？　じゃあこうしなさいって具体的なこと言えますか？　そんなもんで国家資格与えるの？　それで命救えんの？

それは、共感じゃない。言葉だけの「わかったよ」っていうこと。ほんとうの共感は、会ったときからできる。共感できたらじっとしていられんって。死にたいってんだよ（と言って、茂さんは少し涙ぐんでいるように見えました）。

資格者はいらんのです。私のために何をしてくれるかだけ。精神科に行きなさい。病院行って薬もらって先生に言われた通り薬飲んで、最初二粒から始まりました、いつの間にか十五粒に増えてました。そんな人、何人もここへ来てる。命に関しておかしいと思わんのかって。

ワシ、マスコミにバンバン出てます。ところがカットカット。テレビ局がみんなカットする。

——どんなことがカットされるんですか？

いまワシがゆーたこと。ワシはこういう活動やってますけど、地元の人からは「イメージが悪くなるからやめてくれ」言われる。「なんでここを自殺の名所にしてるんですか？」というのがほんとうの声です。でもワシはやめません。

ドローンの有効利用

——いつも何時ごろ起きるんですか。

四時か五時。それからボーッとインターネットで碁《ご》や将棋《しょうぎ》する。そうすると五時か六時になる。いまも一人シェルターにいるのは、将棋のプロなんです。二段ですよ。

あの人もったいないな〜。なんで将棋から逃げたんやって聞いたら、アマチュアの試合に出たんやって。プロはアマチュアの試合に出るの禁止されている。ところがアホや、やってるとカーッとなって、優勝してしまって新聞に出て、それで除名処分。
将棋のプロは、藤井《ふじい》（聡太《そうた》）君だってそうだけど、ほんとにすごい。すばらしい人はいるんやて。そんな人たち、なんとか救う方法があるんやないかと。人間から湧《わ》いてくる力でなんでもできる。もったいないんや。その人、「タコヤキもやってたことあるんですよ」言うから、「たこ焼きやれ！」って、ここでたこ焼きさせてたんですよ〜。
私はなんでも実行する。嫌な奴や。ダボハゼのような人間です。ダボハゼ知ってるやろ、なんでも食いつくやつ。へへへへへ。すぐ実行したくなる、じっとしていられない。
あれ、福本さ〜ん。将棋の山本さんのさぁ、山本さんの記事をちょっと見せてもらおうかなぁ〜。二人に紹介したいなぁ〜と思って。

福本　新聞記事貼ってたやろ、ファイルに。

茂　そのファイルがねぇからゆーとんや。ファイルを探しとるんですぅ。

福本　すみませんねぇ。

茂　あんた「ごめんなさい」言わんやろ。

福本　わたしが何言うことあるの！

茂　うるさいなぁ〜！

福本　もう嫌や、酔っ払いは。海に破棄《はき》したらいいんや。はははは。

茂さんと福本さんはよく口喧嘩をしているそうです。「喧嘩はしなきゃあかんのや」と茂さんは言います。まるで兄妹のようです。

福本さくらさんは九州の出身で、福井の人と結婚して、県警の食堂で働いていたとき茂さんと知り合いました。

福本さんの両親は自殺しています。お父さんはお母さんに暴力をふるう人だったので、福本さんはお父さんが嫌いでした。

福本さんが中学生のときのことです。お父さんが福本さんに罵声《ばせい》を浴びせ暴力をふるおうとしたとき、咄嗟に「父さんなんか、死んでしまえ」と言って自室に閉じこもりました。その次の日の朝、お父さんがいなくなり、福本さんはあたりを一生懸命探しました。納屋のなかで、リヤカーに寝間着の帯をかけて首を吊《つ》っているお父さんを発見したのです。

お父さんの悩みは他のことだとわかったのですが、それでもお父さんが自殺する引き金を引いたのは自分だったのではないかという思いが、福本さんをずっと苦しめていました。

お母さんは、お父さんの悩みをわかってあげられなかったことを悔いて、毎日泣いていたそうです。親戚から、お母さんがお父さんを死に追いやったと批難されるようになり、お母さんはうつになってしまいました。そして、お父さんが亡くなってから九ヵ月後、お母さんも自殺してしまいます。その第一発見者も福本さんでした。

福本さんはこのことを五十年間、ずっと人に（夫にも）言えなかったそうですが、東尋坊で自殺救助活動を始めてからやっと話せるようになったと言います。

——それで五時か六時になって、そのあとは？

な、なんや、なんやて？　なんですか？

——朝のスケジュールです。

あああ、ボーッと将棋をするんやて。山本さんに負けるわけにいかんやろ。一時間ぐらいやって六時か七時になるとメール見て。それから、今日なんかせないかんことがあったなあって。それが七時か八時に終わりゃいいけど、いろんなこと考えたら頭が干上《ひあ》がってしまって。

メンタルヘルスは自分なりにせなあかん、酒飲んだり。でなきゃ頭干上がってますよと、ワシは思うてる。酒も朝から晩まで飲んでます、ええ。なんで朝から酒飲むかというとぉ、わかる？心身ともに健康でなきゃあかん。酒も飲まんで、バッファリンかなんか知らんが薬飲んで、体だけ健康でもあかんのや。心身やで。そのバランスが大切なんですよぉ。

——この店は何時からですか？

福井を九時半に出てくるんです。ここに十時半か十一時ごろ着くんです。で、店並べて、見た通り、ものすごく流行ってるでしょ。はははは。毎月持ち出しですぅ。家賃一〇万ですぅ。ま、お金のこと言わんでおこう。嫌になっちゃうな、お金のこと言うと。

茂さんたちは厚生労働省の補助金を申請し、二〇一七年四月に許可が降り、ドローンを購入しました。日ごろ十六人のメンバーが交替で東尋坊の岩場や遊歩道をパトロールしているのですが、みなさんが高齢になったことや、岩陰や草むらにいる人は見つけにくいこともあって、ドローン導入に踏み切ったそうです。すでにドローンによって、岩場に座ったまま何時間も動かない女性を見つけて保護したり、水死体の発見もしています。

ドローンをなんで入れたのかって聞かれるけど、三年がかりの希望です。

——飛ばすのに許可がいるんですか？

平成二十七年に、首相官邸にドローンが落下したことあったでしょ。あれで法律が改正になったんやけども、改正になってから申請して、今年の四月末にOKが出て。

その前から、地元は大反対なんです。県の対策室はOKだと、費用も出しますと。いや、ワシにやるっつうんじゃないですよ。みんなワシがもろうたみたいに、「ドローンもろうてよかったねえ、儲《もう》かったねぇ」、そういうニュアンスで捉えられるんやからねぇ。

「国から支援金が来たよ」と言うと、「ああ、三百万来てるんですか」「楽に作業できますね、給料もほれで出ますね」って。「ボケんな〜〜〜!!」って言いたい。

活動に必要な金を要求しても、七割しか来ないんやから、あと三割、自腹ですよ。費用は全部領収書つけて渡します。三割は自腹です。一銭もありません。自分の思いが実現しただけなんです。

「あなたたちは、社会を監視社会にする団体ですか？」、ドローンのことで、ある団体がそう言うてきた。奥深いけどワシはやります。悪用したら、最低でも懲役《ちょうえき》五年から十年持ってけと。いくらでも悪いことできるんですよ。ドローンが市民権を得たっていう考え方は、ワシは間違いだと思う。それぐらい日本の法律は甘い。弱いんです。

ワシはそういう仕事してたもんで、お前らきちっとせいと。こういうことをしたらダメだと、そういう法律をつくってくれと。誰にでも使えるようになった。大きな問題ですよ、これは。

——テロにも使えますからね。

露天風呂があるんですよ。

——ああ、そっちのほうで。

人のいいとこを探す

パトロールのボランティアを募集してるんですよ。二十四、五人集まってます。高校生、学校の先生、県の職員、働かしてくださいって。みんなそういう人ばっかりなんです。

ワシ言ってるのは、恩送りをしますと。恩を送るんです。送らなあかんのですよ。ここに来て再出発した人、「恩を感じてます」って何やら持ってくるんです。お断りしてます。あんたがほんとうに恩を感じてるんだったら、ワシでなしに他の人に送ってくださいと。その人たちに恩を送ると、また次の人が送ってくれるんですよ。

もう一つ大切なことは、ここまで来る人たちは、なんで苦しんでいるか。なんで生きづらくなっているんか。そこを見極めて欲しいんですよぉ。なんで苦しいんですか？ ナカイさんだっけ？

——スエイです。

スエイさん、人から何言われてる？　鈴木さん、同僚から何言われてる？　ええことばかりじゃないで～。人間の社会ってのは、その人の悪いとこばっかり話してんや、部下にしても同僚にしても。この人、何か欠点ないかって、悪いとこ探しをしてるんですよ。悪いとこ探しをされて、生きづらくなって、東尋坊に来るんですよぉ。みんな悪いとこ探されて、言われて、誹謗中傷《ひぼうちゅうしょう》されて、違いますか～？　違うと思えば違うと言ってくださ～い。

逆なんですよぉ。悪いとこ探しをしたらあかんねん。いいとこ探しをすりゃいいんですよ。人間いいとこあるんだから。なんでいいとこの話せんの？　悪いとこの話ばっかりでしょ、あの人はこうだああだと。政治でもなんでも、世の中悪いとこ探しばっかりしとるがな。

――なんでそうなっちゃうんですか。

（大きな声で）あなたが悪いんです。

――えっ、僕が？

はっはははは。人のせいにしたらあかんな。なんでみんな、悪いとこ探しばかりするんやろ。それが世の中生きづらくしてる。いいとこの話せにゃあかんのですよ。いいとこ探して、あの人たちの生きる道を探してあげればいいの。

茂さんの話はまだまだ終わりそうになかったのですが、ちょっと疲れてきたのと、もう一度岩場を見ておきたかったので、パトロールに行く人にくっついて外に出ることにしました。陽はすでに西に傾きかけていました。東尋坊は夕陽の名所でも知られています。

少し前にドローンで見つかった岩場にいた女性は、西の空を何時間も見ていたそうです。沈む夕陽を見て何を思っていたのでしょうか。

茂さんが自殺した人たちの死体検視に立ち合っていたころ、死亡推定時刻は二十時から二十四時が一番多かったそうです。陽が沈んだあともずっと西の空を見つめ、飛び降りようかどうしようか長い間迷い続け、そして最後の決心をするのがその時刻なのかもしれません。

人気の大池に行って、自殺する人の気持ちになって、這うようにして恐る恐る下を見ました。岩がゴツゴツしていて、こんなところからとても飛び込めるものじゃないと思いました。おそらく決心した人でも、酒や薬がないと決行できないでしょう。

パトロールの人に聞くと、茂さんはこの活動を始めてから三年ほどして変わったと言っていました。死を決心した多くの人と話すことで変わったのでしょうか。どのように変わった

大池を覗いて筆者が撮影。

のかは聞かなかったのですが、より本気になり、本気になったことで言葉だけの自殺防止運動に憤《いきどお》りを感じるようになったのではないかと思います。

茂さんたちの活動で、東尋坊における自殺者の数は減少しました。しかし、十五年前に地域の権威ある議員が言ったように、観光客が減るということはなく、逆に増えているそうです。

岩場を見たり東尋坊タワーに昇ったりしたあと、「心に響くおろしもち」に戻ったころには夕方になっていました。昼間吹いていた強い風も治まったので、いよいよドローンを飛ばすことになりました。飛ばす場所は東尋坊タワーの駐車場で、リモコン操作は茂さんです。一・八リットル入りの清酒「まる」を全部飲んでいるので、大丈夫だろうかと思っていたのですが、ドローンはちゃんと空高く飛び立ちました。

リモコンについた液晶モニターに、空からの風景が映っています。ドローンは東尋坊をぐるっとまわって二十分ぐらいで戻ってきました。茂さんが「異常なし！」と言います。本日は何ごともなく一日が終わりそうです。

いや、何ごともないわけではありません。新潟から歩いてきた青年、除名処分になったプロの将棋師、素晴らしい映像が撮れる能力があるのに岩場に立っていた映像作家、そうした再出発が決まらないままシェルターで暮らしている人たちがいます。その人たちのことを考えて、茂さんの頭は干上がりそうになっているのかもしれません。

茂さんは、自分は魚にたとえるとマグロだと言います。泳ぎ続けていないと死ぬのだそうです。

自殺した息子に対して加害者であるという意識を持ち続ける映画監督

原一男《はらかずお》さんとの話

映画作家の原一男《はらかずお》さんは、元々は写真家志望でした。一九六九年に障害児をテーマにした「ばかにすンな」という写真展を銀座ニコンサロンで開催したとき、それを観に来た小林佐《こばやしさ》智子《ちこ》さんと出会います。その後、小林さんの提案で映画をつくり始めます。

一九七二年、最初の映画『さようならＣＰ』が完成すると同時に、小林佐智子さんと「疾《しっ》走《そう》プロダクション」を設立し、小林さんは映画と私生活両方のパートナーとなります。

『タブーこそを撃て！』（キネマ旬報社、二〇一八年）という本に、小林佐智子さんが一九七四年に『思想の科学』に書いた「映画がロマンなら、生活もロマンさ！」という文章が再録されています。

疾走感が好きだ。走っているときの目茶苦茶《めちゃくちゃ》な肉体の震動が一番好きだ。冗談でなく、私は走りながら映画が作りたい。

「疾走プロダクション」という名前に、小林さんのこの思いが込められているのでしょう。『さようならCP』は、重度の障害者は町に出られなかった時代に、脳性麻痺《のうせいまひ》者たちが街頭で不自由な体を積極的に人目に晒《さら》していく映画です。観ている自分が障害者をどう見ているかを問われる映画であるとともに、観終わると心が解放されている不思議な映画でした。

その二年後に公開する『極私的《ごくしてき》エロス　恋歌《こいうた》1974』は、原さんの元恋人、武田美由紀《たけだみゆき》さんが、原さんのアパートで自力出産し、続いて小林佐智子さんも同じ部屋で自力出産するという、かなりショッキングな映画です。画面いっぱいに開かれた股《また》の間から子供の頭が出てくるところは、どんな映画のどんなシーンにも勝《まさ》る迫力のアングルで感動的です。

その後、五年かけて完成した、奥崎謙三《おくざきけんぞう》を追ったドキュメンタリー映画『ゆきゆきて、神軍《しんぐん》』（一九八七年）が大ヒットします。

奥崎謙三さんという人は、神戸のバッテリー屋さんですが、天皇の戦争責任を追及する過激なアナーキストでもあります。僕はこの映画が公開される十五年前、奥崎さんが書いた本『ヤマザキ、天皇を撃て！』（三一書房、一九七二年）を読んで、奥崎ファンになっていました。

奥崎さんは、一九六九年の皇居一般参賀のときに、天皇に向けてゴムパチンコでパチンコ玉三発を射って捕まりました。『ヤマザキ、天皇を撃て！』は、その裁判のために獄中で書いた陳述草稿《ちんじゅつそうこう》を本にしたもので、天皇の名で召集《しょうしゅう》されて戦争に行った自分たち日本兵が、どんなひどい目にあったかが詳細に書かれています。ちなみに奥崎さんは、このパチンコ事件の前に不動産業者を刺殺して、大阪刑務所に十年間服役《ふくえき》していたこともあります。

『ゆきゆきて、神軍』は、戦争中、奥崎さんが所属していた隊で起きた処刑事件の真相を解き明かすことを目的とし、処刑（その人肉を食べるため）に関与した元隊員たちを奥崎さんが探して追い詰め、ときには相手に殴りかかり、相手から首を絞《し》められ、奥崎さん自らヤラセをやるなど虚実《きょじつ》入り混じった、ドキュメンタリーの定石《じょうせき》を崩す、過激でおもしろい映画でした。

そんな原監督の最新作は、八年間に渡る泉南《せんなん》アスベスト被害者の裁判闘争（大阪府泉南地域にあるアスベスト紡績《ぼうせき》工場の元従業員や工場周辺の人たちが、自分たちがアスベスト疾患《しっかん》になった責任は国にあるとして起こした国家賠償請求訴訟）を記録した、『ニッポン国VS泉南石綿村《いしわたむら》』（二〇一八年公開）です。

撮影に八年、編集に二年、上映時間も三時間三十五分という長尺です。僕も覚悟を決めて観に行ったのですが、観ているうちにだんだん泉南の人たちが知り合いのようになってきて、エンドロールになると「えっ、もう終わってしまうの？」と、寂しい気持ちになりました。

原さんは映画のパンフレットに、「権力者に抗《あらが》う牙《きば》など、どこを探してもありはしない。そんな骨抜きにされた、平成という時代に生きるニッポン国の民衆の自画像として描いた作品である」と書いています。その言葉通り、この映画に出てくる政治家はもとより、骨抜きにされてしまった自分自身に対しても怒りが沸《わ》いてくる、心がざわざわする映画でした。

原さんとは以前、日本映画の巨匠《きょしょう》たちと原さんの対談集『ドキュメンタリーは格闘技である』（筑摩《ちくま》書房、二〇一六年）の発刊記念トークイベントに呼ばれ、一度だけ対談したことがあります。お会いする前は、原さんに対して「過激な人」というイメージを持っていたのですが、とても柔軟な感じで、相手のなかにすっと入り込んでいくことができる人だと思いました。考えてみると、そうでなくてはドキュメンタリー映画は撮れないのかもしれません。

原さんは一九八九年に、息子さんを自殺で亡くしています。そのことを知ったのは、柳美《ゆうみ》里《り》さんの文庫本『自殺』（文春文庫、一九九九年）に書かれた解説文でした。その文章から、息子さんが自殺したときのことを書いている部分を引用します。

映画の地方ロケを終えて久しぶりに帰ってきた。夕方だった。家には十五歳の娘と十三歳の息子がいた。パートナーは仕事で外出していて、それは珍しいことでもなかった。二人はテレビアニメを見ていた。「ただいま」「お帰り」というあいさつの後、「あれ、遠野《とおの》は今日、稽古《けいこ》日《び》だろ？　行っておいで」と続けた。遠野という名前はパートナーが付けた。私は息子に剣道を習わせていた。とりたてて不満そうな顔をしたわけでもなく、ごく素直に「はい」と答えて道具一式を背負って出かけた。

私は、近くに借りている事務所に向かった。自宅のアパートから歩いて五分の距離だ。ドアを開けて驚いた。ついさっき出かけたはずの息子がいるではないか。〔略〕お菓子を食べながらテレビアニメを見ていた。私は逆上した。裏切られた、あるいは、虚仮《こけ》にされた、と思ったはずだ。一気にカーッとなった私は「何やってるんだ！」と大声で怒鳴《どな》りつけ、息子の頰《ほお》を殴った。かなり強く。殴った瞬間の怯《おび》えた息子の表情が、今でも目をつぶれば脳裏《のうり》に浮かぶ。わーっと泣き出して、道具をかつぎ飛び出していった。

私の方は、息子が道場に行ったとばかり思っていて、逆上した気分もすぐ冷めて仕事にとりかかったのだが、事務所を飛び出した後、息子は目と鼻の先にある高層アパートに住む同級生を訪ねたが留守、その直後に、飛び降りてしまったのだった。

なんであのとき、ひとこと言ってやれなかったかな

——息子さんの遺体を最初に見つけたのは、どなただったんですか。

ビルから飛び降りて亡くなったのは、まだ日がある時間です。警察から電話が掛かってきて、私たちが遺体安置室に連れて行かれたのが夜の十二時近かったんです。ということは四時間近く発見されなかったんじゃないかと。十階建てぐらいの都営アパートで、そこの住人の人がふっと下を見たら、「何かあそこに」ということで気がついたという話なんですよ。

——飛び降りる瞬間って怖いでしょうね。よくやったというか。

ほんとなんですよ。それだけカーッとなってたのかしらって、ときどきうちのカミさんと話をするんですけどね。飛び降りて地面に着くまでに何秒かあるでしょう。

——十階ぐらいだと三秒ぐらいはありますね。

その三秒間、何を思ってたんだろうなって思うんですけど。聞くところによると、飛び降りる

その何秒間かの途中で気を失うんだそうですね。ほんとか嘘かわかりませんが。だから地面に着地したときはもう意識はないんだよって聞いて、へーそういうもんかなと思って。

――息子さんの自殺は、原さんが殴ったことが原因だと書かれていますが、確かにそれが引き金みたいになってるかもしれませんけど、何か他に下地があるんじゃないかと思うんです。

なかなかね、難しいんですよ。カミさんと、ときどき「なんで死んだんだろうね」って話をするときがあるでしょう。そのときに知ったんですが、中学校の担任の先生に嫌われていたそうなんです。先生に対して反抗するみたいなことがあって、それを遠野が一人で抱えてたんじゃないかって。きちんと遠野の言い分を聞いて、なんとかしてあげるということをしなかったせいかなあって、ときどき彼女は言うんです。私はまったく知らなかったもんだから、もうびっくりして。

――そういう学校の話とか、遠野くんと会話はなかったんですか。

そうなんですよね。遠野が自殺したのは、熊《くま》井《い》啓《けい》監督の『千利休　本覺坊遺文《ほんがくぼういぶん》』（井上靖《いのうえやすし》原作）の撮影期間中の出来事なんですよ。私はスケジュールを担ってたもんだから、そのことでいっぱいで。スケジュールによって予算がオーバーしたりするし、ものすごく神経使うんですね。

そういうふうに、人の現場で働いているときはその作品のことで目一杯ですし、その合間は自分たちの映画の制作を夫婦でやってるもんだから、地方で上映があるってときなどは、二人で出かけて行くんですね。お姉ちゃんと弟にお金を渡して、これでおかず買って食べなさいよってなもんで。そういうふうに何日かうちを留守にするっていうのは、常態になっていたんですよね。子供のために時間を空けるってことを何もしてなかったですもんね。ほんとに何か子供たちのためにしてあげたって記憶がないですもん。あとになって気がつくでしょ、そういうことって。

——遠野くん、写真で見ると可愛《かわい》いですね。

そうなんですよ。これは女の人によりけりだと思うんですが、母親にとっての異性、つまり息子に愛情を注ぐタイプと、同性に愛情を注ぐタイプがあるんでしょうかね。うちの連れ合いは、息子に愛情を注ぐタイプで、二歳上に風実《かざみ》というお姉ちゃんがいて、遠野は弟ですが、それはもうはたで見ていても極端に態度が違うんです。それぐらい可愛がってたんですよ。

見た目が可愛かったもんですから、役者にしたいって彼女は言ってました。だから、子役が必要な作品があるときは、監督にオーディションをやってもらえないですかねって頼んでたんです。今村昌平《いまむらしょうへい》の『ええじゃないか』（一九八一年公開）っていう作品で、乞食《こじき》の親子が出てくる場面があって、犬塚弘《いぬづかひろし》がお父さんで、子供が磁石《じしゃく》を引いて歩いていると、鉄が吸いつくじゃないですか。それを売って生計を立ててるという設定があって、今村さんに、オーディションしてやってくださいって頼んだんですけど、それはうまくいって、息子を出演させてもらったことがあるんですよ。遠野が六歳ぐらいのころですね。

『千利休』では、武将の小姓《こしょう》役で少年が一人必要だってことになって、オーディションをやることになったんです。それで、私の息子も入れていいですかって頼んでね。オーディションって記録で必ず写真を撮るんですよ。鎧《よろい》を着て、ちゃんとメイクもして。その写真を見ると、客観的に見てもなかなかいい男じゃんって思うくらい、凛々《りり》しい感じなんですよね。

いまでも引っかかるんですけど、オーディションのあと、うちの息子が「終わったよ」って声を掛けに来たんですよ。そのとき、「うん、ちょっと待ってな」って言ってやればよかったものを、「うん、じゃあな。一人で帰れるだろう」って帰しちゃったんですね。調布《ちょうふ》の日活撮影所だったんで、駅から歩いて三十分ぐらいかかるんですが、「先に帰ってな」って言っちゃったんです。

待たせてもたかだか二十分もすりゃあ、私の作業は終わったんですね。一緒に帰ることは十分可能だったんです。仕事が終わって駅に向かって歩いている途中、あ、しまったと思ったんですよね。「ちょっと待っててや」って言えばよかったものをなぁって。亡くなってから、そのときの場面が、何度も何度も思い返されるんですよ。

――いまみたいに携帯でもあればね、電話できたんですけどね。

（涙を流しながら）なんであのとき、なんであのとき、ひとこと言ってやれなかったかなっていうのが……なんか悔しいなっていう感じがします。ひとこと優しく「一緒に帰ろう」と言ってやればいいものを、そうじゃなくて突き放してしまうようなことが、息子に対する基本的な態度としてずっとあったから、そのときもそのノリで「先に帰ってな」って言ったんだろうなって思えて仕方ないんですね。あとで気がつくんですけどね、そういうのって。

子供の成長への怯え

子供って生まれたときは可愛いじゃないですか。もう何ものにも代《か》え難《がた》く可愛いと。あぐらをかいて子供を抱いているとね、あったかいし、腕のなかにすっぽりはまるでしょ。私、子供の頭を顎《あご》で撫《な》でるんですよ。子供の髪の毛って、スベスベしてて気持ちいいもんだから顎で撫でたりして、とても心地よい時間があって、記憶のなかでもほっこりするんです。けど、だんだん大きくなってくるじゃないですか。育ってくるんだから当たり前の話ですけど、小学校の真ん中ぐらいになると、だんだん自我が出てきますね。そうすると、もう何年かすると、子供って必ず親に反抗するだろうなと思うわけですね、なぜだか。

自分でも説明がつかないんですけど、過剰にそのことを私が怖がってるっていう感じがあるんですよ。遠野に対して、そういう感情が小学校の真ん中ぐらいから少しずつ芽生《めば》えてきて、一緒に暮らしながら、ときおり、その怖さが頭のなかをよぎって仕方なかったんです。

——僕は子供がいないから、しかもあまり子供が好きじゃないから、全然そのへんがわからないんですけど、その恐怖がずっと続くわけですか。

肉体的には必ず子供のほうが優《まさ》ってくる。殴り合いになるか、摑《つか》み合う喧嘩になるか、そのときに必ず親であるこちらが負けるだろうと、そういうふうにイメージが走っていって、そのことがすごく、なんていうか、重たいんですよね。

——遠野さんは反抗ってなかったんですか。

まだなかったんですよ。だけど、肉体的に大人になってくるんで、暴力というものをひしひしと感じ始めたという感触は、チラッとですけど、あったような気がしますね。

——子供の反抗期って、あったほうがいいんですか。

自分のことを思うと、あったほうがよかったんじゃないかなあ。私、なかったですからね。

――僕もなかったんです。母親は自殺していなかったし、父親はどうしようもなく情けない人だったんで、反抗にならないんです。50ccのオートバイに乗って鉱山に通ってたんですけど、キョロキョロするんで田んぼに落ちて。エンジン掛かっているから車輪がまわってるでしょ、それが田んぼの泥を父親の顔に吹き掛けていて、「助けてくれー」って言ってるんです（笑）。見てて情けなくて。働くのが嫌いだし、女好きだし、自分だけこっそり村の雑貨屋に行って牛乳飲んだりしてるし、父親のことを言い出すときりがないんですけど（笑）。

そうですか（笑）。反抗って難しいですよね。息子にすれば、私に殴られて、なんだこいつって、父親に対する不満はあったんだろうなって思うじゃないですか。私に対する反抗という形で自殺という手段を選んだっていうことになると、客観的には反抗の仕方が間違ってたっていうか、別に死ななくても反抗の仕方はあったはずですよね。

しかし、なんで俺はこんなに過剰にね、しかもわが子に対して怖がるんだろうと、自分のなかでもそこだけは、ほんとわからないんですよ。

――お姉ちゃんの風実さんに対しては、全然それはないわけですよね。

ええ……お姉ちゃんに対しては、暴力的に自分がやられるだろうというのはないです。

ただ、お姉ちゃんはお姉ちゃんで引け目があって。私、『極私的エロス　恋歌１９７４』っていう映画をつくったじゃないですか。あれ、私の前の彼女が、私のアパートで自力出産するんですね。そのあと、私のカミさんも自分で子供を取り出すことをやりたいって言い出して、じゃあやろうって、それも撮ったんですけど、結果、出産が長引いたわけですよ。

間違いなくそれが原因だと思うんですけど、呼吸のスタートが遅れたために、酸素が脳のほうにいかなくて、脳のどこか、言語を司《つかさど》る非常にデリケートな神経のどこかが損傷しちゃったのかなって思うんですよね。言葉の使い方がヘンなところがあるんです。知能障害っていうほどではないですが、知能の発達は、他の子と比べて遅れてるなっていうのはありますね。

それは紛《まぎ》れもなく、私たちが映画をつくるために、赤ん坊を前の彼女が取り上げるということを現在のカミさんが引き受けて、それが元でそうなったんだっていうことがあるもんで、娘に対して申し訳ないなっていうのがずっと続いてるんです。

男で苦労しながら死んでいった母親

末井さんはなんで子供が嫌いなんですか。たまたまできなかったんですか。できないようにしてたんじゃないんでしょう。

――僕が十九歳のときから一緒だった前の奥さんは、体が弱かったんでつくらなかったんです。五十を前に写真家の神藏美子《かみくらよしこ》とつき合い始めて、家を飛び出して彼女と結婚したんですけど、五、六年すると彼女が子供が欲しいと言うようになって、「不妊《ふにん》治療でもやってみるか」ってことで始めたんですけど、結果的にできなくて。僕自身そんなに子供は欲しくなかったから、それでよかったんですけど。いまは奥さんも「いなくてよかったね」って言ってます。

そうですか。もし生まれてたら変わっていたかもしれませんよね。

――子供が親を成長させてくれるようなこともあるかもしれませんね。どうなっていたかわかんないですけど。ま、いまからでは無理ですから（笑）。

そうね、いまはちょっと無理か。

末井さんはお母さんが自殺したんでしょ。私は息子が自殺したでしょ。私は加害者という意識を持ってるんですよ。末井さんは被害者という感覚を持っていても不思議はないですよね。

――加害者って意識はもちろんないですけど、被害者という意識もないですね。子供のころは恨《うら》む気持ちがあったかもしれないですけど、置いていかれたというか。

原さんは、お父さんはいらっしゃらなかったんですよね。お父さん代わりみたいな人は？

母親の男は、何人も替わっているんですね。で、何人目かの男のことを、「カズや、頼むからお父さんと呼んでやってくれ」って頼まれたこともあって、「わかった」と言ったものの、結局ひとことも「お父さん」と呼べなかったということがありますね。

母親はですね、長男である私を頼るっていいますか、自分がつらいこと、ほんとに苦しかったことを、年端《としは》もいかないころの私に、結構明《あ》け透《す》けに話していたような人なんです。

私は宇部《うべ》炭鉱の炭鉱町で育ったんですね。私の種をつけた人は、これがはっきりしないんですが、大阪の坊さんだったらしい。母親はそのお妾《めかけ》さんだったと。で、戦争が激しくなって捨てられたっていうことのようなんです。しようがなくて、お姉さんを頼って宇部に帰ってきたんだと。

母親のお腹がだんだん大きくなって、宇部も空襲が激しくなって、ある日、空襲のときに私が生まれたということなんですよね。女手ひとつで育てるのは大変なんで、炭鉱夫と結婚したんです。で、妹が生まれて間もなく、その人が炭鉱の事故で死んじゃって。

また、子供二人抱えて大変だからということで、別の炭鉱夫と結婚したと。その人の名前が原なんですよ。その男がケチでヒステリックで暴力を振るうという、どうしようもない男という代名詞がつくくらいひどい男で、好きで結婚したわけじゃないので、お袋も相当耐《た》えてたんです。

これは記憶にこびりついて離れないんですけど、お袋はまだ若かったし、町へ出て遊ぼうって私を誘うわけですね。町に出て何して遊ぶかというと、ビンゴかパチンコなんですよ。私はまだ、小学校の二年生か三年生ぐらいだったと思うんですが、お袋が「先に行ってて」って言うから、「じゃあ、先に行くね」ってうちを出て待ってたんですよね。

しばらくして、お袋が駆けつけて来たんです。で、私の顔を見るなり、「カズちゃん、いまね、原のオヤジがね」って、「原のオヤジが嫌だ嫌だと言う私をね、押し倒してね」って話をするわけですよ。びっくりしましてね。黙って聞くしかないじゃないですか。

夏で盆踊りが近かったんで、盆踊りに流す曲、「炭坑節《たんこうぶし》」ですね、それが遠くから風に乗って流れてきたという記憶が、そのときの空気感とともに未《いま》だに鮮明に焼きついているんですけど。

私を押し倒してどうのこうのという話は、さすがにちょっと生々しすぎましてね。だけども、母親に対して、私は一度も、嫌悪感とか憎悪とか反抗っていう気持ちを持ったことはないんです。

お袋は、若いころ、水商売やってたんですよね。わりと気《き》っ風《ぷ》がよくて、相手の人が困ってると助けてあげるっていうような人だったんですよ。でも、女手ひとつで育て上げたというタイプじゃないんですね。いつも男がいるんですよ。ときどきグチのように、お前たちを育てるために我慢して好きでもない男と一緒になったんだよって言うんです。でも、それは、まあ、話半分だっていう感じはしますね。相手の男に対して、母親は一生懸命だったんだろうって思うんです。

――お話聞いていると、僕も同じなんですね。僕の母親もいろんな男を家に入れて。

生々しい場面ってありますか。

――男が来たときは、家から追い出されるんで。

もろセックスをするためにでしょ。セックスする場面なんて見ましたか。

――いやいや、僕はそれは見てないですね。弟は見たらしいですけど。

母親は原っていう男と別れたあと、若い男と同棲《どうせい》して、この男が怠けもんというか、働くのが嫌いなタイプなんです。見た目ちょっといい男なんですけど、気分にムラがあるタイプの人でね。土方《どかた》をしてたんですけど、雨が降ると仕事にならないでしょ。生活的にも日銭《ひぜに》で暮らしてたということもあって、昼間喧嘩するんですね。あとから思うと、必ず喧嘩した夜ですよ。寝てて、ふっと物音で目が覚めるんです。そしたらセックスしてるんですよ。

――喧嘩で気持ちが高ぶってるんですかね。

うん、おそらくね。もう一つは、私の判断ですが、喧嘩してる状態じゃ困ると。母親からすれば働いてもらわなきゃいけない。機嫌を直すってこともあったんじゃないかなって。

で、一間なんですよ、借りてる部屋が。そこで布団並べて、親の隣りに長男の私、そして妹と寝てるじゃないですか。するとそばでやってるわけ。そのときすごく困るんですね。寝返り打ったり、うーんとかなんとか言ったり、気がついてもらおうと思って必死に演技して（笑）。さすがに向こうも気がついて、ハッとして止まるんですよ。何回もそういうことがあるんです。そういう場面ってありますか（笑）。

——いやあ、僕、母親と一緒に暮らしたのは一年間ぐらいしかないんですよ。それまで母親は入院してましたから。退院して、男がうちに出入りするようになってから、よくわからないけど何かしてるんだろうと。何か感じるものがあるわけですよ。だから早くマセたかもしれませんね。母親が便所に行くとついて行って、オシッコするのを見てたりとか。

な、なんですか？

——田舎《いなか》の便所は小屋みたいになっていて、母屋《おもや》から離れたところにあるんです。で、簡単な戸がついているんですけど、戸の下が一〇センチほど開いているわけです。そこから見ると、ちょうど母親の股《また》の部分が見えるんですね。それでよく覗《のぞ》いてたんです。

あ、あ、そうですか。そのことが自分のオナニーにつながってますか。

——それはないですね。

ないですか。

——どうですか？　僕は、ずっと母親を引っ張ってるような気がするんですけど。

ねぇ。私も引っ張ってる感じがありますね。炭鉱の鉱員たちの公衆浴場があるでしょ。その女風呂に、子供のころ、結構長い間入ってたんですよ。これね、夢かどうかわかりませんが、お袋が体洗ってますよね、そのそばで私も体洗ってますね、で、お袋の性器にね、指を突っ込んだっていう記憶があるんですよ。夢か事実かわからないんですけど。そのイメージが残ってるんですよ。「何やってんのよ」って手をパチンと叩《たた》かれたところまで続いてるんですけど。

母親が一番最後につき合った男っていうのが年下の男で、自衛隊員だったんですよね。その人と一応籍は入れたんですけど、やっぱり若いものだから、若い女ができたんですね。そこで嫉妬にかられた母親から、グチを聞かされるんですね。なんか可哀想《かわいそう》だなあ、不憫《ふびん》だなあと思って。最後の最後まで男で苦労したなあって、子育てもでしょうけど、男で苦労しながら、あんまり幸せな人生って言えない状態で死んでいったんだなあっていう感じがして仕方ないですね。

憎悪の目を向けられて負けた

まだ息子さんの自殺からそれほど日が経っていないころ、小林佐智子さんがお骨箱《こつばこ》から出した骨を触っていると、原さんはカメラをまわし始めました。そのとき小林さんから「そんなにすぐカメラをまわすなんて発想がよくできるね」と言われたそうです。

息子さんの自殺が動機になって、自殺の映画を撮ろうとしていた原さんですが、日々の仕事に追われてなかなかきっかけを摑《つか》めないでいました。

上智大学でデーケンという教授（アルフォンス・デーケン教授。死生学の研究者）が、家族が自殺した人たちを対象に講座をやってらっしゃったんです。そこに小林と行ったことがあるんですね。

その講座で、私たちと同じように子供に自殺されて、今は離婚されている元夫婦と知り合ったんです。亡くなったのは二人の娘さんのお姉さんのほうだったんですが、それが原因で離婚して、旦那さんのほうは再婚していて、すでにお子さんがいました。奥さんのほうは再婚してなくて、残ったほうの娘さんと一緒に暮らしている、そういうケースなんです。

私も子供に自殺された親なので、自殺をされた親同士が気持ちを率直に話し合うということを目標に撮影させてもらいたいって頼んだら、OKしてくれたんですよ。

それで、旦那さんからカメラをまわしてインタビューしたんですが、かいつまんで言いますと、亡くなったお姉ちゃんが、何か「死にたい、死にたい」と言っていたと。それに対して、お母さんが気の強いタイプの人で、そう言う人に死んだ例《ためし》がないと、かなり強く突っ放したそうなんです。旦那さんが言うには、「じゃあ」っていうことでお姉さんが死んじゃったと。だから、娘が死んだのは奥さんのせいであると、ずっと思ってらっしゃるんですね。

で、今度は奥さんにインタビューしに行ったんですよ。旦那さんとしてはそういうふうに思ってらっしゃるけど、ほんとうのところはどうなんでしょうと聞こうとしたんですね。奥さんは、そんなことはないというような話をされて、じゃあ、もっと詳しく、と思っているところにですね、その、一緒に暮らしてる娘さんがすぐそばにいて、ものすごくきつい目で私たちを睨《にら》みつけているわけですよ。なんで他人のあなた方にそんなことを話さなきゃいけないのかと、明らかに憎悪というか殺意というか、そういう目を向けられて、もう負けたんですね。萎縮《いしゅく》してしまって、まともにインタビューできなかったんじゃないかなあ。

――それは何年ぐらい前ですか。

息子が死んで十年ぐらいのことじゃないでしょうか。その衝撃からいまだに立ち直れないというか、そのことを克服できずに二十年近く過ぎてしまったと、そんな感じがします。

――二十年前だと、自殺を表に出さないというか、わりと隠すことがあったと思うんです。いまは自殺という言葉はマスコミでも平気で使われるし、自殺防止活動も盛んになってますし、話しやすくなっているとは思うんですね。もう一度チャレンジしてみてはどうですか。

ときどき思い出すんですね。やらなくてはいけないこととして、これがまだ残っているなって。いやあ……もうね、あの憎悪に満ちた目は、ちょっと跳ね返せなかったです。

『ニッポン国VS泉南石綿村』だって、アスベストの被害にあって死んでいく人を撮った映画でしょ。アスベストにやられると、亡くなる前は肉体的に相当きついんですよ。呼吸が困難になっていく最後の何日かはほんとうにつらいって聞いてるわけですから、当然私たちはその状況を撮らなきゃいけないって思うじゃないですか。だから探すわけですよね、もしかしたらっていう人を。その、もしかしたら亡くなるという人を探す行為そのものが、すごく負い目なんですよね。

カメラを向けられる側としては、家族が苦しんでいるところを、他人に見せたくないっていう意識が働くわけですよね。みなさん普通の人たちなんで、死んでいく様が残酷であるからこそ、映像として撮らせるべきであるっていう意識を持ってない人たちなんですね。

病気で苦しんでるシーンは二つかな。弁護士さんが裁判官に見せたいということで、強引にその人が亡くなる四、五日前にカメラを持ち込んでまわした映像があるんですよ。その映像を借りたのと、もう一つはね、取材に来たって言ったら、「どうぞ」って迎え入れてくれた人がいたんです。ほんとうに優しい人で、あるとき「私これからお風呂に入るのよ」って。お風呂に入ると必ず湯気でむせるんだそうです。ニコニコ笑いながら「原さん、そういうところ撮りたいんやろ」って。「あ！　ぜひ、ぜひ」ってお願いして、そのお風呂場にカメラを持って入って。家庭のお風呂場って狭いじゃないですか。壁に体を押しつけて。その人は入った途端にゴホゴホしてるんで、それをジーッと撮影するんです。これはきつかったですけど、まわすしかないですから。

それだけなんです。実際に苦しんでる映像は撮れなかったです。そのときにね、人の不幸を撮るっていうのは、ヤワな心じゃ撮れないなって思い知らされました。

死ぬということも含めて自由であること

——原さんは、遠野くんの自殺の落とし前を映画でつけるとおっしゃっていましたね（『創《つくる》』二〇〇四年十一月号、柳美里さんとの対談）。落とし前って、どういうことですか。

遠野が亡くなって、なんで自殺をしてしまったのか、なんでこうなったんだろうって、ずっと考えるじゃないですか。いまも考えてるわけですけど。

まず、自殺をした子供の世界と、自殺をされた大人の世界があって。子供は親に反抗することで成長していくわけですから、親は冷静にその中身を汲《く》み取ってやらなければならないのですが、得てして親の側は感情的にカーッとなってしまうんですね。まさに私の場合がそうだったわけですが。親って、子供に反抗されると、親のメンツ、大人のメンツ、自分の培《つちか》ってきた価値観が傷つけられるとか、親自身の生き方がカーッとなる一瞬に凝縮《ぎょうしゅく》して現れてしまうんですね。

もう一つはね、私たちは七〇年代が青春時代だったものですから、全共闘的価値観って大きいんですよね。それはよくも働いているのだろうけど、子と親との関係において、その価値観っていうものが、間違ってたんじゃなかろうかと思えて仕方がないことがあるんですね。

どういうことかっていうと、いつも全身で相手に自分の感情をぶつける、それが人間として一番誠実なつき合い方なんだという価値観をインプットされたと思ってるんですよ。子供に対しても、怒るときは目一杯怒ると。かなりきつく。子供が可愛いと思うときは、ほんとうに猫っ可愛がりというか、ぎゅーっと抱きしめるというようなね。

でも、それって子供の側からすれば、あまりにも落差が激しくて、なんか面食らっちゃうだろうって。だから相手が子供の場合は、こちら側の気持ちを百パーセント出すんじゃなくて、コントロールすべきじゃなかったんだろうかって考えるようになったんですね、亡くなってから。

自分と同じようなシチュエーションで子供を亡くした親に会って話をしてみたいと思ったのは、親が持っている子育てに関する価値観を明らかにすることだったんです。

——気がつかずに子供を追い詰めている親がたくさんいる気がしますけどね。さっきおっしゃっていた、自殺した子供側の世界というのは、どういうことなんですか。

死んだ子に対して、お前が死んだのは間違ってたということは、言わないでおこうねって、うちの彼女と話をするんですよ。

死ぬ瞬間って、絶対にわからないでしょう。浦山桐郎《うらやまきりお》という映画監督（吉永小百合《よしながさゆり》主演の『キューポラのある街』で監督デビュー。代表作に『非行少女』『青春の門』などがある。一九八五年没、享年《きょうねん》五十五）がいて、私が先生だと思っている尊敬する人なんですけど、自分を産んだお母さんが産褥熱《さんじょくねつ》で死んでるんです。お父さんはお母さんの妹さんと再婚してるんですけど、そのお父さんが、浦山さんが高校生のときに自殺してるんです。浦山さんは、実母に対する憧れ、それと継母《けいぼ》が非常に美しかった人なんで、継母に対する愛情と、お父さんが死んだほんとうの原因がわからないということと、ずっとその思いを持っていた人で、それを小出しに映画のなかで使ってるんです、場面にしてね。

浦山さんは、私が息子のことを話したとき、「ほんとうのことはわからない」って言ったんですね。いままさに死なんとするその人が何を考えているのか、絶対わからないんだと。そのことはすごく残ってまして、息子の自殺を巡って映画をつくるときに、ほんとうのことはわからないってことを前提にして、何がわからないのか、どうわからないのか、なおかつわかろうとするっていうことを、どういうふうにすれば映画として成立するかって考えたわけです。

遠野の死に関して、私が怒ったからその仕返しでカーッとなって死んじゃったというイメージでずっと語っていますけど、そういう捉え方って、なんていうか、狭く捉えているっていう感じがあるんですね。私に対しての面当てっていうのは間違いなくある。それはそうなんだけど、自殺の引き金になったことはそれだけじゃない。うちの彼女とときどき話をするんですが、引き金になったベースみたいなものは深く追究しないといけないなって。先生から嫌われていたっていう話を、単に嫌われていたということだけで済ますのではなくて、その先もずっと調べて、カメラをまわしながら明らかにしていくということを考えていたんですね。

作品をつくることにおいて、一番大事なキーワードは、たぶん自由っていうことだろうって思っているんですよ。今村昌平がよく言ってたんですけど、人間というのは欲望によって突き動かされている。欲望っていうのが、生きるということのエネルギーの元であると。

しかしその欲望は、属している社会のコントロールを絶対受けますよね。自分の欲望を追求するエネルギーの方向があって、必ずそれに対して、社会っていうかシステムのコントロール、つまり抑圧が働いて、それを意識した瞬間、跳ねのけようとしますよね。で、跳ねのけたときに、自由っていう感覚が自分のものになるっていう基本的な考え方があるんです。

自殺はよくないということに対して、それを一つの抑圧だと考えたとき、それぞれの子供にはそれぞれの欲求があって生きているわけですから、なんていいますかね……抑圧する方向じゃなくて、死をもっと自由に捉え返さないといけないんじゃないか。理屈っぽい話なんですけど。死んだ遠野を責めるとかじゃなくて、もっと自由な捉え方ってないのかしらねって。

家族のなかで変わったこと

息子が亡くなって、私も頻繁《ひんぱん》に思い出すでしょう。その思い出す頻度も、すこーしずつ、間が空くようになりますね。確かに間は空くんですが、思い出さなくなったわけじゃない。大阪の大学で授業をやってるもんだから、車で往復することがあるんですよ。夜、授業が終わって、高速道路を真っ暗ななか運転していると、ふっと息子のことを思い出すんです。もう、そのときなんかたまりませんね。ひとりで泣きながら運転しています。

息子の死に対して、自分が死なせてしまったという罪悪感が消えていくことってないなあって感じがして、そのことが苦しいというわけじゃないんですけどね。そういう形で思い出すことがせめて息子とつながっていることが実感できる、少ない貴重な時間だなあって感じがあります。

——いいことだと思いますね。その気持ちを消さないほうがいいですよね。

消さないほうがいい、消しちゃいけないっていうか、消えるわけないよなって。

それと、もう一つつらいのは、私もうちの彼女も、自殺したいという気持ちは、一度も持ったことがなかったんです。その彼女が、息子が死んでお葬式を済ませて、一週間かそこらぐらいだったと思うんですけどね、（涙を流しながら）……叶えられるならね、自分が死んで息子が生き返るのならね、自分が死んでもいいと言ったことがあるんですよ。

彼女も妾の子みたいな状況で育って、実の父親に会ったことがない人なんですね。だから息子や娘という係累《けいるい》が、この世に唯一確かなものとしてあるんだって思っていた人なんです。彼女の息子に対する思いも一緒に壊してしまったんだなあと思うと、もう、いたたまれないもんね……。

——遠野くんが自殺されて、家族のなかで変わったことはありますか。

遠野が亡くなる前は、子供の勉強を見てやるのは、彼女の仕事みたいな感じだったんですよ。台所に机があって、そこで宿題とか見てやるじゃないですか。そうすると、だんだんだんだん彼女がイライラしてくるんですよね。普段は辛抱強《しんぼうづよ》い人だし優しいんですけど、なぜか子供に対して勉強の相手をするとき、特にお姉ちゃんのほうがそういうふうにちょっと遅れ気味だったので、

「こんな簡単なことがどうしてわからないのよ」って、すぐキーッとなるっていう感じだったんです。気にはなってたんですけど、私も似たようなところがあって、人のことは責められないから、ただ見てたんですよ。

で、遠野が亡くなったあと、彼女がですね、自分の子供に対する接し方、態度が間違っていたんだって、しょっちゅう言いますけどね。それで、もうコロッと態度が変わりました。変えたんでしょう。とにかく優しく、そういうことでイライラして怒るってことはなくなりました。で、娘のほうも楽になったんでしょうかね。つき合いが入れ替わったんですね。

娘とは、ときどき、やり取りがおかしくて、笑っちゃう場面がいくつもあるんですよ。たとえば、家族で電車に乗っていたときのことですけど、子供たちが車窓から流れる風景を見ていたんです。すると風実《かざみ》が「あ、人間がいる」って声をあげたんです。ん？　何か変だなと一瞬考えたんですけどすぐわかって、「ミイちゃん、こういうときは「あ、ひとがいる」って言うんだよ」って、みんなで大笑いしたことがありました。

それと、かみさんから聞いた話ですけど、電話が掛かってきて、「もしもし、小林ですが」って言うから、「どちらの小林さんですか？」って聞いたらしいんです。そしたら、「小林風美です」って。「親子だから、こういうときは、「風美です」って言えばいいんだよ」って大笑いしたとか。

写真家の立木義浩《たつきよしひろ》さんが著名人親子のポートレートを撮った、『親と子の情景』（毎日新聞社、一九九六年）という写真集があります。百組の親子の写真が入っていて、そのなかに原さんと風実さんの写真が入っています。それぞれ、子供から親に向けたメッセージが入っているのですが、風実さんのメッセージを読むと、親からほったらかしにされたり、弟が自殺したりしたのに、まったく屈折《くっせつ》してなくて素直に両親のことを心配する気持ちが表れています。

映画の初日（引用者注・井上光晴《いのうえみつはる》をドキュメントした『全身小説家』の公開初日）、映画館に行ってびっくりしました。道に行列ができていて、こんなにお客さんが来ると思ってなかったから。お父さんとお母さんもうれしそうな顔で、本当によかった……。それまでは、心配で心配で、2人とも夜あんまり寝てなかったんです。

映画、お父さんとお母さんが、いつも2人で作ってるんです。家にいないことが多いから、私はいつも留守番。テレビっ子でした。

だから、出来上がった映画を見ていても、このシーンの時は大変そうだったな、とか、何度も九州に通っていたな、とか、そんなことが頭に浮かんでくるんです。

忙しいけど、お父さんは、小学生のころから弟と私を山登りに連れて行ってくれました。ダジャレなんかを言いながら登るんです。

私が中学3年の時、弟は亡くなりました。それからは、夕食を必ず3人で食べるようにするなど、両親は私に気をつかって、できるだけ一緒にいてくれます。逆に、私が頼りにされていることも、なんとなく感じています。

お父さんもお母さんも頑張り屋だから、何があっても、この仕事を続けると思います。

〔中略〕仕事をやめてほしいと思ったことはないけれど、体が心配です。〔中略〕（風実）

インドで遠野の霊に出逢う

原さんが、雑誌『群像』（講談社、二〇一六年六月号）に書いた随筆《ずいひつ》を読んで驚きました。「ガンジス源流、息子の霊に出逢う」というその随筆には、原さんがインドで遠野くんの霊と会ったことが書かれています。

霊がいるかいないかということでは、僕はいるというほうに針が振れているので驚きませんが、霊がいるとしても出て来るのは自分が住んでいる近く、あるいはお墓の近くじゃないかと思っていました。ところが、原さんが遠野くんの霊と会うのはなんとインドです。つまり、霊には距離というものがないということです。ということは、人の霊も自分のなかに住んでいるのかとか、いろいろ考えさせられました。

原さんが遠野くんの霊と会ったのは、一度目がベナレスの町にいる牛の目のなか、二度目はガンジス川の源流でした。原さんの随筆から、牛と目が合うシーンを引用してみます。

ある日、街を歩いていた。アチコチで牛が闊歩《かっぽ》していた。牛はシバ神の乗り物ということでインドでは大切にされている。だから街中の交通の激しいところに我が物顔でいても誰からも追われることはない。そんな牛の大きな目と私の目が、ふと合った。その瞬間、死んだ遠野のことが脳裏をよぎった。束《つか》の間、ホントに一瞬。大げさに言うと電流が体を貫いた感じ。ありえないことだが、牛の目の中に遠野がいた！

――「牛の目の中に遠野がいた！」と書かれていますが、それは子供のときの遠野くんですか。具体的な子供の、何歳ごろのイメージじゃないんですよ。とにかく、遠野という存在、命そのもののことをパーーッとなんか。

――あ、ビジュアル的に見えたわけじゃなくて、感じるっていうことですか。

そうです、そうです。遠野という命に対して、非常に強く、あ、遠野、遠野っていうような、そういう感じだったんです。具体的な映像とかではなくて。

――それは、こう、パワー注入みたいな感じですか。

パワー……？　パワーじゃないですね（笑）。そこにいるという感じで。ただ、そのときに、牛という存在に対して非常に好奇心を持ったっていうことはありますけど。

その記憶が残っていたので、ＮＨＫの『世界・わが心の旅』というテレビ番組から出演依頼がきたとき、どこに行ってもいいって言うから、じゃあインドに行きたいって、ガンジスの源流へ行ったんです。出発点は、牛と出会ったベナレスがいいって言ったんですけど、ベナレスからガンジスの源流、ヒマラヤの入り口までは何百キロかあるんです。テレビ局としてはそこまで時間が取れないから、ガンジスの源流の入り口に当たるハリドワールからにしましょうって。がっくりしたんですけど、まあいいやと思って。

で、旅の真ん中へんでしたが、かなり急流といっていいほどドーッと音がして流れているガンジスのそばを歩いているときなんですよね。昼間でした。田舎なんで、人は一人もいなかった。とにかく私はスタスタスタスタ、たぶん、無心の状態で歩いていたんですよ。

そしたら、うしろで何か気配を感じたんです。振り向いて見たら、誰もいない。それで歩き出したんですけど、また気配がするんですよ。振り向いたけどいない。で、また歩いているうちに、あれっ、と思ったんですよ。もしかしたら遠野の霊じゃないかって。で、「遠野」って、声を出して振り向くといないんですけど、三度目くらいに振り向いたときにね、間違いなくそこに霊がいるっていうふうに感じられたんですよ、ほんとうに。

「遠野」って口に出したと思うんです。「遠野、遠野」って二、三回。それ以上言葉は何も出ないんですよ。確かに、ほんとうにね、そこにいるって感じられました。時間にすると十秒とか二十秒とか、そんなものなんでしょうけど、ふっと感じられなくなって、それでまた歩き出したんだけれども、無性に泣けて。泣けてって言っても悲しくてじゃなくて、嬉しくてなんです。なんか、遠野の霊が来てくれたと思って、それがもう嬉しくてね。わんわん泣きながら歩いてました。

——どういう感じなんですかね、ここに霊がいるってわかるのは。

生身の人間がいれば存在感を感じますよね。それと同じ感覚です。あ、そこにいるって。

——そのときテレビのスタッフはいなかったんですか。

いないんですよ。だからその夜ね、ディレクターに、実はこんなことがあったんだよねって話したら、「原さん、ぜひそれを撮影したい」って言うんですよ（笑）。

——はははは。

「もう一回お願いします」って（笑）。そんなに出るわけないだろうってことですけど、いや、もう一回ぐらいは出てくれるかなって、私もふと、そう思ったんですよ。

途中の大きな町だったんですけど、そこに滝があると。滝っていうのは、霊が出やすいスポットだということがあるので、そこで呼び掛けてみようって話になったんです。で、滝のすぐそばの崖に座って、一生懸命集中しようとするんですけど、テレビのクルーがあそこにいるってわかってるじゃないですか。その邪念《じゃねん》が消えないんですよね。しばらく集中して、遠野の霊に呼びかけようとしたんですけど、ダメでしたね。それでテレビのクルーも諦《あきら》めましたけどね。

そのあと、ガンジス川の源流の水を水筒《すいとう》に汲んで、日本に持って帰って、遠野のお墓に、「行ってきたよ」って言って、かけてあげました。

——そのあと、霊と出会ったことはないんですか。

そのときだけですね。足が利くうちに、ひとりでもう一回、インドのあそこを歩けば霊が出てくるかもしんないなって、そういう期待はあるんだけどなあ。

——それは出るでしょう。

出る（笑）。一ヵ月間歩くか、五〇〇キロ。

だから、いまも遠野を思い出しているっていうことは、ちょっと離れたところに、あ、あそこにいるなっていうぐらいの距離感で遠野の霊がいるから、いま思い出してるんだなって思うようになりました。そんなときは「遠野」って呼びかけるようにして、いろんな話をします。

死にたくなったら090-8106-4666へ電話をどうぞ

坂口恭平《さかぐちきょうへい》さんとの話

『自殺』が出て一ヵ月ほど経ったころ、自殺するという人からメールが来ました。

そのメールの出だしは「私は自殺をするつもりでいます。首吊《くびつ》りが一番死にやすいので、そう考えています。ただ自宅で死ぬと家族に迷惑をかけるので、そこは避けたいと思います」と書かれていました。いきなり首吊りです。「私は別に自殺を止めてもらいたいわけでも、励ましてもらいたいわけでも、叱られたいわけでもありません。ただ〔略〕死ぬまでに貴方《あなた》とコミュニケーションを図りたかっただけです」とも書いてありました。

自殺するという人からメールをもらったのは初めてだったので、どう返信していいか迷ったのですが、とりあえず「できれば自殺は思い留まってください」と返信しました。

最初は性別も、年齢も、住んでいる地域もわからなかったのですが、やり取りを重ねるうちに、近畿地方に住む二十代の女性ということがおぼろげにわかってきました。メールの内容は、最初は首吊りとか遺書とか、自殺に関係することばかりでしたが、だんだん日常的なことになっていきました。インフルエンザのこととか、気温のこととか、自殺しようという人にこんなどうでもいいようなことばかり書いていいのかと思いながらも、二日おきぐらいにメールを交換していました。

メールのやり取りは二ヵ月続いたのですが、突然プッツリ途絶えてしまいました。書くことが億劫《おっくう》になったのか、こっちに興味がなくなったのか、何かの事情でメールができなくなったのか、ひょっとしたら、自殺してしまったのかもしれません。

そのあと二人の自殺したいという人に会いましたが、僕は人と話すのが苦手で、自殺をやめて欲しい気持ちをうまく伝えることができなかったと思います。だからこうして本を書いたりしているほうが合っているのかなと思ったりするのですが、本も書きながら、二〇一四年の時点で二〇〇〇人もの自殺を食い止めている（本人談）坂口恭平《さかぐちきょうへい》さんという人がいます。

作家であり、画家であり、音楽家である坂口恭平さんは、自身の携帯番号を公開して二〇一二年から「いのちの電話」を開設し、二十四時間死にたい人からの電話を受けつけています。電話に出られなくても、番号の通知が残っていれば自分から掛けるそうです。

坂口さんは躁《そう》うつ病の当事者で、『坂口恭平　躁鬱《そううつ》日記』（医学書院、二〇一三年）という本が出ています。僕の『自殺』と発売日が近かったこともあり、二〇一四年四月に「スプリング・躁鬱・スーサイド！」というトークイベントを渋谷のアップリンクですることになりました。『坂口恭平　躁鬱日記』には、躁のときとうつのときの日記が入っているのですが、驚いたのは、躁とうつとでは同じ人が書いたとは思えないほど違うことです。躁のときの日記は想像力と活力に満ち、現実から少し浮上しているような感じを受けます。それに比べて、うつのときの日記はとても暗いのです。内省的なことを繰り返す、不安そのもののような文章です。それが、僕がうつになっていたころに書いていた日記と雰囲気が似ているのです。

二〇〇八年九月某日　天気のせいで気分が沈んでいる。原因は天気だけでなく会社ということがある。先日のＬさんの送別会でもほんとに吐き気がするくらい会社というものが嫌になった。といっても、その席で何か嫌なことがあったわけではない。僕が先頭で、順番に挨拶があって、最後になぜか三本締めというものがあり、末井さんお願いします、いや、やはりそれは社長が……そういうことがすごく嫌なのだ。憂鬱なのはもう一つ、総務から言われているリストラ。収益を上げていない部署はリストラするのが当然かもしれないけど、それを当人に言いづらい。自分の役目だから仕方ないけど向いてない。向いている人はいるのだろうか。内側を向いていると誰でもうつになる。僕はいまそういう時期にいる。

　そのころ初めて精神科に行きました。精神科医に朝起きるのがつらいとか、会社に行きたくないとか言うと、いきなり「それはうつ病です」と言われました。それがあまりにも早かったので、半信半疑のまま診断書と薬をもらって帰りました。

気分転換に妻と温泉旅行に出掛けたのですが、旅館でテレビを見ていたら株価が大暴落していました（リーマン・ショック）。そのころ、有り金全部株につぎ込んでいたので、気分転換どころかさらに落ち込んで帰ってきました。結局、三ヵ月間会社を休むことになります。

僕はおそらくうつ病ではなかったと思いますが、その入り口にいたので、うつ病の雰囲気はわかります。躁病の女の人も知っていて、その人は夜眠れないので、町中の自動販売機で缶コーヒーを一本ずつ買いながら歩きまわっていると言っていました。躁であってもうつであっても大変ですが、坂口さんは躁とうつを行ったり来たりしているのです。

坂口さんを見たことがなかったので、どんな人かとユーチューブで検索してみました。出てきたのは、たぶん躁状態であろう坂口さんが自著について話している映像でした。頭に浮かんでくるイメージに言葉が追いつかないような感じで、ものすごく早口でまくしたてていました。それを見て、「えっ、この人と話すの？」と、思わずおじけづいてしまいました。

そういう僕の心を察知していたのか、『坂口恭平　躁鬱日記』の担当編集者である医学書院の白石正明《しらいしまさあき》さんが、司会進行役として「べてるの家」の向谷地宣明《むかいやちのりあき》さんを紹介してくれました。僕は「べてるの家」のことをまったく知らなかったのですが、それをまた察知したのか、白石さんが『べてるの家の「非」援助論』（医学書院、二〇〇二年）という本を送ってくれました。結構厚い本だったのですが、あっという間に読んでしまい、気がついたら自分がべてらー（べてるの家のファンのこと。「べてらー」とか「おべてりあん」と言います）になっていたのでした。

べてるの家（以下、べてる）とは、北海道浦河町《うらかわちょう》で精神障害を抱えた人たちが一緒に暮らし、一緒に仕事をする共同体のことで、三十五年もの歴史があります。べてるの創始者ともいうべき人が、ソーシャルワーカーの向谷地生良《むかいやちいくよし》さんで、向谷地宣明さんのお父さんです。べてるには合言葉がたくさんあります。「勝手に治すな自分の病気」「べてるに来れば病気が出る」「偏見差別大歓迎」とか、みんな冗談みたいですが、べてるではその通りのことをしているのです。精神病を治そうとしたり、幻聴《げんちょう》や幻覚《げんかく》をなくそうとするのではなく、みんなで自分の病気を研究し、うまくつき合っていこうとしています。

トークイベントの一週間前、宣明さんが講師を務める「べてるの家の当事者集会」が、中野の公共施設であったので行ってみました。少し遅刻して会場に入ると、宣明さんがそこに来ている当事者の方の症状を聞き、それをホワイトボードに書き出し、理路整然となぜそういう症状が起こるのかを一緒に考えていました。明るくて爽《さわ》やかな青年で、この人が参加してくれればもう大丈夫と思ったのでした。

トークイベントの当日、気になっていた坂口さんのコンディションは、「やや上がり気味」といったところだったのでひとまず安心しました。

うつも躁もすべて脳の誤作動

突然鳴りだした坂口さんの携帯アラームが、トーク開始の合図のようでした。お薬の時間のお知らせです。坂口さんは満員のお客さんの前でお薬を飲み、トークが始まりました。

坂口さんは、奥さんのフーさん、六歳（二〇一四年当時）の娘さんのアオちゃん、生まれたばかりの弦《げん》くんという男の子と熊本で暮らしています。

坂口さんが躁うつであることは、アオちゃんもなんとなくわかっています。坂口さんがうつで部屋に引きこもっていると、アオちゃんが扉をそっと開け、小さな声で「ごはんできました」と言ったり、「ごはん」と書いた紙を差し出したりするそうです。気を遣ってるんですね。

坂口　僕の家の壁には穴がいっぱい空いてるんです。つまりボードなんですよ、この世の中は。石膏《せっこう》ボードで囲まれている世界では、躁状態、うつ状態の俺は止められないわけですよ。で、「うわぁ〜!!」って押し出さなきゃいけないんです、悪魔を。もうドストエフスキーみたいになってますから、「悪霊ども、退散せよ!!」って。アオちゃんは、「えっ!? 悪魔くん来た！」みたいなことで盛り上がってしまって。「エロイムエッサイム、うぉ〜っ」てやるつもりで壁を蹴《け》る。

向谷地　その穴があるんですね。

坂口　その穴が空いてまして。そうすると、一回霊気が抜けて、ちょっと落ち着くと。

それからフーさんが手彫りの木のお盆を持って、「はい、ほうじ茶タイム始まります」と、ふたりでお茶を飲むのだそうです。僕が書いた『自殺』は、そのほうじ茶タイムのような、心休まる本だと言ってくれたので嬉しくなりました。

坂口さんがうつのときは、緑の葉っぱがグレーに見えるのだけど、それが躁になると鮮やかなブリリアントグリーンに変わり、その色の変化をフーさんに説明したがるのだそうです。そういう日常の積み重ねで、「うつ状態も躁状態もすべて脳の誤作動で起きている」という家訓が坂口家にできているのだとか。

この「誤作動」という言葉は、べてるの家でもよく使われ、五感にゆがみが起きることで現実の関係にギャップが生じ、そこからトラブルに発展することをそう呼んでいるそうです。宣明さんも「死にたい」と言われたら、「あ、誤作動だな」と受け止めていると言います。

向谷地　「死にたい」って言われたら、その人に「今日は何誤作動だと思う?」って聞くんです。そしたら、あれかな、これかなと本人は言うんですけど、「ところで、ご飯食べた?」って聞くと、「あっ、朝から何も食べてない」って。「じゃ、何か食べてみたら?」って言ったら、しばらくして電話が掛かってきて、「カレー、チンして食べたら治りました」って。そっか、空腹誤作動だったんだって。「空腹」っていうサインがなぜか「死にたい」になっちゃう。

坂口　ああ、僕も夫婦で喧嘩したときに、絶対に空腹であることを突き止めてますから。「ちょっと待て、フーちゃん、この展開は覚えがあるぞ」って。「おそらく、俺らは餃子《ぎょうざ》を食べたら治るはずだ」って。ほんとに治るんですよ。

向谷地　夫婦で誤作動起こしてるんだ(笑)。

坂口　そうそう。僕、いつもメカニックな、「よろしくメカドック」(次原隆二《つぎはらりゅうじ》の漫画)的な方向に行けって言うんですよ。ヒューマニズムのほうに走ったら、絶対ろくなことにならないので。

向谷地　実際に死んじゃった人って、死んだ理由を聞けないじゃないですか。でも、死ねなかったというか、死ななかった人たちもけっこういて。たとえば、クリスマスイブに自宅のアパートから飛び降りて重症を負った人がいるんです。クリスマスイブだから誰もいなくて、しょうがないんで、本人は粉々に折れた足をひきずって、匍匐前進《ほふくぜんしん》で病院に行ったんですよ。

統合失調症は、一般の人と比べると自殺率が十倍なんです。もし、打ちどころが悪くて死んじゃってたら、飛び降り自殺じゃないかってなりますよね。だけど、本人に「どうして、窓から落ちたの？」って聞くと、「実は宇宙船が迎えに来たからＵＦＯに乗ろうとした」って言うんです。

末井　べてるの家では、自殺者は出てるんですか、何人かは。

向谷地　十年に一人ぐらいはいますかね。浦河だと、首吊る人ってあんまり聞かないんです。多いのは入水《じゅすい》で、みんな海に行くんですよね。だけど、海ってあんまり成功しなくて。北海道の海、冷たいじゃないですか。入った瞬間に「うっ、寒っ」「冷たい」って帰って来るんです、だいたい。

木林《きばやし》さんっていう、べてるに行ったら絶対会うおばちゃんがいるんですけど、ある日、すごく絶望的な気持ちになって海に行ったんですよ。海って、岩場とか滑《すべ》るんですよね。で、海に入ろうとしたら、ズルッと滑って転んで。そのまま「あ、死ぬかと思った」って帰ってきたって。

末井　なんか、それ、コントのネタみたいですね（笑）。

向谷地　海に行って「冷てっ」って帰ってくるパターンもあれば、お酒を飲んだまま水に入ると、やっぱり溺《おぼ》れちゃいますよね。北海道って民族問題があって、浦河はだいたい人口三人に一人はアイヌの人たちなんです。アメリカのネイティブもそうだけど、アルコール依存がずっと問題になっていて、生き延びるために飲むみたいな感じなんですよね。

自殺者をゼロにできると確信した

坂口式いのちの電話は、本家いのちの電話から「商標登録しているから勝手に名前を使わないでくれ」と訴えられたそうで、坂口さんからそれを聞いたとき思わず笑ってしまいました。現実に絶望して自殺しようとしている人を救うためのいのちの電話が、商標権の侵害というものすごく現実的な訴えをしてくるということがおかしかったからです。

やむなく坂口式いのちの電話は、アオちゃんの命名により「草餅《くさもち》の電話」になりました。

その始まりのころの話です。

坂口　僕が「死にたい」って言ったら、嫁さんが「いのちの電話に掛けろ」って言って、国分《こくぶん》寺《じ》市でしたけど電話したんですよ。そしたら掛からなくて、新宿とか渋谷とかあるところに全部電話したけど掛からなくて。それが二〇〇九年の出来事で、「いつか、何か気合入ったとき、俺、いのちの電話つくる」って嫁に言ってたんですよ。「一億二千万人の人と電話する」って。それで「いずれ、俺は、総理大臣になるだろう」って二〇一〇年に言ってて、二年後にほんとうに俺、新政府総理大臣っていう、みなさんちょっとよくわからないと思いますけど、新政府つくっちゃいましてね。そしたら、精神科の先生が、「建国を試みるっていうのは、症状ですので」って（笑）。三万人が自殺をしていくのは国家の殺人である。新国家も武装しないといけないから、マシンガンをロシアの闇サイトみたいなので見つけて、クレジットカードで買おうとしてたら、嫁が「ちょ、ちょ、ちょっと」みたいな感じで。「検索してる時点でやばくない？」って。じゃ、どうしようかってなって、「いのちの電話を始めます」と。

「新政府総理大臣」を補足しますと、坂口さんは3・11で国のシステムが行き詰まっていることに気づき、現政府は存在していないと断定し、現状が無政府状態なら新政府をつくり、自分が新政府初代総理大臣になると宣言します。新政府の基点は熊本に置き、生活の仕方は路上生活者の人たちから学んでいます（詳しくは『独立国家のつくりかた』講談社現代新書、二〇一二年）。

坂口　草餅の電話で話聞くでしょ。「あまりにも悲しいなー」って。とりあえず、「もう死ねっ！」って俺、言うんですよ。「君の人生は私が聞く限り、最低最悪、なんの希望もない。絶望の淵《ふち》」と。「わたくしが認める。電話をその場において、いますぐ首を吊るのだ」って。「そのかわり、家族の電話番号だけは教えてくれ。お前が絶命したあとには、新政府総理大臣として、わたくしが電話をしてあげる。殉死《じゅんし》してしまったと。国家とこの現世の糞《くそ》ったれ。俺は手榴弾《しゅりゅうだん》を持って国会議事堂へいますぐ……」って言うと、「恭平さん、わかりました！」って。

末井　はっはっは。

坂口　「この現実を俺は信じないぞ、お前とともに。神風よ、吹け！　神風よ！」とか言うとですね、「恭平さん、この話通るんですか」みたいになっていくんですよ。「とりあえず、一回寝てから考えろ！　それでヤバかったら電話しろ」って切ったら、三十分ぐらいしてまた電話が掛かってきて、もう、ベロベロ泣いているんですよ。「恭平さ〜ん!!　すっくわれた〜!!」って。

俺は、とりあえず、自殺者をゼロにできるっていうのを確信したんです。

向谷地　そのとき？

坂口　うん。ほんとに死にたい人っていうのもいるかもしれないけど、極限まで減らせるだろうって。二〇〇〇人ぐらいと電話で話したんですけど、結論はね、友達がいれば基本的に全部、僕のなかでは止められると思うんです。止められるっていうか、発作的な誤作動では死なない。

僕、基本的に行くんですよ、草餅の電話で。女の子なら、なおさら行くんですよ。

死にたい独居老人と自殺未遂ばかりする女の子

坂口さんが電話の相手に会いに行った例を紹介します。

一人目は、坂口さんが東京に来ているとき、草餅の電話に着信八回、留守電八回といったとんでもない回数の電話を掛けてきた独居老人《どっきょ》です。その人の留守電がまだ残っていたので、携帯をスピーカーにしてみんなで聞きました。

「もしもし……坂口新政府内閣総理大臣のお電話でしょうか。お忙しいところ、突然のお電話で誠に恐縮ですが、わたくし、埼玉県さいたま市に在住する、自死を考えている七十七歳の独居老人で、○○○○というものでございます。『独立国家のつくりかた』や『幻年《げんねん》時代』を拝読して感銘《かんめい》を受け、誰よりも坂口さんの本を信仰するようになったわたくしは、なんとしても坂口さんにご相談を賜《たまわ》れるようにしたく、一昨年、朝日の『AERA』の特集記事に載った坂口さんの御写真を前にして、お電話をさせていただいております」

坂口　こういうのが八件ぐらい入ってるんですよ。こっちから電話して、「どう考えても死にたくないでしょ？」って言うと、「いやいや、死にたいんでございます」って。もう行くしかないでしょ。住所が留守電に残ってて、「いまから行きます」って電話しようと思ったらつながらないんですよ。焦るでしょ。これ、死んだんじゃないかと思って。医学書院の編集者が、「ヤバい」って言いながら、「足代出しますから一緒に行きましょう」って。その人、病人大好きだから（笑）。行ったら、あばら家みたいなのがあって、住所の二〇二に行ったら、ドアに、「最近、合鍵を使った空き巣にやられ、憤慨《ふんがい》しておる」っていう、さっきの電話の主の貼紙があって。「新政府総理大臣だ。お前の声を受けて来たが、いないではないか。死んでないことを祈る」って留守電に入れたら、次の日、電話が掛かってきて、「どうしたんですか？　何回も電話掛けてきて」って。「お前、死んでるかと思ったんだけど」って言ったら、「下のカラオケパブの音がうるさくて、いつも夜の七時から耳栓《みみせん》して寝てるんです」って。……それだけなんですけど（笑）。

二人目は、児童養護施設にいる女の子です。躁がマックスのときの坂口さんが、児童養護施設で虐待を受けていると泣きながら話す十八歳の女の子の電話を受けて、児童相談所まで行って「この子は俺が引き取る」と言って、熊本の自宅まで連れて帰ってきました。

坂口　フーちゃんは、「へっ⁉」みたいな。「三月の二十三日に、あなた、第二子が生まれたばっかりで、なんで三月二十七日に、この子連れて来ちゃったのよ」みたいなこと言われて。その子も抱きついてくるんですよ、フーちゃんに、「私はあなたをお母さんと思っていいんだよね」って。フーちゃんが「ちょっと待って、いまのこの状況で、ちょっとまだそこまで思えない」と。

向谷地・末井　（笑）。

坂口　児童相談所の人たちは、あまりにも俺が早過ぎたから伝えてくれなかったんだけど、実はすっごい自殺未遂をする女の子だったの。で、五日目ぐらいに服薬自殺されまして、二十四時間ぐらい寝てたんですよ。僕、もう心配になって、目の前で人が死ぬのかなと思って。僕には、隠れ担当医みたいな、ブラック・ジャックみたいな人がいるんですけど、電話したら、「恭平さん、二十四時間超えたらまずいんで、救急車呼びましょう」って。で、救急車を呼びまして、病院に行って。その隠れ担当医が、「恭平さん、やっちまったものはしょうがないですけど、丁寧に戻しましょうよ」っていうことで、丁重に「すいません！」って言って、戻ってもらったんです。

その子は、僕たちの家族になろうとして、溶け込もうとしてたんだけど、結論は、それは無理だと。自分の家族をつくるっていうふうにしなきゃいけないんじゃないかという話をして、戻ってもらったっていうことがありました。

末井　その女の子が、もう他人事とは思えない状態になってるわけですよね。

坂口　思えないですよ。僕がいつも思うのは、まったく慈善《じぜん》的精神がないんですよ。

末井　慈善とか思う前に行動している感じですね。僕なんかはちょっと関わりたくないって思っちゃうけど。それを自分のことのように思う瞬間って、イエス・キリストと同じなんですよ。

向谷地　坂口さんが？

末井　うん。その瞬間、他人がなくなって、他人も自分、だから放っておけないんじゃないかと。イエスって、常にそういう状態だったから、隣で磔《はりつけ》になっている強盗も他人事とは思えないわけですよ。まあ、坂口さんのそのあとのことを聞くと、そうじゃないって思うけど。

坂口　フーちゃんのお母さん、そのとき現場にいましてね。「さすがにこれはやばいでしょ。作家人生失うよ」って言ってて。僕が言ったのは、「いや、コンクリートの向こう側で自殺するより、俺、目の前で死なれたほうがいい」って。自殺で三万人死んでるけど、他者の自殺っていうのは、それこそダイナマイトで目の前で爆発する場合もあるけど、ほとんど目に触れてない。そういうものを見ることに関して、行動を起こそうとしている可能性があるんですよ。

だから、とてもじゃないけど、まったくいい人ではないですね。最低最悪だし。草餅の電話をしつつも、なんか知らないけど救おうとは思ってないんですよ。人にいいことするときは、躊躇《ちゅうちょ》するっていうか、考えますよね。僕には、いっさいそれがない。それは危険なことだから、草餅の電話もできるだけ控えてくださいって、嫁さんから言われたんですけど。

どうにかして自殺者ゼロ運動は、もうちょっとしてみたいんですよ。でもいま、家族的に止め

られているんです。やっぱりいろんな問題が起きるので、直接は人とは関わらないでくださいっ

ていうのが、精神病院との決めごとなんですよ。できるだけ優しい人とかが一緒にやったりした

ら、なんかできるんだけど。なんかやりたいけど、なかなか難しいよね。

坂口さんは、このトークイベントのあと、『現実脱出論』（講談社現代新書、二〇一四年）という本を出しました。人々は現実という枠のなかで身動き取れなくなっていて、現実に適応できなくなった人が自殺している。現実の奴隷《どれい》にならないで、自分が生きやすい別の空間をつくれ、と、まさに坂口さん自身のことを言っているような本です。

向谷地宣明さんは、打ち上げで、小学校に通っていたころのことを話してくれました。授業中、ふと窓から外を見ると、校庭のジャングルジムで、べてるのメンバーが「およげ！たいやきくん」を歌いながら踊っていたそうです。宣明くんが勉強しているのを応援しに来たのかもしれません。しばらくして再び外を見たら、警察官が来て、どこかに連れて行かれているところでした。それが、なんだか映画のなかのシーンのような感じがしました。べてるの家の人たちは、みんな現実から脱出している人たちなのかもしれません。

＊

坂口恭平さん、向谷地宣明さんとのトークイベントから四年経ちました。その間、坂口さんは本をたくさん書き、四年間に十冊もの本を出しています。

本だけでなく、絵も毎日描いているようで、それが画集になりました。その画集『God is Paper』（イシプレス、二〇一七年）のトークショーが代官山の蔦屋《つたや》書店であったので行ってみました。生きていくために描いている坂口さんにとっては、まさに「God is Paper」なのです。

躁鬱病の僕が死にたくなる度に、
目の前に紙があることで、
そこに書く（描く）ことで何とか生きていける。
真っ白くて平たい紙が
なにか崖の途中にある突起物に思えてきてならない。
紙に感謝、かみさま。

トークショーの坂口さんは、とめどなく出てくる言葉と、踊っているような身振り手振りで、まるでシャーマンのようでした。

それから九ヵ月後、近況を聞くため、千歳船橋《ちとせふなばし》にある古くからやっているカフェで、坂口さんと会うことになりました。まず、前回のトークイベントのとき、年間三万人の自殺は国家の殺人であるから新国家も武装しないといけない。そのためロシアの闇サイトでマシンガンを買おうとした、と坂口さんが言っていたことについて聞いてみました。

——前回、ちょっとわからなかったんですが、なぜマシンガンが必要だと思ったんですかな？（笑）、俺、そんなこと言いましたっけ？

——ここですね……（文字起こしを見せている）。

ぶ、ふふふふ。これはガセですね、おそらく。

——え？

おそらくこれ、もう小説入ってるんですよ。そこ、小説です。

死にたいんじゃないって気づかせる

——四年経ったので、「その間どうでした？」っていうことをお聞きしようと思って。

はい、なんでも聞いてください。

——坂口さんがいのちの電話を始めて、本家いのちの電話からクレームがあって、名前を草餅の電話にしましたね。いまは、いのっちの電話に？

あ、そうか、当時、草餅って言ってましたよね。それから、いのっちに変えました。一応、イノッチ（V6の井《い》ノ《の》原快彦《はらよしひこ》）が友達なんで、文句言われることはないだろうと。

――そのイノッチだったんですか。

そうそう。イノッチ、二〇〇九年に俺の本読んで電話くれたんですよ。原宿のジョナサンで会いましょうって（笑）。「ふざけてんじゃない？　冗談でしょう」とか言ってたら本物で。

娘が勝手に命名して、おもしろいから草餅にしたんですけど。まあでも、やっぱり「いのちの電話」にしたいんだよね、俺も。「っ」は入れておかないと、また訴えられるんで。

僕の場合、名前が大事なんでね。本はぜんぶ名前から来ますから。次は携帯番号、「+81-(0)90-8106-4666」で、本を書こうと思っているんですよ。いのっちの電話について。

――画期的ですよねえ、しかもそれが架空の番号じゃないって。

でもね、今年グラミー賞にノミネートされてましたしね、番号が（第六〇回グラミー賞最優秀楽曲賞にノミネートされたLogicの楽曲「1-800-273-8255」は、全米自殺予防ライフラインの番号）。

――携帯って、あの番号しかないんですか？

ないない、おそらくないです。これだけで。

――ふふふ、おそらく？　差支《さしつか》えないんですか、仕事に。

差支えない……普通の人は差支えあると思いますよ。一時間ぐらい電話しますから。僕の場合はたぶん、躁うつの特性ですね。四つぐらい同時にやってたほうがいいんですよ。編み物しながら、原稿書きながら、絵描きながら、電話出ますから。そっちのほうが、はかどるんです。

――忙しいですね（笑）。

いや、部活やめて受験勉強に集中するみたいなこと、よくするでしょう。あれやるとだめなんです。うつになるんで。原稿の真っ最中でも、スピーカーにして電話出ますからね。

——それができるのがすごいなあ。僕はできないですよ。原稿書きながらはできない。

それはまあ、そうですね。書くのは、僕、ほんと早いですからね。

電話を掛けてくる人に、俺、聞くんです。みんな「きつい」とか「苦しい」って、すぐ言っちゃうから。それ、たぶん、人がつくった言葉だから、全部自分の言葉に置き換えなきゃいけないって。「たぶん〝きつい〟んじゃないから、もっと詳しく教えてもらっていい？」って。

大概《たいがい》それって、人から言われた言葉なんです。お父さん、お母さん、兄弟、先輩とか、近くにいる人からの「お前、何やってんだ」とかいうのがちょっと増幅《ぞうふく》されて、その人の体のなかの言語になっちゃってる。俺がやってることって、それを解きほぐす整体に近いですよね。

——そういう言葉に、もう縛られちゃってるんですね。

そうそう。単純にずぼらなだけなんです、俺からしたら。それにその言葉を当てはめちゃってるだけだから。で、その言葉自体に、そんなに洗脳されてないから悩むんですよ。

あんまりこっちの、外の世界だけを信用してないから。頭のなかに、水辺があるんですよ。ほんとうはその水辺の水面のこと、ずっと書きたいんだけど。一応、日常は、みんなは、外部があるわけです。俺の場合はたぶん、外部と内部でいうと、内部が七割ぐらいなんですよね。

知り合いに稲葉《いなば》俊郎《としろう》（東京大学医学部付属病院循環器内科助教。東大病院では心臓の治療を専門とする）っていう東大の先生がいて、彼は、「普通の人だと、たぶん、その状態だと寝てる状態だけど、坂口くん起きちゃってる。でも介護者がいれば大丈夫だよ」って。普通の人だと昏睡《こんすい》に陥る、つまり夢をみるような状態が、俺は日常的なんですよ。

――そこに入れる、入り口のことは書けないんですか。

どういうことですか？

――そういう、坂口さんの寝てるような世界がありますよね。小説の世界が。で、こっちには僕らがいる日常があって、そこをつなぐ廊下があると、僕らもそっちに入っていけるかと。

ああ、そうですね、そうですよね。

――電話で話しているとき、相手の人の頭のなかの風景を聞くんですよね。

それが入口なんですよ。向こうの状況によって違うんですね。ある程度すこやかなときは、まったく異世界過ぎるけど、ちょっときつくなってくると、その人たちの内側からすっごいものが、こう、盛り上がってきているから。だけど、それをどうするかとか、教育されてないでしょう。そういう話をしてると、そいつら、死にたいとかいう悩み相談していたことを知らぬ間に忘れてんすよ。「俺も、その、ずっと青色っぽいのが見えてまして……」とか言い出すから（笑）。

――「死にたい」が変わるんですね。

「そういうことだよ。お前、全然、問題ないだろ」って言ったら「はい」とか言って。「いま、俺と話してて、どれぐらい不安なの？」って、一応、わざと現実の話をするんです。「何パーセント不安なの？」って数字で聞くと、「いや……ちょっと、いま不安じゃないです」って。

――うん、この世の……この世のっていうか（笑）、その価値観とは違うところに坂口さんはいるから、そこと話をすることによって、解放されるんじゃないですかね。

そうそう。その人が、死にたいんじゃないっていうことに気づいていくんですよね。死にたいっていうぐらいのことを言わせないと、身体って勝手にこの現実で動いちゃうから。

最近は俺、身体が気になるんですよね。身体が自分の意思と違う動きをしてるんです。

——性欲とか？

まあ、性欲もそうですけど、ほんとうにあらゆることです。手で触ることで、この人たち（指）は感じちゃってるから、ここ（指先）で、たぶん、何か考えているんですよ。こういうことに、ふだんの生活ではあんまり気づかない。いのっちの電話は、そういうことを考えるタイムだから。

昨日も、奥さんが躁うつで、旦那さんが電話してきて。「いま、彼女、お仕事に入ってるから、九時五時でしっかり寝かせてください。九時五時で寝るっていう作業がみじめな作業じゃなくて、非常に有益な仕事であるという自覚をもってやってみましょう！」って。そしたら、その寝てる奥さんも、「ああ、なるほどなるほど」って。旦那さんも「そっか、そっか」って。

死にたい人を止めてるっていう自覚はあまりないんです。ただ誤解してる可能性があるから。それでそのまま、結構、みんな死んでますからね。

言語の交換だけを徹底させる

——最初は、どこで公表したんでしたっけ、その電話番号。

ツイッターですね。携帯電話を公開したのは、3・11のとき。あれは俺にとってはすごい大きかったんじゃないですか。それで全部さらけ出すっていう。まあ、自分の夢でもあったんで。パッチ・アダムス（金儲《もう》け主義の医療に疑問を持ち、愛とユーモアを持って人に優しい医療を目指すアメリカの医師。社会的活動家、道化師、アーティスト、俳優でもある）とか、俺じゃないかなってずっと思ってたんで。

——いのっちの電話を二〇一二年から始めて、これまでたくさんの人と話してますよね。

喋《しゃべ》ってるでしょうね。一日、四人か五人は電話してますから、一年のうち一五〇日ぐらいは。俺、声聞いたら、大体わかるんです。どういう状態か、親子関係まで、なんか感じるんです。

——へえー。だからメールじゃなくて、電話がいいっておっしゃっているんですね。

そうそう、声もみるし。声って、その人自身の声じゃない可能性が高いっていうか。たいがい環境によってできてるんで。俺と話していると声が変わっていくんです。変わったら、あ、たぶん、この人もう死なないなって。そしたら俺、結構突き放すんです。あとは自分でやりましょうって。

——どういうふうに変わるんですか。

声って結局、言葉を引っ張ってくるわけでしょう。その引っ張り具合が変わってくるんですよ。

——ああ、なるほど。

きついときって、「でもー」とか、簡単に言うんですよ。「なんだよね、でもー」って。それが出ないような作業をするとか。意外と俺、有能なカウンセラーのような気がするんですよね。

——ですよねえ。始めたときからそういうふうに会話してたんですか。

もともと僕のところに来てましたからね、そういう死にたい人が。中学校時代の彼女もそうだったし。中学のときも、午前三時ぐらいに家をこそっと出て、その子を寝かせてから帰ってた。その子、ときどき、死にたいってなったらいまもメールして来るんすよ。好きなんですよ、単純に。「なんで（いのっちの電話を）やってるんですか？」って質問の電話も来るんすよ。「お前、なんでセックスしてるの？」って言ったら、「楽しいからでしょ」って。もう、ほぼそれと一緒。俺がやりたいことで、しかも誰もやらないというのは、俺からしたら宝だから。ほら、おっぱいはおっぱいで、みんなが好きなわけでしょう。俺は、誰もが放っといているものが、おっぱいにしか見えないわけですから。

逆にみんなに質問するんですよ。「誰にも相談できない人が、いちばん信頼できると思って電話してきたら、人間どう思う？」って。「それ、けっこう嬉しいかも」って言うから、「でしょう」って。なんでみんな、これをやんねえのかな、としか思わないですけどね。

たぶん、俺、テキストを書いてるのは、そのためだけなんです。その信用づくりっていうか。俺の小説は売れないんでね。でも、一定量いるんです。設定八千部ボーイですから。

――固定数があるから大丈夫。

一定量、摂取してくれる人がいて。俺の場合、資格取ったからといって、そのままみんなが盲信して来る病院じゃないんで。毎年、自分で更新しないといけないんです、俺のなかの国家資格的なものを。それをなんのためにやってるのか、少しずつわかってきましたけどね。

やっぱり、俺、共同体をつくろうとしているみたいですね。みんなのアイデア、直感だけのネットワークなんですけど。あいつのとこ行ってこいとかさ。あいつに会えば、なんかちょっと次見えるでしょ、みたいな。そういう人間の根源的なコミュニケーションのような気がするけど。

みんな、コミュニティーばっかつくろうとするから、俺はただコミュニケーションだけを、コミュニティーをつくらずにやりたいという感じです。コミュニケーションっていうか、言語の交換だけを徹底させるっていう。……とか言ってるとね、みんな、悩みどころじゃなくなってくるんですよ。「ちょっと、なにを悩んでるんだって思ってきました」って。

——ははは。コミュニティーをつくらないで、個と個っていうことですよね。まあ、コミュニティーをつくれば社会ですからね。

そうなんです。社会っていうことは、言語が途中でダラダラになっちゃうんですよね。

——最大公約数を取っていくみたいなことあるからね。

そう。そこの言葉を使って会話するでしょう。それだと、絶望とか失望状態の、いちばん敏感な状態のときに、いい感じの会話ができないんですよ。

——できないよねー。

だから言語をちゃんと洗ったり、磨《みが》いたりするっていう、なんか革靴職人みたいな、そういう行為をね、作家っていうのはやるべきだと思って、やってるんです。

坂口さんのツイッターを見ていたら、小学校三年生のアオちゃんが、学校をやめて自分で絵を描いたり音楽をやったり、アクセサリーをつくって店を始めたいと言うようになったことを呟《つぶや》いていて、お、さすが、と思いました。

アオが学校行かないって言ったとき、よくぞ言ってくれたって。「吐露《とろ》っていうのがいちばん大事だから、吐露するんだよ。人間、思ってることと、やってることがずれてくるだろ」って言ったら、「はあ」とか言って。先生に会いに行って、「いま、創造的に爆発してるんじゃないですかね」とか説明したら先生も、「無理して来させないでいいですから。アオちゃんの好きに」って（笑）。

アオに、「自分で作品つくって、いくらぐらい稼《かせ》げるか試す実験やってみたら？」って言ったら、あいつ、月十万くらい稼げるんですね。で、ソファとか買ってくれてね、うちに。「それでいいよ」とか言ってたんだけど、次はチョイスすることを伝えたんですよね。献立《こんだて》見て食べたいと思ったら給食だけ行ってみるとか、そのあと一時間行くとか、コマを自分でチョイスしながらやるとちょっとおもしろいよ、とか言うと、自分で行き始めて（笑）。気づいたら、学校もまたおもしろくなったみたいで。そうすると、また宿題とかで悩んだりしてるんですよ。勉強だけやめてほしいんだけど。まあ、いまはまた意外と普通に通ってます。

――なんか、小学校中退ってかっこいいなと思ってた。

ね、そのまま行ってくれよと思うんだけど、やっぱ、なかなか俺まで行かないっすね（笑）。

でも、あの人は、すごい繊細《せんさい》でね、優しい人だから。いのっちの電話もいつも一緒に出てくれるんです。ふたりで話聞きながら、女の子がすっごい泣いてても、アオが、「全然悪くないけどねえ」って。「友達いないんだ」とか言うと、「じゃあ、友達になろうよ」って。

うちはもう、いのっちの電話は常にスピーカーですから。俺が車でゲンを迎えに行きながら、いのっちの電話スピーカーにして、みんなで聞いて、うんうんって考えるっていう。

センシティブな野郎が集まる芸術学校つくりたい

——電話は子供からも来るんですか。

中学生ぐらいはいます。小学生は、お母さんに電話しろって言われたって。いじめられてて、どうにかしたいんだけど、自分は弱すぎてどうにもできなくて、どうしていいかわからなくて、お母さんに相談したら「坂口恭平っていう人がいるから」って。

——はっはっはっは。

近所の中学校の子は、学校の自由研究で俺のインタビューに来たりね。その子もやっぱり繊細だから悩んでた。まあ、俺は非常にセンシティブな人たちの学校みたいなのをつくりたいですよ。

——それ、いいですね。

センシティブな野郎が集まる芸術学校ですよね。そういうことまでほんとうはやりたい。もっとありますけどね、妄想はね。それは、やっぱ、そこでしか使えない雇用をつくりたい。俺のなかのもう一人の明晰《めいせき》なやつがいて、右腕なんですけど、そいつがいろいろ考える。

——自分のなかのっていうことですか。もう一人の自分。

うん、そいつがすんごい考えるんですよ。いま、そういうのを企業化して寄付とか募《つの》れば、たぶん恭平さん、集まるよと。でも、なんとなく、いま、時期じゃないような、みたいな。

——……その人が言うわけ？（笑）

いまやるより、ガチでやったほうがおもしろいから十年気合入れましょうって。そのために売れもしない文章書いてるっていう感じはありますね。

――小説は、結果的でしょうけど、年間何本とか書くペースでやってるんですか。

毎日書いてますからね。毎日一〇枚は。二時間ですよ、朝昼。

――一日一〇枚は、すごいねえ。いっぱい本ができますね。

そうですねえ。ま、そのぶん、もちろん削《けず》るんで。書いて書いて削って、本になってないものもあるし。僕はたぶん、ナチュラルボーンライターなんでしょうね（笑）。だって、セックスより好きですからね。もう、いちばんのエクスタシーなんです。

この（目の前にある）コップの水滴とか、なんて書こうかなとか思うだけでテンション上がってくるんですよね。僕の場合、人に向けてないですから。自己表現じゃないですね。過去の自分が現在の自分に対して、「この水滴がこうなると、どう？」とかさ。

きついときって、たいがい自分表現に向かっているんですよね。自分から自分へという表現状態に戻っているから、人と話せなくなるとか。あれの非常に先鋭化されたものが、いわゆる苦しいとか、きついとか、そういう状態なんですよね。

――いま、自意識、みんな大きく膨《ふく》れてるから。そういう部分も影響しているかもしれない。

それで人からの言葉で埋《う》めていくわけでしょう、その自意識を。そんなの、スカスカのファストファッションで身を固めているような感じで、ちょっと含蓄《がんちく》がないし、深みがないし。深みってやっぱり色が変わりますからね。

逃げられないと思ったら俺に電話しろ

絶望してるっていうことは、非常に重要な切符ですから。いま、絶望してないとちょっと……だめです、オシャレじゃないです。

――ふふふ。

ただ、それを「大丈夫だよ」っていうのを伝えないといけないんで。僕は教育としてやってるんですよ、いのっちの電話を。だから厳しいですよ。「お前、なんかいまナメてた。自分の考え方出そうとしないで、人の意見聞いてる感じでつまんない」、「じゃあ死ねよ」って。死なないってわかったら、それで電話切れるんです。

――そのほうがガチで向かい合ってる感じですね。首吊りの紐《ひも》かけて電話してくる人もいるとかいますね。でも大概そういう人は嘘なんですよ。で、こっちを寄せたいんでしょう。でも、いのっちの電話には、死ぬ前に電話する人もいるんです。電話して安心して死ぬ人。それは見極めが大事ですよね。だいたいそれって、匂うからわかるんです。「お前な、原子爆弾、俺のところに置いて、お前、死ぬだけだろ。ふざけんじゃねぇ」ってぶちきれますよ。

――そうか、ほんとに死ぬ人がわかるんですね。

うん。それだったらジハードと一緒だから、俺にからだ預けろって。俺が無茶苦茶なことするから。国会議事堂爆弾持って突っ込むぞって。

――……そう言うと、向こうはなんて言うんですか。

「それでもいいです」って。「オッケーオッケー、まず爆弾のつくり方の本送るから」って。

――はっはっは。

抵抗してもしょうがないでしょ、破壊しなきゃダメでしょうみたいなところも僕の根にはあるんで。抵抗するくらいならひっくり返したほうがいいんで、いま、その方法を考えているけど。

――電話を掛けてくる若い人たちにはどんな問題が多いんですか。家庭の問題、学校の問題とか。

まあねぇ、家庭の虐待《ぎゃくたい》だのいじめだのは多いっすけどね。でもそれも極論すると、教育ですよ。問題っていうと、問題はないんじゃないですかね。親がどうしようもなかったら親から逃げりゃいいだけでしょう。それは問題じゃないんですよ、俺からしたらね。だけど問題にしちゃうから問題に留まっちゃうんですよね。どうしたら逃げられるか、それしかない。

――具体的に中学生、高校生とか、どうやって逃げればいいんでしょうかね。

その場所は逃げられるのか逃げられないのかって言ったら、みんな逃げられないって言うわけでしょ。親からも逃げられない。で、「いま、俺と電話してるときはどうなの?」って、「なんか逃げてます」って。「逃げられてる。じゃあ、それじゃない」って。それだけなんです、俺が言ってるのは。毎回、逃げられないと思ったら俺に電話しろって。まずはそれが練習だから。

――ああ、なるほどね。

シェルターに逃げるとか、そういうことじゃないんですよ。

――新しいですね。

もちろん、それで何もかも変わるわけじゃないんでね。でも、「いま、おもしろいの？」って言ったら、「いま、おもしろいです」って。それしか確認してないですね。それがたぶん、いま、いい感じに逃げてる状態だから。思考回路のなかに逃亡回路を見つけて、それをつくっていってあげないとダメなんです。遠隔だから、できるのはそれだけなんですよ。

——前、女の子を引き取ろうとしましたからね。

ああいうことになるから。俺、人に対して甘々なんで。どんな奴だって、なんかもう、うわうわうわーってなるんですよ。ほとんど愛してる人に接しているのと変わらないって言われるんです、フーちゃんからも。愛情を知ったら、その愛情と同じ量の愛情をまったく違う人に放り込んでしまう。でも、そういうことしか伝わらないんですけどね、中高生とか。

友達一人いれば逃げられるわけでしょう。だからその友達になるんですよ。もう「You've Got A Friend」ですよ。キャロル・キング状態。暇なとき、俺から電話したりしますからね。「お前、どうなった」って。そいつ、びっくりして「ええー」とか言って（笑）。

反復横跳びぐらいの感じで逃げ場所をつくりたいんですよね。ここに右足つければ逃げられるとか。子供の遊びでよくあるじゃないですか、そういう右足とかの状態でいいんです。

それ、まさに詩なんだよ！

お母さんが、子供の引きこもりで電話してくるときも、スピーカーにして、お母さんと子供と三人で話しますから。お母さんに対してのつき合い方とかもやろうとしてるし。でも、わかんないすよ、なんで俺こんなこと。どうすればいいかとか、なんの躊躇もなく言葉が出るから。

――（笑）すごいね。

僕の場合は徹底した性善説ですからね。人を殺した人も電話してきますから。「苦しいの?」っつったら、「いやぁ、叫び声が」って。叫び声が耳にこびりついて離れないって。そういう相談にのってあげるとか。もらわないんですよ、俺。人からどんな状態の話聞いても、もらわないんでね。俺、すぐ、死んだ人の幽霊になるんです。旦那さんが亡くなったって言ったら、旦那になるから、ちょっと情報をいくつかくださいって聞いて、オッケ、入りましたっつって。旦那と思って俺と話そうって。それで、本棚の本を一行読むと、ぼーんって入るんです、その人に。

――いやあ……万能ですね。

万能ですよね。でも、組長は、とにかく万能じゃなければならない。だから、いちばん近い職業は組長なんじゃないですかね。ほんとは全方向的な状態が俺の創造活動なんですけどね。

――電話掛けてくる人、多くの人が詩を書いてるって言ってましたよね。

そうです、でもその人たちは気づいてない。教えてあげるわけ。それ、まさに詩なんだよ！って。

――ツイッターで聴いたんですけど、おばちゃんの詩を作曲して歌ってあげるっていうの、あれいいですよね、すごくいい歌ですよね。歌いやすいし。

ね。あの歌も大好きなんです。俺もねえ……あれをほんとの仕事にしたいんです。

動くからだ　作詞・おばちゃん　作曲・坂口恭平

元気になって　旅行したい　このからだ　元気にしたい
動けるように　好きなように　片づけも　お料理も
もちろん　大好きな買い物も
やろうと　自然に　できる私になりたい

元気になって　旅行して　このからだ　元気にしたい
動けるように　好きなように　片付けも　お料理も
もちろん　大好きな買い物も

やろうと　自然に　できる私になりたい
やろうと　思えば　からだは　自然に動く
「還暦《かんれき》こえた母ちゃんがんばれ」

人が来て、歌をつくってあげて。支払いはいらないんで、女性はもう、おっぱいだけくださいみたいな(笑)。ピロートークっていう会社を嫁と立ち上げそうになってて。嫁が受付で、俺がベッドに寝てて、お客さん来てね、男も女も変わらずピロートークするっていう(笑)。

――はっはは、いいなあー、もう。

ほんとはいろんな電話を開設したいんです。躁うつ専門、いのっちの電話、セックスレス電話。まあ、セックスレスに関しては、やっぱり治したいですからね。

――うーん（笑）、いろいろ同時にできるから、それも可能なんですかね。

だけどみんなね、同時に、ほんとはしてるんですよ。仕事をしながら、仕事やめたいんです。そのときに、みんな、ほんとうはやりたいほうを削って、仕事に夢中になるのが健康と思ってるんですけど、僕の場合は二つを三つにしようとする。焦点《しょうてん》を増やすんですよ。そしたら、二つを見ることも慣れてきて、三つを見ることができるようになって、じゃあ四つでって。

――疲れるっていうことはないの？

ないんですよ。

――疲れるっていうのは、やっぱりなんか、よくないことしてるっていう。

そうそうそう。だって、俺が好きなこと、ずーっとクンニしてるようなもんですから。疲れないですよ、舌とか。もう、どんだけでも、言われるがまま、なんもかもしたい。まあ、そういう人間としての仕事をしているだけであって、誰しもにしろって言ってるわけじゃないですからね。でも、僕……なんでこうなったんですかねえ、ほんとね。

――ねえ。

普通、この場合だと、生活が立ちゆかなくなるとか、そんなことになるはずなんだけど、非常に経済的に豊かな状態をやってるはずなんです。お金はそこで流通してないんだけど。何度も経済について考えるけど、経済って海流でしかない、海流があるかどうかっていう。

――悩む人は、経済問題大きいんですよ。そんなことといってもお金がないんだからって。

そうそう。だからみんなやっぱ、お金しか見えてないんですよね。海流って目に見えないっすから。魚たちはわかるわけでしょう、温度変化とか、砂の流れとかで。


僕はお金のことで死ぬことはバカらしいことだと思っているのですが、経済的理由というのが自殺の原因の二位にいつもなっています。

よく話すことですけど、僕は借金地獄になって、いまでも六千万円ほどの借金があり、年利14%で増え続けていますが、払えないから毎月五万円でいいという交渉をしています。ただし、永久に払い終わりません。増え続ける借金のことを考えると気が重くなるけど、毎月五万円稼げばいいと思うと気が楽になります。参考にならない話ですが。

まあ、お金だけを見ていると、あり過ぎてもなさ過ぎても、精神状態がおかしくなります。お金は、みんながお金だと思っているだけのもので、実質はただの紙切れです。他のことはともかく、そんなもので死ぬのはバカらしいからやめてくださいね。

精鋭一〇〇人、死にたかったらここへ電話

電話を掛けてくる八十歳のお母さんとか、もう頑張ってるよ。引きこもりの自分の息子、娘の

ためにね。話聞いたら、みんな繊細でいい子に育ってるから褒《ほ》めてあげるんですよ。ただ繊細過ぎるみたいな。やり抜くのが大変ですよね、この世の中で。

でも簡単ですよね、みんな、「どうしたらいいんでしょうね」とか言うわけでしょう。「俺に電話すればいいでしょう」ってなるんですよ、俺の場合（笑）。みんなは忙しいんでちょっと会えませんとかなるけど、俺、いつ電話したって出れるわけだから。忙しいっていう概念がまったくないんですよね。十二時に仕事終わってるんです、毎日。

――昼の十二時までに一〇枚書いてるわけ。

そうそう。

――寝てるんですか？

十二時、十一時くらいには。ゆっくり嫁さんとセックスして寝てます。起きるのは六時。

――じゃあ七時間寝てるんですね。薬はいつぐらいからやめたんですか？

薬はねえ、年末ぐらいじゃないですかね。

――完全に？

いまは完全にやめてるみたいですよ。病院行くのもやめましたから。いや、ただ忘れているだけなんですけどね。だからこのままちょっとやってみようかって。

――最近は坂口さんの躁うつは落ち着いてるんですね。

落ち着いてる。編み物のおかげもありますね。編み物はテキストとほぼ同じ頭を使いながら、創造的な状態は少ないんで、車輪が動いたまんま休憩は編み物して、またそのまま執筆に入れるんで。これやりだして、薬もやめましたから。編み物の先生がいて、八十八歳の元気なおばあちゃんで、その人がまた素敵な人で。

――いま、うつになるとか、あんまりないですか。

いやいや、ありますよ。年末はたいがい落ちるんです。親戚のつまらん会話を聞かなきゃいかんでしょう。ダサ過ぎてもう「ちょっと、大丈夫？　その会話」みたいな状態にさらされるとダメだから。深い絶望の話してるほうがいいんですよ。

まあ、いい感じに社会が鬱屈《うっくつ》してきて、俺のなかではゴールドラッシュにしか思えないですね。

――そうかもしれないね。いい時代ですよね（笑）。

どんどん閉じてって。

――なんかうらやましいですね。そういうふうに考えられるっていうことがね。携帯電話番号の原稿は、書き上がっているんですか。

いや、なんにも書いてないです。書きたいことは一行ぐらいで終わるんですよ。俺、みんなを、もう、好きでしょうがない。

――あっはっは。

っていうだけなんすよ（笑）。みんなが好きで好きでしょうがなくて、とにかくみんなが好きだから、みんなのことを助けたいんだけど、どうしたらいい？　みたいな。最近。愛情だけしかないです。俺もう、空気とかじゃないかな、ライバル、いま。

――はっはっはっは。

空気ってどうやってなれるのかな？　みんなにウザいと思われない感じで、どうやったらまとわりつけるのかなっていうのが自分のテーマです。ずーっとまとわりつきたいんですよ。

作品つくらなくっていいんですよね。ただあり余ってるだけなんです、エネルギーが。ほんとは、みんなをちゃんとうまく円滑《えんかつ》にするための機械工とかに近いんですよ。油とか持って、毎日、一軒一軒家訪ねて、「お母さん元気ですかー」とか。

なかなか自殺対策も、（国は）目に見えたものはあんまりやってないですからね。俺、毎年、総務省に電話してるんですよ。予算はどうなったとか、内訳は出てきてないですけどね。俺の右腕さんは、チェックの仕方が上手ですからね。常にユーモア溢《あふ》れるチェックの仕方がね。

まあ、水面下で、新政府と同じつもりで、いのっちの電話やってますしね。でも、やって、ほんとよかったですよ。いのっちの電話を。で、俺がやった結論は、結局、いのっちの電話をやれば、自殺者は減るんですよ。てことは、自殺を減らすことは、バカみたいに簡単。みんながそれに注目すれば。でも、もうちょっと、俺みたいな人いてもいいですけどね。

――いや～。あ、いやいや（笑）、いたほうがいいんですけど。

こっち側のテンションを揃えてないといけないんです。どんな状態でも食えるっていうか。商人じゃないとだめなんですよ。とにかく、仕入れ値をゼロにしろとしか言わないですよ、俺。ま、末井さんに言うのもあれですけど、借金するなっていう（笑）。それと、やっぱ、しゃれっ気が大事ですからね。破沙羅歌舞伎《ばさらかぶき》みたいな。戦国時代ぐらいのきらびやかな服着たやつらみたいなのがいいですよね。

俺が選んだ精鋭一〇〇人が、いのっちの電話受けますって、一〇〇個の携帯番号、新聞一面に載っけたいんですよね。死にたかったらここ掛けなって。全員、名前と特徴書いてあって、あ、この人かも、って。

その金、すぐ集まりますからね。四紙、一面広告出したいんですけどって。俺のふところにさえ入れなければ、いくらでも集まる。ほんとうはお金ってそういうものなんですけどねえ。

まともな共同体では、自殺者はいない。共同体っていうのは、自殺者が一人出た途端に、酋《しゅう》長《ちょう》が変わっていたはずなんです。いまでは三万人とかって言ってるわけでしょ。

――もうちょっと減ってるかな。

ねえ、まがりなりにも俺がやり始めてから減りましたからね。二万三千人まで来たでしょう。

――数、合ってますね。

そう。十一年後には、俺の計算によると自殺者がゼロになるんで。そのときはみんなでくす玉とか割りたいです。

坂口さんは、いのっちの電話を受け、原稿を書き、絵を描き、展覧会をし、歌をつくり、ライブをし、編み物や料理をし……と、とても一人の人ではできないぐらいの仕事をしています。坂口さんにとっての仕事は、うつから解放され自分が生きるためのものですけど、それにしても、何故にあんなにエネルギーがあるのか不思議に思います。

それは、自分に正直に生きているからではないでしょうか。なおかつ、すべての人を愛しているイエス・キリスト状態にあるからではないかと思います。

現実社会ではなかなか正直には生きられません。ときには嘘を言ったり、人を騙したり、嫌なこともしなくてはいけません。僕も会社に勤めていたときは慢性的うつ状態でしたが、会社を辞めた途端に元気になりました。誰にも嘘をつかなくてよくなったからです。妻の美子ちゃんなんか、「悪魔が入ってこなくなったぁ!」と言って大喜びしていました。

嘘をつくぐらいなことと思うかもしれませんが、嘘をつくことで大きなストレスを抱える人だっているのです。嘘をつかない相手が一人でもいると、自分が強くなります。そういう嘘の嫌いな人や、繊細な心を持った人や、良心に従って生きたい人が、現実から脱落して希望を失っていきます。しかし、それは脱落ではなく「脱出」していると思うと、世界が変わってきます。「人の言葉」で「人の仕事」をしていても、現実に対して異を唱える言葉は「自分の言葉」です。それを体現しているのが坂口さんです。

しかし、坂口さんにはうつ期があります。いまがちょうど酷いうつ期で、実はこの原稿のチェックもできない状態のようで、フーさんが代わりに読んでくれました。

坂口さんが言っていた、〝精鋭一〇〇人が「いのっちの電話」受けます〟の広告が、新聞の一ページに載っているのをぜひ見てみたいと思います。メンバーに僕は向いてないと思いますが、もし坂口さんから声が掛かればやりたいと思います。

〝生き心地の良い町〟を旅する　前篇

岡檀《おかまゆみ》さんとA町の人々との話

僕は統計的なことにあまり興味がなかったのですが、『自殺』を書いているとき、秋田県は自殺が多いということを知って、なんでなんだろうと気になっていました。毎年、都道府県別自殺死亡率（十万人あたりの自殺者数）という統計が警察庁から発表されていますが、ほぼいつもワーストワンにいるのが秋田県なのです。

秋田県内の自殺者の統計をまとめた小冊子『秋田県の憂鬱』『秋田県はまだ憂鬱』『秋田県はいまも憂鬱』の三部作を個人でつくっている、秋田大学教授で法医学者の吉岡尚文《よしおかなおふみ》先生（二〇一二年三月退任）のことを知って、なぜ秋田県は自殺が多いのかを聞きに行きました。

吉岡先生は、遺伝的な要素もあるのではないかとセロトニン（神経伝達物質）のことまで調べたとおっしゃっていましたが、結局わからずじまいだったそうです（昔からよく言われたのは、日照時間の短さでしたが、日照時間の長い宮崎県も自殺死亡率が高いのでその説は成り立ちません）。

吉岡先生はインタビューのあと、余談のように、秋田の人は「人の世話にはなりたくない」という見栄っ張りなところがあると話していましたが、いまなら「先生、それ、それですよ！」と言いたくなります。それこそ、秋田県に自殺が多い原因を知る手掛かりだからです。

そのことを教えてくれたのは、日本で自殺のいちばん少ない町のことを研究している社会学者の岡檀《おかまゆみ》さんでした。

岡さんは、一度社会人になったあと、慶應義塾《けいおうぎじゅく》大学大学院健康マネジメント研究科で研究をしていました。テーマは「自殺とコミュニティの特性」です。

僕もそうですが、自殺の多いところには興味を持ちますが、自殺が少ないところには興味を持ちません。そのため、自殺が少ない地域の研究はほとんどされていませんでした。岡さんが自殺最希少地域《さいきしょうちいき》研究の構想をまわりに話しても、反応はあまりよくありませんでした。

そんなとき、「老人の自殺、十七年間ゼロ　ここが違う徳島・海部町《かいふちょう》」（朝日新聞地方版一九九〇年九月十五日）という古い小さな新聞記事を見つけました。岡さんは「これだ！」と思って、海部町という小さな町にターゲットを絞《しぼ》ります。

といっても、海部町を研究するためには、その裏づけがなければなりません。そのために、徳島県の旧市町村における過去三十年間の自殺者数と人口データを集め、海部町のデータを比べてみると、すべての年齢層において自殺死亡率が極端に低いことがわかりました。今度はそれを、日本全国の市町村と比べるという大変な作業をした結果、海部町の自殺死亡率は日本全国（島を除いて）でいちばん低かったのです。

岡さんは、二〇〇八年の夏から海部町に通います。役場の自転車を借りて、小学校六年生から八十九歳までの数百名にインタビューし、アンケート調査を繰り返し行い、全国三千三百十八市区町村の自殺統計と地理的特性データを元に、地形と自殺の関係も調べます。その四年にわたる調査の結果わかった自殺予防因子（自殺の危険を緩和する要素のこと）をまとめたのが、『生き心地の良い町』（講談社、二〇一三年）という本です。

海部町に行きたい

海部町は、徳島の南に位置する、総面積二十七平方キロメートル弱、人口三千人前後の日本のどこにでもある典型的な田舎町ですが、町の成り立ちが特殊で、海部町の人たちの気質には独特のところがあります。それを表す町の人たちのエピソードが、本のなかにたくさん紹介されています。それがなんとも言えずおかしいのです。

たとえば、海部町では、赤い羽根募金が集まらないのだそうです。他の地域では、まわりの人につられて募金する人も多いけれど、海部町では、「だいたいが赤い羽根て、どこへ行って何に使われとんじぇ」と、担当者を問い詰める人もいるのだそうです（しかし、ケチということではなく、祭りで使うだんじりの修繕《しゅうぜん》など、使い道がはっきりしているものには大枚をはたくといいます）。

岡さんが導き出した海部町の自殺予防因子は五つあります。そのなかの一つは、「いろんな人がいてもよい、いろんな人がいたほうがよい」ということです。一人が他のみんなと違う行動をとったとしても、まわりから白い目で見られたりしないということです。

五つの自殺予防因子については、詳しくは岡さんの本を読んでもらうとして、もう一つだけ、僕もこの本を読んでからよく使わせてもらっているのは、海部町で古くから言われている「『病《やまい》』は市《いち》に出せ」という格言です。

「病」とは病気のことだけでなく、生きていく上でのあらゆる悩みやトラブルを意味します。「市」は公開の場で、何か調子の悪いことがあれば早めにみんなに開示しなさい、そうすれば誰かが解決策を教えてくれる。しかも、早めに対処すれば手遅れにならないということです。それは当人だけでなく、町のためでもあるのです。

『生き心地の良い町』を読んでいたら、なんとなく海部町に行ってみたくなったのでした。


二〇一四年四月、大阪の書店（スタンダードブックストア心斎橋店）で、岡檀さんとトークイベントをすることになりました。司会は昔からの知り合いの小堀純《こぼりじゅん》さんに頼みました（小堀さんは大阪在住の演劇評論家、編集者。中島らもさんの本をたくさん編集しています）。岡さんにお会いするのは初めてで少し緊張したのですが、とても優しい話し方をされる方で緊張がすぐ解けました。

僕が海部町に行ってみたいと言うと、岡さんは、「海部町に二、三日滞在しても、それほど変わったことは起こりません。何かを見るというよりは、誰彼となくつかまえて話し掛けてみるといいかもしれませんね」と教えてくれたのですが、「つかまえて」と言うところがおちゃめな感じがして、岡さんの人柄を表しているように思いました。

月日の経つのは早いもので、それから三年が過ぎました。その間、海部町に行ってみたい気持ちはあるものの、誰彼となくつかまえて話し掛けていくというのも苦手だし、わざわざ行くという決心がいまいちつかなかったのです。このままだと海部町とは一生縁がないかもしれないと思っていたのですが、二〇一七年になって、にわかに海部町行きが決まったのでした。この本の企画が持ち上がり、海部町の取材も入れようということになったのです。

行くからには、『生き心地の良い町』のなかで海部町と比較される形でよく出てくるA町にも行きたくなりました。A町は、徳島県の山間部にある比較的自殺の多い地域です。

岡さんがA町のデイサービスセンターを訪れたとき、そこに来ているお婆《ばあ》さんたちが口々に、「うちら〝極道《ごくどう》もん〟になったもんじゃなぁ」と言っていたそうです。働きもせずブラブラしている人のことを、この地域では〝極道もん〟と言い、働けなくなったお年寄りが少し肩身の狭い思いをしているのです。

それは僕が育った岡山県の山奥の村でも同じで、年を取っても田んぼでせっせと働く人は褒《ほ》められ、なまけ者は軽蔑《けいべつ》されていました。

それと、酒飲みも軽蔑されていました。酒を飲んでも咎《とが》められないのは、年に一回ある祭りの日だけで、その日はみんなベロンベロンに酔っ払って、喧嘩が始まったり、夜這《よば》いがあったり、津山《つやま》のほうへ抜けて行くトラックが通るとわざわざ止めて、運転手から金を巻き上げたりしていました。無礼講《ぶれいこう》にしては度が過ぎるというか、ほとんど山賊《さんぞく》のようなものです。

僕の家の近くに、ひとり暮らしのおばあさんが、密造酒（ドブロク）をつくっている家がありました。畳《たたみ》をめくるとドブロクが入った一升瓶が床下に何本も置かれていて、酒飲みがそれをこっそり買いに来ていました。それが秘密めいていて、子供心にも何か悪いことをしているように見えました（密造酒ですから、法的には悪いことなのですが）。

そういう村の掟《おきて》のようなものが自然と刷《す》り込まれているので、大人になって都会に出てからも、働かない人や、人に迷惑をかける人や、酒を飲む人を毛嫌いするところがありました。真面目で勤勉な人が好きなのです。

岡さんはA町の人たちのことを、「我慢強く克己心《こっきしん》があり、私的な問題で助けてくれとはなかなか言い出せない人たち」と書いています。僕も我慢強いし、なんでも自分一人で解決しようとします。

一方、困ったことが起こっても、「なんとかなる」と思ってあまり深く考えません。そういう能天気なところは、海部町の人たちに似ているように思います。いったい僕の気質は、A町型なのか海部町型なのか、どちらでしょう。

観光気分の第一日目

二〇一七年九月十日、我々取材班三人は、羽田空港から徳島に向かいました。

取材班三人というのは、担当編集者の鈴木久仁子さん、妻の神藏美子《かみくらよしこ》（通称美子ちゃん）と僕のことです。美子ちゃんの任務はレンタカーの運転ですが、美子ちゃんも海部町に興味があって「行きた〜い」と前から言っていました。僕も鈴木さんも人見知りするところがあるので、まったく人見知りをしない美子ちゃんがいると心強いということもありました。

徳島空港に十時十分に着き、レンタカーを借りました。最初に行くのは自殺の多いA町と決めていました。実は岡さんもちょうど海部町に調査に来ていて、合流する日程のこともあったのですが、先にA町に行ったほうが、海部町の特徴が際立つと思ったからです。

高速の徳島自動車道に入って西へ向かいました。一時間ほど高速を走り、一般道路に入り南下します。切り立った山の斜面を削ってつくった道路です。道路脇から見える谷底には川が流れていて、流れが速いようです。上を見上げると、巨大な山が見えます。僕が育った田舎《いなか》の山とは比べものにならないくらい大きな山で、この山の奥にA町があるはずです。

途中、道の駅に蕎麦《そば》を食べに入ったら、「粉《こ》ひき節《ぶし》大会」のポスターが貼ってあって、「出場者募集、賞金十万円」と書いてありました。

この日は取材の予定がないので温泉に行こうと、温泉に詳しい高知出身の山崎一夫《やまざきかずお》さん（元・銀玉親方の名でパチンコ雑誌にたびたび登場。現在は雀荘《じゃんそう》のオーナー。温泉好き）に電話してみると、「そこからだと祖谷《いや》温泉がいいよ。ケーブルカーは怖いけど、お湯はいいよ」と教えてくれました。

祖谷温泉に行くには、山の斜面を削った道路をクネクネ登っていきます。坂を登りきると、谷のほうへ突き出たように二階建てのホテルが建っていて、そこがホテル祖谷温泉でした。ホテルのテラスからは、連なる山々と谷底を流れる祖谷川が一望できました。まるで人が入ってくるのを拒むかのように切り立った山々で、緑一色の雄大な景色が広がっていました。浴場は館内にもあるのですが、傾斜角度四十二度のケーブルカーで降りていく川縁《かわぶち》にある露天風呂が有名なようです。我々もその露天風呂に行くためケーブルカーに乗ったのですが、山崎さんが言っていたように、降りていくときは怖かったです。

露天風呂は、温くていつまでも入っていられるお湯でした。男湯には四人ほどの先客がいて、お爺《じい》さん（といっても、僕と同じ年ぐらいかもしれませんが）二人が、北朝鮮の話をしていました。北朝鮮がミサイルをボコボコ打ち上げていたころだったので、「アメリカは北朝鮮を攻めるやろな」「ああ、攻める、攻める」と、楽しそうに話していました（それから九ヵ月後に米朝首脳会談が行われるとは……）。お爺ちゃんたちは戦争の話が好きなんだなと思って聞いていると、急に話が変わって、「養老院て不倫が多いな」「そやな、まったく次元の低い話や」と話していましたが、不倫より戦争の話のほうが次元が低いんじゃないかと思いました。

四時半ごろ祖谷温泉を出て、また山沿いの道をクネクネ走りA町に入りました。山と山の間のわずかな平地にある小さな町です。予約していたH旅館がある通りは旅館街のようでしたが、営業しているのはH旅館だけでした。本日のお客さんは我々三人だけのようです。

夕食の時間になりました。女将《おかみ》さんが運んで来る料理は、アマゴ、こんにゃく、そばの実、豆腐、干し大根、ジャガイモなどを使った素朴な山の料理で、小さいジャガイモを見て、僕が育った岡山県の田舎もジャガイモが小さかったことを思い出しました。

食事をしながら、女将さんに話を聞きました。昔はどこに行くのも峠《とうげ》を越えないと行けなくて、クネクネした道を歩いていくので大変だったそうです。林業と土木が盛んでしたが、いまは仕事がないので若者はみんな町へ出て行くとか。「粉ひき節大会」のポスターを見た話をしたら、なんと、女将さんがとても上手に粉ひき節を歌ってくれました。自殺の話も聞きたかったのですが、なんとなく気が引けて切り出せませんでした。

翌朝、早く起きて町を散歩しました。人通りはほとんどなく、つげ義春《よしはる》の漫画に出てくる温泉街のような、なかなかいい具合に侘《わび》しい街並みでした。

H旅館を出るとき、鈴木さんが出版社名で領収書をもらったら、女将さんに「なんの取材ですか」と聞かれたそうです。「自殺です」と言うと、「あります、あります。自殺多いです」と、橋から飛び降りた人のことや、嫁姑《よめしゅうとめ》問題で自殺があったことなど話してくれたそうです。あとで鈴木さんからそのことを聞いて、昨晩聞けばよかったと後悔しました。

祖谷温泉からの眺め。

這ってでも畑に行ったりする

H旅館を出て、煤《すす》けたような壁面のA町役場に行きました。八時半から保健師の高橋玉美《たかはしたまみ》さんからお話を聞くのです（高橋さんは現在は退職され、議員として活躍されています）。

今回の取材は、高橋さんをはじめ、二つの町の四人の保健師さんとお会いするのですが、岡さんの本を読むまで、保健師さんの仕事のことをほとんど知りませんでした。その仕事は、住民健診の計画と実施、住民の健康状態の評価、母子保健のための検診や訪問、身体的・精神的に障害のある住民やその家族の支援など多岐《たき》にわたっています。家庭訪問も頻繁《ひんぱん》に行っているので、どこにどういう人が住んでいるか、いちばんよく知っている人たちです。

A町の役場の入り口には、「自殺予防相談窓口　ひとりで悩まないで　聞かせてくださいあなたの心」と書かれた看板が出ていました。自殺防止に力を入れていることがわかります。

高橋さんは、三十五年ほど、この地で保健師をされているベテランで、この日の我々のスケジュールは高橋さんにバッチリ組んでもらっていました。隣町の保健師のNさん（女性）も一緒にお話を聞かせてくださるそうです。揃《そろ》えてもらった数々の資料（住民の方々の暮らしがわかる記事、年齢分布、自殺者数の統計、分厚い村の歴史の本）を見せてもらいながら、お話を伺いました。

高橋　ここらへんは川沿いに家があるんですけれども、それ以外は、ほんとに山でして（笑）。

――どの山もかなり急ですよね。昨日、H旅館に泊まったんですけど、お客さんは我々だけでした。このあたりにも観光客は来るんですか。

高橋　かなり来られますよ。紅葉の時期だと多いですね。このあたりはすり鉢《ばち》でいうと一番底のあたりで、もうちょっと上に上がると、すごく景色がきれいですし。

――用意していただいた年齢分布の表を見ますと、住んでる人たちには百歳以上の方もいますね。

高橋　そうですねえ。百歳以上の方も増えてますね。女性が圧倒的に多いです。昔は一家族に五人とか六人とか大家族で住んでいたんですけど、いまは一世帯当たり一・七人に減ってますね。

前は若い方がいたんで、草刈りしてくれたり、それからいますごく多いんですけれども、蜂《はち》を退治してくれたりしてたんですけど、そんなこともできなくなってきていて。集落支援制度の支援員さんが三人いまして、その人たちが蜂を捕ったり、生活の支援をしてくれています。

在宅の方はみんな、自分ちで食べるぐらいですけれども、いつまでも農業をされてきてるんで、力も強くって元気な方が多いんですよね。

――ここに来るとき、あんまり田んぼとか畑、見なかったんですよね。まあ、急な斜面のどこに田んぼをつくるんだってこともあるかもしれないけど（笑）。

N　狭いところを棚田《たなだ》のようなかたちにして、自分たちの食べるぶんだけつくるって感じですね。それも減ってきましたね。確かに斜面ばかりなので畑も急です、すごく。

――農業してた方は、ずいぶん体が鍛えられてますよね。そういう斜面で働いてらしたら。

高橋　内臓が悪くない人はもう、腰とか膝《ひざ》とか、関節にきてるし。

――ああ、元気過ぎて動くから、逆に膝が痛くなる。

N　痛いのが当たり前って思ってる方が多いので、みんな我慢して、歩けなくなるまで家におってる方が多いですね。病院に早く行っとったらなあって思う方もようけいらっしゃって。這《は》ってでも畑に行ったりとかする方が多いですからね。

――えっ、這ってまで！

美子　みなさんだいたい車ですよね。高齢の方は運転できない方も多いですか。

高橋　車もってる人を雇《やと》ったりしてね。買い物とか病院に連れて行ってもらうとか。あとね、バス停から一キロ以上距離があるところに住んでいる人は、タクシー代の半額補助があるんです。

――買い物とかは、どうするんですか。

高橋　買い物は移動スーパーですね。週に一回とか、二週間に一回とか。

――じゃあ買いだめですかね。

高橋　一ヵ月分ぐらいはね、みんな困らないようにしてますよ。たとえばちょっと土砂崩れがあって、通れんようになったりしても、訪問すると「もう、そんな来んでいいのに。一ヵ月ぐらいはいける」って、言うてます（笑）。

それと、みんな倹約ですね、すごく。家で食べるものは自分で畑でつくるし。水道料金はいらないんですよ、みんな山の水で。

――僕ら、消毒されてる水を飲んでますけど、それより美味《おい》しいですよね。

高橋　美味しいです。冬は特に美味しいですねえ。だけど、水道料金はいらんけど、ホースを引いたりね、そんなことがすごく大変なんです。冬は凍ってしまうし。

――冬はいちばん寒いとき、どのぐらい下がるんですか、温度は。

高橋　私たちの家のあたりでマイナス五度から一〇度ぐらい。山の上はもっと下がりますね。

――雪があるから、冬が結構大変そうですねえ。どのぐらい積もるんですか。

高橋　六〇センチぐらいですね。山の上で一メートル近く積もるところに住んでいる人もいますし。昔は、除雪をすぐに建設業者がやってくれたんですけどね。建設業者も少なくなってきて。

精神障害者の自殺が多い

――岡さんの本で、自殺が多い地域のA町として紹介されていたのが、ここなんですよね。

高橋　はい、そうですね。この三十年間で九十人以上亡くなってますね。

――本にはA町としか書かれてないですけど、このへんだって、みなさん知ってるんでしょうか。

高橋　うーん……ここらの人たちが見ると、ぼんやりわかると思いますけれども。ずいぶん昔、まだ〇〇村のころ、新聞でデカデカと報道されたんですね。「〇〇村、自殺率が徳島県下一」って。毎年自殺者が出ている状況で、そのことは、まあ、すごくタブー視されていて。

亡くなった人の遠縁の人たちに話を聞くと、相談するところがないとか。そんなことを聞いていると、対策としてできることがあるっていうかね。民生委員さんも、自殺が多いのはすごく気にしていて、一人暮らしのところには頻回《ひんかい》に行ってくださったり、高齢者同士のボランティアの組織で訪問をして話を聞いたりとか。

美子　自殺なさる方は、やはり一人暮らしの方が多いんですか。

高橋　いや、家族がありますね。

——前に秋田に取材に行ったんですけど、家族がいる人のほうが自殺するって言ってましたね。

高橋　なんかこう、家族のなかで孤独感を感じるっていうか、孤立するとかね。

——実際、自殺の現場に立ち会われたこともあるんですか。

高橋　私はないけど、でも、一年前くらいのことですけど、絶対この人自殺するなって思ってて……そのとき、よう止めきれんかったんです。夜中に自殺をしてしまって。彼は精神障害があって、前の日に訪問をしたんですけど……なんていうんだろう、解放されたいっていう気持ちがすごくよくわかったんです。ああ、やっぱり自殺したかって思ったんですけどね。

——それは、うつ病とかそういうことですか。

高橋　統合失調症ですね。五十くらいの男性で。若いときから病気と闘って、生活してきたんですね。そのときに私が一緒に病院行っとったら、ひょっとしたら死なんかったのにって思うんですよね。もう少し前に何かできとったら、ひょっとしたらっていう思いがあったりしますけど。でも、なんか……うん……楽にさせてあげたいっていう気持ちもどこかにはあって、それが自殺かどうかは別として。幻聴とか、苦しかったと思うんですよね。精神科の病院に入ると、生活する力がガタッと落ちてしまうじゃないですか。そういう繰り返しを何回も続けてきて。

——その方は、どうやって自殺を。

高橋　橋から飛び降りてですね。

──ご家族はいらっしゃったんですか。

高橋　お母さんがいました。お母さんはいま、施設か病院に入ってますね。統計的にも精神障害を持っている人たちの自殺が多いんですよね。あとは、私たちと関わりがなく自殺に至ったケースが多いので、事前に情報として入ってたら、ひょっとしたら、なんか……すこしは気持ちもね、聞いてあげられたかもしれんなあって思ったりするんですけど。

我慢強くて援助希求がないんです

──今朝、宿の方に、今年、旅行で来た方が橋から飛び降りたって聞いたんですけど。

高橋　隣の町との境《さかい》にトンネルがあって、そこに橋があるんですけれども、橋から飛び降りた人がいたんですね。その人は、ここが好きだったんで、ここを死に場所に選んだって。

美子　あらあら、ちょっと困るというか、こちらの人にとっては大変ですよね。

──まあ、このあたりが気に入って、よく来てたんじゃないですか、生前は。

高橋　ちょっと行ったところに峠があるんですけどね、そこで車の排ガスを引き込んで自殺したっていうのがあったり。あとは、山で焼身自殺をしたりとか。

──えっ！　山火事になっちゃう。

高橋　そんなんもあります（笑）。あとは、首を吊《つ》ってっていうのが多いですね、住民の方は。

——海部町のドキュメンタリー番組（『「生き心地の良い町」を訪ねて　徳島・海部の人々』毎日放送、二〇一七年）を見たんですけど、いま、海部で保健師をされている方がこちら（A町）の出身で、その方がインタビューを受けていたんです。それで、こちらでは自殺が結構普通のことだったたって。まわりの人の受け止め方が、大ごとではなく、あの人は自分で自分を始末《しまつ》したたっていう感じで、わりと淡々と受け入れられていたっておっしゃっていました。

高橋　うん、まあ、毎年、自殺ってありますからねえ。でも、「なんで?」っていうのが、やっぱり、はっきりしないじゃないですか。自分のなかで、なかなか終わらないですね。……あのとき声掛けておけばよかった、とかねえ。友人が自殺したりとかあったんですけども、あれはメッセージだったのかなあとか、いろいろと考えたりしますけど。

——自殺で亡くなられても、別に隠すっていう感じでもないんですよね。

高橋　ここではあまり隠し事できんですねえ。

——できないですよね。都会のほうがね、表向きは心不全《しんふぜん》っていうふうにされてますよね。この辺だったら、そんなこと言っても、みんな噂でわかりますよね（笑）。

高橋　そうですね、みんな駆けつけてくれるんでね。自殺であろうとなんであろうと、困っているときには。助け合うっていうことは日常的にあるんですよね。

——ご用意くださった資料の年間の自殺者の数字を見てみますと……。

高橋　平成二十七年がゼロで。

——あ、ゼロですねえ。いいですね、調子いいですね。

高橋　去年が一人。

――あ、しまった、一人増えましたね。でもこの調子で……。最近は減ってますか。

高橋　減ってますねえ。

――やっぱり、みなさんの取組みなどで。

高橋　う～ん、どうだろう、ふふふ、なんとも言えませんけど。ただ地域のなかで、自殺に対する見方が、少し変わったとは思うんです。何かつらいことがあったりしたときには、人は簡単に死ぬことを選んでしまうっていうようなことを、頭の隅に置かれる方が多くなったかなって。

――昔はそういうのはなかったんですか。

高橋　やっぱりね……話題になんか、なかなかならなかったですねえ。だけど、行政の課題にもされて、日本は自殺大国で、自殺対策をせんといかんってね。で、パンフレットを配りまくったんかな。うつ予防だったり、とにかく病院へ掛かろうってアピールしていって。

岡さんの調査でも、ずいぶんいろんな人にお世話になりましたね。民生委員さんたちと会を持ったりして、みんなに意見を聞いたら、実はうちの息子も自殺をしたとか話してくださったり。そういうこと話す場を、たぶん、住民の方も持ってなかったと思うんです。

N　岡さんの調査は、私のなかではすごく衝撃的だったことが多いんです。自分が生まれ育ったところが自殺者が多いって、そういうことが頭になくて保健師になったので。

――岡さんとは一緒に、どういう調査をされたんですか。

N　「こころの健康調査」というので、二十歳以上の方、二千人近くにアンケート調査をしたんです（たとえば、有能感《ゆうのうかん》（自己効力感《じここうりょくかん》）の調査では、「自分のような者に政府を動かす力はない」と思いますか、という問いに、「そのような力なんてない」と思う人の比率は海部町では26・3%、A町では51・2%と約二倍の差があります）。この結果は市の人、全員に知っとってもらわないかんって、ケーブルテレビで放送させてもらったり。

美子　そういう調査で、町民の方も自覚的になるとか、客観的に見るとか、ありますよね。

N　そうですね。保育委員会とか保健所さんは、子供さん向けのアンケートもしとって、そこでも自尊《じそん》感情とか自己効用感というのが、全国と比較すると低いと出てるんです。なかなかSOSを出せないっていうことがあるので、いまはそれに向けて取り組みを模索中です。

いまやってるのは、乳幼児のお子さんを持つお母さんがメインなんですけど、ふだんから甘えられる状況をつくってあげてくださいとか。うん、ほんとに簡単なところからですね。

美子　いままで、みなさん労働が忙しくて子供に構うとか、あんまりなかったんですかね。

N　かもしれませんね。大人の空気のなかで子供は育つので、人に迷惑をかけたらいかんとか、恥ずかしいことだって、言葉で言われなくても身についている部分があるのかなあと。

高橋　そうなんですよね。援助希求がないっていうことと、我慢強い。辛抱《しんぼう》するんです。

——まあ、真面目なんですよね、基本的にね。あの、海部町に比べれば。

全員　はははは。

——僕はね、ずっとそう思っていたわけです。僕も真面目な人が好きなんで。

勤勉でなければ生活できない

——岡さんの本で、可《か》住《じゅう》地《ち》傾《けい》斜《しゃ》度《ど》（岡さんによる定義で、人が使う建物の真下にある土地の傾斜度を算出している）と自殺率の関係がグラフになって出てましたけど、やはり切り立ったところは自殺も多くなるんですか。

高橋　生活の困難さっていうところが、やっぱりねえ。

——隣の人と気軽にお喋《しゃべ》りっていってもなかなか難しいですよね。

N　向かいに家は見えるんですけど、谷を挟んで向かいなので（笑）。個人のモノレールを使って家に出入りされる方もいますから。

高橋　一日黙っとるっていう人もおるね。家から出れん人なんかは特にね、足が痛かったりして外歩けんとか。

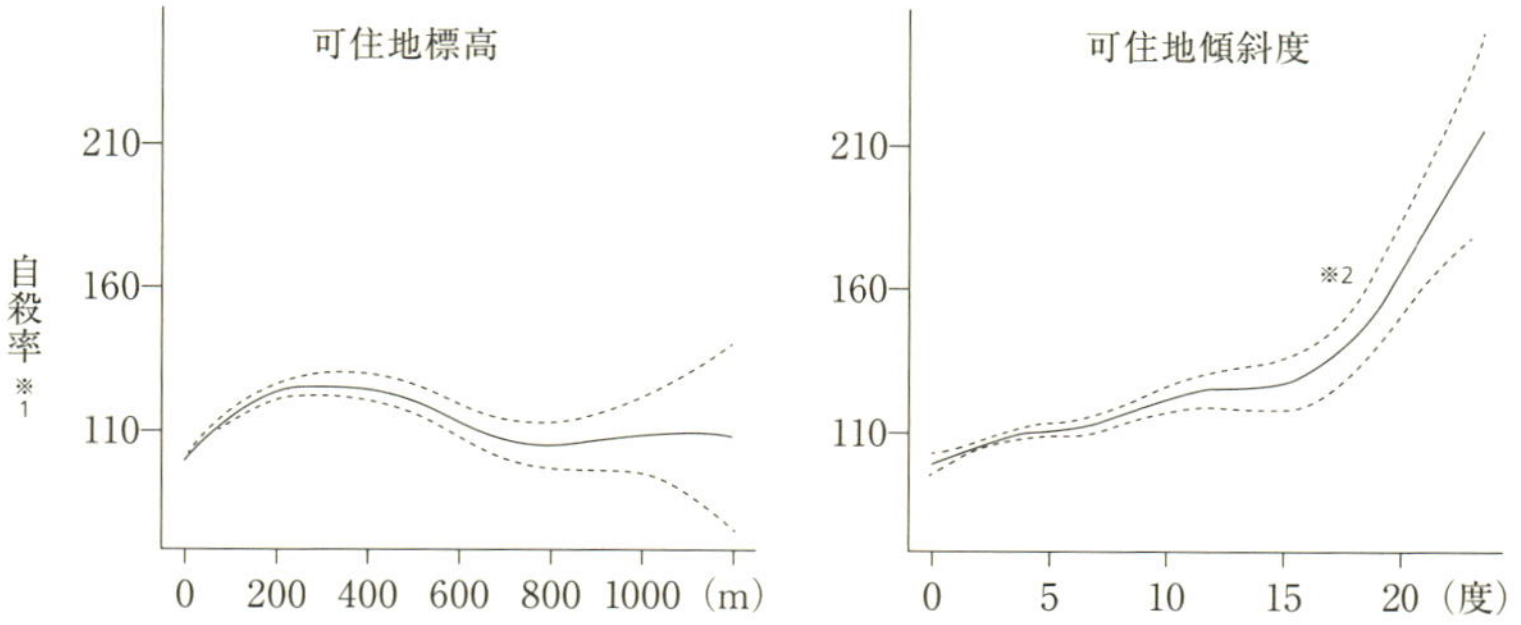

標高ではなく傾斜度

人が住める地域（可住地）の傾斜度（右グラフ）と標高（左グラフ）と自殺率の関係。標高との関係では、海抜ゼロメートルから標高が上がるにつれ、自殺率への影響も高まるが、300メートルをピークとして以後は下降。一方、可住地傾斜度では、傾斜が強くなるほど自殺率への影響が高まるという関係が明確に表れている。

※1：1973〜2002年の30年間のデータをもとに市区町村別標準化自殺死亡比および、その30年間平均値を算出。国の基準値を100とする。

※2：点線は信頼区間といい、解析の結果の精度を示す。実線に対し信頼区間が狭まっているほど、精度が高いと解釈する。

出典：岡檀著『生き心地の良い町』150ページ（講談社、2013年）

美子　わりとこう、村の感じとして、タテ社会的なところはあるんですかねえ。

高橋　ありますね、だけど、ガチガチじゃないですねえ。交流人口がけっこう多いところなんですよね。観光客であったりとか。多様な価値観になじみやすいっていったらおかしいけど。だけど、まあ……保守的なものはありますね。田舎のそういうところは、ちゃんと残ってる（笑）。

——保守的っていうのはどんな？

高橋　まあ、人の目を気にするとかね。あとは犯罪は少ないですね。村八分《むらはちぶ》にされるっていうのはあると思うんですよね。どっかで何か起こると、それがその日のうちに村中に広まって。

——でも不思議ですね。家と家は離れているのに、そういうのはわっとまわるんですね。

高橋　うん、そうなんです（笑）。ＩＰ電話っていう無料の電話が引かれていて、みんな、それでお喋《しゃべ》りしたりしてます。

——じゃあ、みんな、村の話題には敏感なんですね。

高橋　敏感です。私が知らんこととか知っとる。ふふふふ。なんか、本人、ガンって告知されてないけど、まわりが知っとるとかね。秘密にするっていう感覚があんまりないんですよ。でもね、知ってくれとっていいときがよくありますね。それぐらいのことは、言わんけど知っとるよって。でも、まあ……窮屈《きゅうくつ》な部分もありますよね、やっぱりね。

——両方ありますよ。僕も田舎で暮らしてたからわかりますけど、うっとうしいっていうのもありますよね。海部町では、噂はすぐ広がるんだけど、すぐ飽きるっていうか、興味をなくしてくれるみたいなんです。それがいいんですけど、それ指導するって難しいですよね（笑）。

全員　ははははは。

――一週間でみんな忘れろみたいな（笑）。できないことだもんね。

高橋　七十五日ももたんのやね（笑）、人の噂も。

――でも、真面目っていうのはいいことだと思いますけどね。それが、自分を追い詰めることにつながるのは、やっぱりちょっとまずいですけど。

美子　昨日、宿の女将さんが粉ひき節を歌ってくれたんですけど、農作業を昼間して、夜は石《いし》臼《うす》でずっと麦か粟《あわ》かを挽いて、それがつらいから労働歌を歌いながらやるわけですね。

N　ああ、みんな歌える。みんな、それぞれの歌い方とか節回しがあって。

美子　そうなんですね。ちょっとずつ違ったりするんですか。

高橋　ええ、みんな違います。

美子　大根の料理を宿でいただいたんですけど、細かく切って干して煮て、また干して煮て、そうすると美味しくなるし栄養価が高まるって。労働力をかけるんだなって思ったんです。

高橋　毎年生きていくための準備を春から秋にかけてやって、冬の間は家にこもる。

――動物……（笑）。冬眠する動物みたいな。

高橋　そうね、ふふふ、充電期間で。まあ、元気なときはいける（方言で大丈夫という意味）んでしょうけどね。健康でなかったらここには住めれんよって、みんな言ってますね。

でもね、帰って来る人たちもいるんですよ。私はやっぱりこの村で最後、終わりたいんよって。家のもの全部、家財道具もみんな売り払って、娘のとこ行って住む言うて行ったけど、三ヵ月持たんで帰ってきて、何もかもまた買い揃えて住んでるお爺ちゃんがいたりね。

自分の身に受けたことは自分で解決せなあかん

役場で高橋さんとNさんのお話を聞いたあと、高橋さんが車で、山の上の家に住んでいるお婆さんのところに連れて行ってくれました。そんなに広い道ではないけれど、いつも車でまわっているのか、ちょっと怖いくらいのスピードで山を上がって行きました。

山の上の平らな土地に、数軒の集落がありました。空が広くて陽当たりもよくて、作物もよく育つし、住んでいて気持ちがいいだろうなと思いました。

お婆さんの家は道路脇にある平屋で、その敷地にはよく手入れされた畑があって、茄子《なす》が育っていました。道路から一段下がったところなので、降り口に真新しい小さなコンクリートの階段がありました。我々が来るからということで、お婆さんが一人でつくったそうです。

そのお婆さんに、一人住まいの自宅でお話を伺いました。

――気持ちがいいところですねえ。やっぱり上のほうは。

ここは海抜七〇〇メーターぐらいある。

――昔は下まで歩いたんですか。

歩いて。私は二十五年、建設現場に力仕事行きよったんだけどな。細い山道があるんよ。

美子　歩いて、下まで、どれくらいかかりますか。

ええとなあ、バス停があるところまでは二〇分で降りよったな。帰りは三〇分で帰りよった。

美子　ええ！　三〇分で、ここまでのぼるんですか。すごい険しいですよね、その道は。

それが毎日じゃけんなあ。うん。

美子　すごいトレーニング。雪が降ったときにも上がって来てたんですか。

雪？　雪はもう、からだでこう（からだで雪をかき分けている仕草）。

全員　はははは。

そんなして降りて行くんや。けんど、上、上がるのは足が送れんようになる。はっはっは。

――いま、おいくつなんですか？

もう、八十三に。こないだ誕生会をしてもろた。

――え？　八十三？　全然見えない。やっぱり、鍛えてるからお元気ですよね。

いや、元気ないんです。こないだも、なんもわからんようになってな、病院へ救急車乗って行って。降りたらすぐ検査してくれてな。検査したらケロッとなってな。あっははは。

――治っちゃった。

異常ありませんって。熱中症です。暑かったから。雨に濡れて、今度、陽《ひ》に当たったら、もう。

――体、狂っちゃいますよね。いつからここにお住まいなんですか。

うーん、この家は、平成七年に建てたんや。前はもうちょっと奥におったんやけどな、お父さん（旦那さん）が亡くなって、一人になってな、百万出してこの土地買うてな。ほいで、私の弟が大工さんで、弟が建てたんです。全部で一千万かかったな、こまーい家じゃけんど。

——旦那さんとはご近所だったんですか。

そうそう、同じ部落だったからなあ。

——幼なじみ？　それで、結婚したんですか。

そうそう。親がな、もう遠いところ行っとったら間に合わんから、誰でもかまわん、もろてくれるなら行けっていうことで。ふっふっふっふ。

——おいくつのときに？

満で十八歳だな。昔はな、十四歳から行きよったんで。

——えっ、十四歳？

二十歳きたらもうお嫁さんじゃない。死に別れたとか、子供のあるとこ行かなんだらもろてくれない。私の姉は十四歳で風呂敷《ふろしき》包みに着物包んで、伯母のところ行ったんよ。昔は親戚が広がらんように、いとこ同士結婚させてな。ほんで、旦那さんは母屋《おもや》におって、爺さん、婆さんは隠居っていうて小っちゃい家におる。そこで一緒に暮らしてな。母屋に入らんのや。

——あ、母屋に入れてくれない？

うん。お嫁に行ったんやら泊まりに行ったんやらわからんで。昔はな、イトサンって言ったんや、男はトウリョウって言ってな。そういう人を雇って百姓しよった。雇ったらお金いるで。お嫁もろたら一銭もお金はいらんからな。あっははははは。

——イトサンっていうのは、お金払って雇う人のことですか。

一年なんぼっていう給料でな。私の姉も、もうちょっと大きいなっても、イトサンみたいなかたちでな、朝は起きてご飯炊《た》いて、夜は夜でまた煙草《たばこ》の葉をのしたりな。

——ああ、たばこ栽培。

働いて働いて、子供四人生んで育てて。で、お父さんが脳梗塞《のうこうそく》になった。ほしたら子供もみな。

——脳梗塞？

脳梗塞ばっかりでもないけど、ガンになるんや。自分より早うに子供たちに死なれてな。去年の十二月に九十四で亡くなったけど。

美子　長生きでしたねえ。

体は病院へ売っとった。で、研究材にされて（検体）、まだお骨帰ってきとらんね。これ、飲んでください（僕らの前に、オロナミンC、リポビタンD、チオビタ、新グロモントAなどの栄養剤十二、三本乗ったお盆がある）。

——ありがとうございます。ご兄弟は三人だけ？

私の兄弟は早よう亡くなってな。もう、私とこの上におる弟と二人だけ。弟はな、中学卒業して大工さんの弟子入りになってな、五年間勤めて帰って来たときは、兄が亡くなっていて、親が、もうどうしても（兄嫁と）一緒になれなれ言うてきかなんだけ一緒になって、兄の子供を育てて。

美子　昔は、戦争で亡くなったお兄さんのお嫁さんを弟がもらうとか、あったんですよね。

うん。私は、日本が降伏したとき、五年生だったんだ。ほんでな、食べる物、なんにもない。つくった物はみな兵隊さんに渡すんじゃ言うてな、みな供出《きょうしゅつ》って。

——持って行かれて。

ほいで、私ら、もう、なんでもかんでも、跳びよるもんでも捕まえて食った。ふっふっふ。カエル。

——あ、カエル食べた？

食ガエルというのがある、ちょっと赤いの。それを捕まえて、足の先からぴぴーっと剝《む》いたら、裸にしても跳ぶんで。

——知ってます。食用ガエルじゃないけど、カエルの皮を剝いたことがあります。

それをな、腰から切って、焼いて。降伏した年は、四十日ぐらい寝たんですよ。もう痩《や》せて痩せて。なんにも食べる物ないから、お父さんが、お米一升《いっしょう》分けてって部落を歩いたんじゃけんど、ここら歩いたってつくってないからな。よその部落行ったら分けてくれて。こまーい皿に一杯入れて、鍋で炊いて、ほいで、お米から出た汁ばっかり飲んどったんよ。

——おかゆよりもっと薄い、重湯《おもゆ》ですよね。戦争が終わっても、それが続いたんですか。

うん、終わった時点で食べ物がなかった。なんでもかんでも、これ食べれるか思うて食べてみたけどな。いちばん美味しかったのはタンポポ。タンポポだなと思う。

——タンポポねえ。てんぷらかなんかにして。あ、油がないか。

ちょっとゆがいてな、水落としてな、ちょっとさらすんです。うん。まあだいたい、てんぷらにしたら食べれんものはなかったけど。てんぷらの粉もないんよな。

——粉があったらねえ、それ食べるもんねえ。

小麦粉つくっとるとき、臼まわしてな。

——あっ、じゃあ、粉ひき節とか歌ってました？

歌ってましたよ。

美子　ええっ、歌ってください。

ええっ。あっははははははは。

お婆さんは照れて、なかなか歌ってくれなかったのですが、僕らが何回もお願いすると、「ガラガラ声じゃ。はっはっはっはっは」と笑って歌ってくれました。H旅館の女将さんとはまた違った、ゆっくりしたテンポの粉ひき節です。お婆さんがまだ子供のころ、お爺さんが臼を挽くとき、隣で臼の穴に小麦を入れながら、いつも一緒に歌っていたそうです。

お婆さんの子供は四人いて、みんな神戸や大阪に出ています。末っ子の娘さんは、大きな病院の総看護師長をやっていて、何かあるとすぐ帰って来てくれるのだとか。熱中症で救急車に乗ったときも帰ってきてくれたそうです。

通話無料のIP電話でいつもお喋りしているそうですが、友達と電話で話し出すとなかなか終わらなくて、夜の十一時ごろまで話すときもあるそうです。そういうお喋りも、健康のもとになっているのかもしれません。

お婆さんに、忘れられないことは何かと聞くと、「忘れられんことは、戦後じゃな。病気はするし、食べるものはないし、それは忘れることできん。そのときのことを思い出したら、なんぼつらいことがあっても、自分の身に受けたことは自分で解決せなあかん。くよくよしちゃあかん」とおっしゃっていました。「自分の身に受けたことは自分で解決せなあかん」

というのは、お婆さんの骨身に染《し》みついた言葉なんだろうなと思いました。

犯罪なし、水はきれいでいい風が吹く

お婆ちゃんの家をあとに山を降りて、役場の近くの食堂で食事をしました。そこの名物セットを頼んだのですが、メニューがH旅館とほぼ同じだったので、ちょっとびっくりしました。やはり、この切り立った山のなかまでは、新鮮な魚や肉は入って来ないのでしょうか。

高橋さんが組んでくれたこの日のスケジュールは、そのあとデイサービスセンターに行くことになっていました。僕はまだ、デイサービスというところに行ったことがないので、いったい何をしているところなのかよくわかりません。

高橋さんに連れられ、おそるおそる入ると、十人ぐらいのお爺さん、お婆さんたちが、NHKの連続ドラマ「ひよっこ」を見ていました。どうしたらいいのか迷ったのですが、とりあえずみなさんに挨拶しようと、マイクを借りて「ひよっこ」が終わるのを待ちました。「ひよっこ」が終わって、みなさんの前に立ちました。視線がこちらに集中します。みなさん真面目な顔で、誰一人笑っている人がいません。ちょっと怖い感じがしました。

マイクで「えー」と言うと、ものすごいエコーがかかっていました。カラオケをやっているんでしょうか。マイクのエコーを切ってもらい、自己紹介したあと、なかなか言い出しづらかったのですが、「えー、僕が知りたいのは、あの、自殺に関するお話で、ちょっと

暗い話になるかもしれませんが、まあ、みなさんが見聞きしたことで、ああいうことがあった、こういうことがあった、というようなことを聞かせてもらいたいんですが。どうでしょう！」と、しどろもどろで言うと、場がシーンとなってしまいました。

一番前にいた男の人が、昔の話でもいいのかと聞いて、「私らの小さなおりは、大東亜《だいとうあ》戦争というのがありまして」と、いきなり戦争の話を持ち出してきました。食糧増産とかそういうことばかりやらされて、大本営の発表は嘘ばかりで、戦争も終わって、いまは生活もよくなったし、便利になった。「けど、北朝鮮がな」とおっしゃるので、「あ、また北朝鮮か」と思いました。みなさん、北朝鮮がすごく気になっているようです。

——みなさん、北朝鮮は気になりますか。

なりますね。戦争はもう嫌だな。

——それじゃあ自殺どころじゃないですね（笑）。

もう、それどころじゃないねえ、私らは。

というような話から雑談になってしまって、病院が遠いとか、耳が遠いとか目が悪いとか、「年いってしもうて、何やらかにやらわからんようになってしもうた」とおっしゃる方もいました。みなさん大体一人暮らしで、夫婦で「デイ」に来る人はいないと言っていました。「都会のように家は並んでおらんけど、みんな近所と一緒よ。犯罪があるんやなし、水はきれいだし、いい風は吹くし、住みよいですよ」とおっしゃる方もいました。

村にいる人は、みんな知り合いばかりだそうで、「それでは、悪いことできませんね」と聞くと、「できまへん、できまへん、しよったらただ事せんで」と言います。「ただ事せんで」は、ただ事では済まないということで、おそらく村にいられなくなるんじゃないでしょうか。

そのうち、旦那さんが自殺したというお婆さんを高橋さんが見つけてくれて、お話を聞かせてもらいました。旦那さんが心臓病で病院に行ったら、喉《のど》から下に病気ができていて、大学病院に行きなさいと言われたそうです。喉から下というと食道ガンだったかもしれません。子供さんが大学病院に連れて行くと言っていたのに、それを待たずに自殺したそうです。

お婆さんはいまは足が悪くて、毎日痛い思いをしているようですが、「自分の持って生まれた病気じゃけ、我慢するしかないわな」と言っていました。

いまは少しずつ変わってきたのかもしれませんが、それまでA町のみなさんは、我慢強い、というか我慢するしかない人生だったのかもしれません。


僕が育った村は食事も野菜が中心で、肉や魚は滅多に食べられませんでした。村に一軒だけ食料品を売っている雑貨屋があって、あるときそこの前を通ると、店のおばさんが店先で塩鯖《しおさば》のウジを取っていました。そんな魚を誰が買うのだろうと思っていたら父親が買ってきて、さすがに僕はそれを食べませんでした。そんな魚しか入って来ないのです。あとは魚肉ソーセージとか高野豆腐《こうやどうふ》とか保存のきくものばかりで、僕はいまでも高野豆腐が大好きです。

やはり環境が似ていると、同じような気質になるところがあります。A町の人たちと会ったことによって、そのことを再認識したような気がします。

みなさん真面目で、我慢強く、人に頼らないで、自分のことは自分でする。そして、自分でどうにもならなくなったときは、自分で自分を始末する。A町の人たちのことを他人事のように思えなくなっている自分がいました。

デイケアセンターを出たあと、高橋さんが車で三百年以上の歴史がある古民家でやっている喫茶店に連れて行ってくれました。高台にあり、庭にはものすごく大きな銀杏《いちょう》の木がありました。樹齢千年ぐらいは経っているかもしれません。

国指定重要文化財になっている建物に上がらせてもらい、コーヒーをいただきました。自殺しようとしてこの村まで来て、この店に寄って自殺をやめた人がいたそうです。吹いてくる風に心が癒《いや》されたのかもしれません。そう思えるような気持ちのいい風が吹いていました。できることなら、A町全体に気持ちのいい風が吹いて、みんなの苦労を吹き飛ばしてくれればいいと思いました。

三時ごろ高橋さんと別れ、海部町に向かいました。来たときとは違う道で、車が一台しか通れない山沿いの細い道を走ります。運転を誤れば谷底に真っ逆さまという道なのに、鈴木さんと美子ちゃんは前の席でペチャクチャお喋りをしています。運転に集中しなくて大丈夫なのか。急なカーブがくるたびにヒヤヒヤしました。

道がクネクネしているので、そのうち酔っ払ったようになって、頭がクラクラしてきました。途中どこかで猿を見たのですが、夢でも見ているようでした。

〝生き心地の良い町〟を旅する　後篇

岡檀《おかまゆみ》さんと海部町の人々との話

さていよいよ海部町です。

といっても、A町から海部町まで四時間と少しかかりました。徳島自動車道を走って徳島まで戻り、国道55号線を南下し、海部町に着いたときはすでに七時を過ぎていました。運転の美子ちゃんは大変だったと思いますが、運転しない僕らもクタクタです。

予約していた生本《いくもと》旅館に着き、荷物を部屋に運び、風呂に入る間もなく夕食になりました。食事をする部屋に三人で座ると、宿の人が料理を次から次へと運んで来ます。お刺身やら煮魚やら酢の物やら、海産物がほとんどですが、肉も鉄板の上に乗っていました。ものすごい種類の料理で、これに比べればH旅館の料理はちょっと寂しいものでした。

食べものが豊富にあるということは、なんと幸せなことか。飽食時代のいまの日本でそんなことを思う人はいないかもしれませんが、僕は子供のころ、日々の食べ物に困ったことがあります。それと、A町で山の上に住んでいるお婆《ばあ》さんから、タンポポやカエルを食べた話を聞いたばかりだったので、ついついそんなことを考えてしまいました。

考えてみれば、あのお婆さんはA町を代表するような人だったと思います。勤勉で、我慢強く、戦中戦後の食べ物のなかった時代から今日までのことをすべて知っていて、大変な苦労もしているのに明るく元気で、しかも話好きという、A町の語り部としては申し分のない人でした。

美子ちゃんも、不便な生活のなかでも生きてゆくことを謳歌《おうか》していると、お婆ちゃん大絶賛です。その夜は、二人でお婆さん談義をしながら就眠《しゅうみん》しました。


翌日、宿の人に車で送ってもらって、海部町の役場に行きました。海部町は二〇〇六年に近隣の町と合併して海陽町《かいようちょう》となっているので、正確には海陽町役場海部庁舎といいます。

海部町は、商業を中心とする奥浦《おくうら》地区、漁業を中心とする鞆浦《ともうら》地区、農業を中心とする川《かわ》西《にし》地区で構成された町で（229ページに筆者の記憶による地図）、奥浦地区と鞆浦地区は住宅密集度が高く、特に鞆浦は、家と家が壁一つでつながっている大きな長屋のようなつくりになっていて、プライバシーがほとんどありません。夏場の夕食あとは、各家の玄関横についている縁台（みせ造《づく》り）で通りがかりの人たちとよもやま話が弾んでいるし、奥さん方は、昼間、共同の洗濯物干し場で井戸端会議をやっているし、なんでもかんでも筒抜け状態です。

しかし、岡檀《まゆみ》さんの話だと、精神的にはお互い一定の距離を保っていて、古いコミュニティのような、人と人がベタベタしたり、お互いを監視するといったところがないそうです。

海部町の役場に行ったのは、ここで保健師をしているMさん（女性）にお話を聞くためです。A町の高橋玉美《たかはしたまみ》さんとの話でも触れましたが（210ページ）、Mさんは海部町のドキュメンタリー番組に出演されていて、A町出身ということを話していました。約束の十時より少し早く着いたのですが、Mさんは「どうぞ、どうぞ」と言って会議室に案内してくれました。

「なんで鍵かけて行くかな」

——海部町に赴任されたとき、何か感じることはありましたか。

そうですねえ……私は山育ちで、十年ぐらい看護師を高松でしていて寮で生活してたので、生活環境にあんまりときめかないっていうか。でも、なんか不思議な空間ではあるんですけど、生活するのに不便はないな、治安はいいなっていうんは思いましたね。女の人、一人で暮らすときって、ちょっと緊張したりしますけど、なんか心強いなっていうか。まあ、私がいちばんびっくりしたのは、階段の斜度《しゃど》がすごくきついんです、生活空間の（Mさんは鞆浦の住宅密集地にお住まい）。

——あ、二階に上がるとか。

そうです。忍者の里の階段みたいで（笑）。それがびっくりしたのと、土地がすごい平らっていうのはありますね。お年寄りは手押し車を押したら、結構歩いて行くんです、どこまでも。私が育ったところでは、お年寄りが歩ける範囲って庭先ぐらいで、そこから出られないんですよね。

――昨日、A町に行ったんですけど、すごい山間のところで。ほんと歩けない感じでしたね。

うん、歩けないですよね。手押し車、落ちちゃいますよねえ、ふふ。

――ははは、海部町はずーっと平らなんですか。

ゆるーい坂はありますけど、ほぼ平らですね。ほういう意味で、家にこもらずに済むっていうか、買いものに行ったり、友達の家に行ったり、おすそ分けに行ったりとか。

――一人暮らしの方は意外と多いんですか。

ほうですね。お一人暮らしだったり、お年寄り二人だったり、高齢化が進んでいるので。

――若い人は？　息子さん、娘さんは出て行ってる？

埋め立てて新しい住宅地にしたところにはまだ若い世代がいますけど、出ていく人も多いですね。でも、お祭りのときはみんな帰って来て、旧町単位で、山車《だし》を出したり、関船《せきぶね》を出したり。

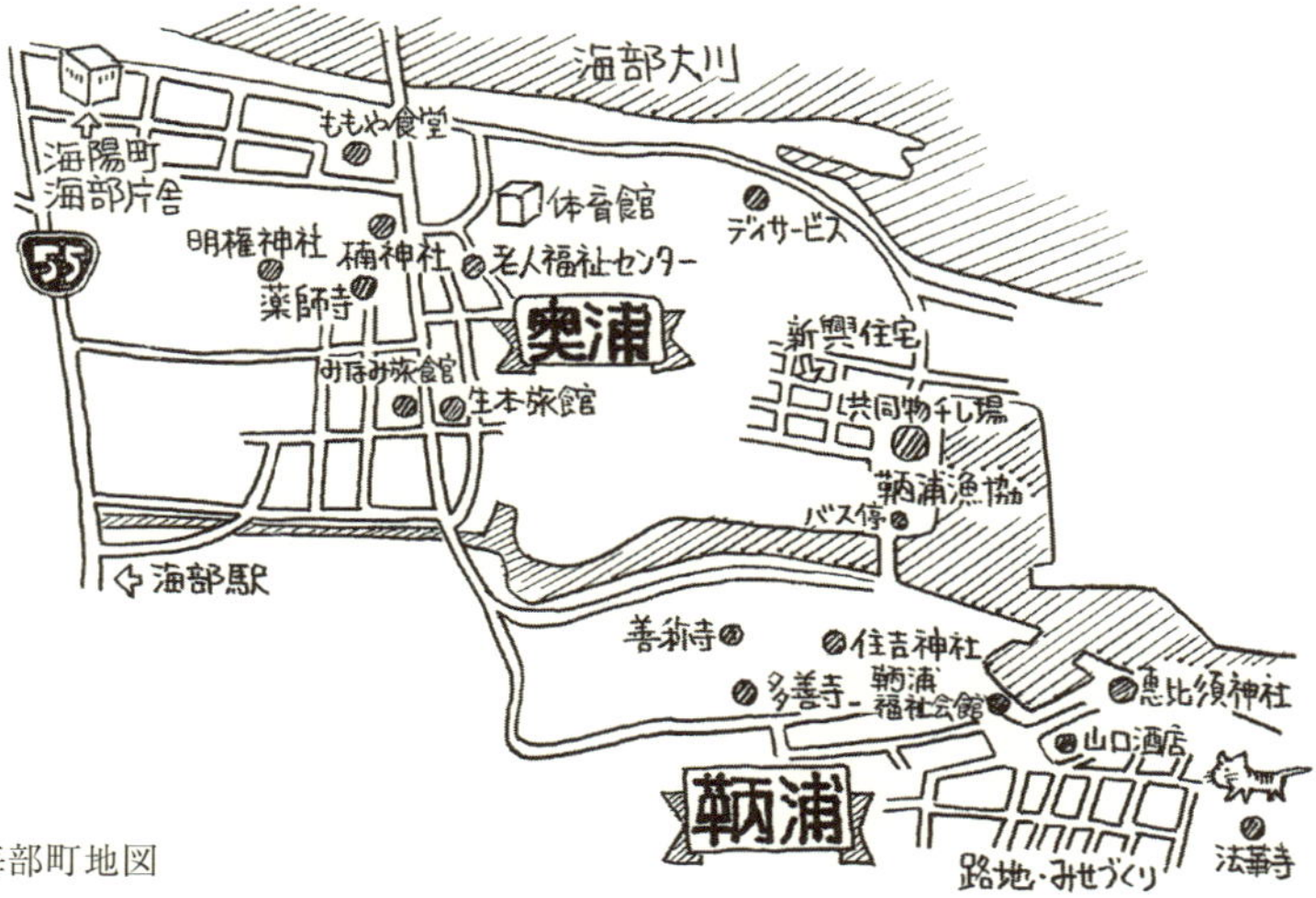

海部町地図

——鞆浦地区は、漁師さんが多く住んでらっしゃるんですか。

基本、漁師さんが多いですね。いろんな種類の漁師さんがいて。

——獲るものが違ったり？

うん。人によって全然違うので。もうちょっとしたら伊勢海老《いせえび》漁が始まるんですけど、そうなるともう、夜中の一時くらいから仕事ですね。なんか騒がしい感じで、わいわいみんな仕事に行って（笑）。ああ、伊勢海老に行ってるなと、寝ながら思うんですけど。季節によって勤務時間もバラバラ。でも、決まってるのは夜が早いので、物音立てるときは、ちょっと。

——あ、寝るのが早いんですね。

ほうですね。夜の七時半になると、もう静かになるんで、休まれていると思います。

私が借りてるのが古いほうの住宅密集地で、ほんとの長屋で、感覚的に言うと寮生活みたいな。

あの、おすそ分けってよくするじゃないですか。でも、ちょっとヨイショがいりませんか？

ロールケーキ一本もらって、半分持っていくにしても、きれいにして。まあ、ロールケーキ半分渡すっていう感覚もないかもしれないですけど。

美子　東京だと、いまはそんなおすそ分けはないですね。箱一個っていうのはありますけど。

そうなるとヨイショがいるし、もらったほうもちょっと重いですよね、丸々って。ここでは二切れとか（笑）、お皿にお刺身乗せてとか、そういうものを共有するんで。

——ドキュメンタリー番組で観ましたけど、人がいないときにおすそ分けを置いて行くとか。

そうそう。勝手に玄関に入って置いて行ったり。私は習性で鍵を掛けるんですけど、基本、鍵を掛けないっていうのがあって。田舎なんで掛けないというのもあるんですけど、火事が出た場合、すぐ消してもらわないと共倒れになっちゃう。それは理にかなってるなと思うんですけど。洗濯物を干して、雨が降ってきた日に帰って来たら、近所の人に、「なんで鍵掛けて行くかな」って言われて。二階ですよ、干してるの。鍵掛かってなかったら入れとったのにって。

——はははは。

「すみません、つい癖で掛けちゃって」って、そんな感じですね。

——どこかから移って来て住んでる方もわりと多いんですか。

えーとねえ、鞆浦は、代々漁師さんとか、客船の航海士さんとか、船関係のお仕事についている人が多い。奥浦のほうは、南さん（みなみ旅館のご主人の南達二《みなみたつじ》さん。海部町の生き字引《じびき》のような人）いわく、南さんの世代よりちょっと上は、他所《よそ》からの寄せ集めだったって言ってましたね。

というのは、材木をバーッと山で伐採《ばっさい》して、ここで売りさばくような感じで町が発展したので。歓楽街で、遊廓《ゆうかく》があったとか聞きました。すごい、派手な町だったんですって、奥浦が。

——それだけ人が集まってたっていうことですよね。

南さんいわく、昔は長男は地元に残るじゃないですか。一攫千金《いっかくせんきん》を狙う次男、三男が、よし勝負をしてやろうって、ここに来て。で、冠婚葬祭を協力しないとやっていけない。とくにお葬式は、昔だったら棺桶《かんおけ》を掘って埋めるっていうのがすごい重労働だったので、みんなで助け合うっていうことで朋輩組《ほうばいぐみ》ができて、ほれが続いてきてるっておっしゃってますね。

岡さんの本によると、海部町は、江戸時代の初期に材木の集積地として爆発的に栄えたところだそうです。豊臣家《とよとみ》が滅ぼされた大坂夏の陣のあと、焼き払われた城や家々を建て替えるために大量の木材が必要になり、材木の買いつけが海部町まで及んだと言われています。海部町には豊かな山林があり、山中からふもとまで、木材を筏《いかだ》にして運べる海部大川《おおかわ》があるという地の利がありました。急激に大勢の働き手が必要になった海部町に、労働者、職人、商人たちが、一攫千金を夢見て大勢集まって来ました。そういう地縁血縁が薄い人たちによってつくられた町の生《お》い立ちから海部町独特の住民性が生まれることになります。

朋輩組というのは、江戸時代から続く海部町の相互扶助《そうごふじょ》組織で、海部町の男子は中学を卒業したころから入るそうですが、強制ではありません。

「朋輩よ」って、よく言うんですよ。「あいつとわしは朋輩やけんな」とか。朋輩については南さんに聞いていただいたらいいけど、家族にいえない相談ができるらしいです（笑）。

男は溶け込んでいくのが難しい

——いまも、旧海部町の自殺率っていうのは、ゼロなんですか、数字的には。

そうですねえ……ゼロではないですね。やっぱりあります。うん……海部町自体が小っちゃいので、いなくなった人とかは覚えてます。なにが原因だったのかなって気にするのが仕事なので。

――うんうん。

それと、警察庁が出す自殺統計だと、亡くなった場所でカウントされるじゃないですか。そしたら、樹海《じゅかい》とか、ああいう場所では。

――ああ、よそから来た人が自殺するところ。

ここだと、何年に何人って出たら、だいたい顔が浮かぶんですけど、あ、この人知らないなと思って確認したら、住所地が違う人だったり。ということは反対に、ここの人が外で亡くなっても、ここでカウントされてない可能性もあるので。

――その数名っていうのはどういう方ですか。

絶対数が少ないので、こういう方向ですっていうのは言えないけど、どちらかというと、断然、男性。男性で、社会的に助けを求めにくい世代の五十代とか六十代とか。転入されてきた方で、あまりつながりのない方はあります。

――ああ、なるほど。仕事の都合でこっちに来るとか。

そうですね。奥さんのご実家がこっちで、一緒に帰って来られたりすると。女性は溶け込みやすいっていうか、日常のことでご近所とのつき合いがあるから。男の人は、ある程度の年齢でゼロからここに溶け込んでいくのって、相当オープンな人でないと、なかなか。

――そうなんですよね。僕なんか結構きついかなって思いますね。A町に行って、あちらの人の話を聞いていると、自分の気質はA町っぽいんじゃないかと思ったんです。

みんな畑にとりつかれてますよね

――A町の人たちは、ほんとに我慢強くて人に頼らない。子供のときから働いて、子供を負《お》ぶって学校に行ってたって、お婆さんが言ってました。食べる物がなかったって。

そうです、そうです、そういう話がたくさんね（笑）。

実家（A町）のほうは、結構ね、プライドが高い感じがしますね。自覚してないと思うんですけど。うちも山のなかに家があって、近所のお家の奥さんとか、すごく……あの、つらがるんですよ。私は嫁《とつ》ぎ先にいても、お盆とかお正月は帰ったりするけど、そのお家は男の子で、都会に行ったらなかなかそんなに頻繁《ひんぱん》に帰って来たりできないじゃないですか。それで、うちにも女の子がいたらよかったって、すごく悔やむんですよ（笑）。もうね、どんどん引きこもってしまって。

おすそ分けを持っていっても、すぐにお返しが来るんですよ。だから、あんまりしないようにしたり。うん……何が違うんやろね。同じ田舎なんですけど。

――Mさんがインタビューを受けていた番組のなかで、A町では、自殺がそんなに特別なことではなかったっておっしゃってましたよね。

なんかねえ、あそこは数が多いんですよね。で……あの、私も自殺した人が親戚にいるんですけど、なんかこっちに来てから言いづらくなっちゃって。

――ああ。

やっぱり、こっちが自殺がないっていうのを聞いていたのと、役場に勤めているので、自殺をされた家の人がどうしているのかを見ると、密葬《みっそう》にするケースがあって。

——海部町ではということですか。

海部地区のお葬式は見てないですけど、（合併したあと、海部地区以外の）海陽町になってからだったらわかるんです。お葬式を出してなかったり知らされてなかったり、そういうのを見ると、あの……差があるなって。私の田舎だと、自殺しても普通にお葬式を出すので。人も集まって来るし。卒塔婆《そとうば》とか、自死っていう漢字が入ってたと思うんです、うちの親戚のお墓には。こっちへ来て、あ、密葬にしてるっていうんは、自殺がいけないことなんだっていう感じで。

——ご親戚って、どういう関係の方が自殺されたんですか？

うちはお祖母ちゃん。お祖母ちゃんの妹も自殺してて。お祖母ちゃんは農薬を飲んでですけど。

——お祖母ちゃんはどうして自殺を？

たぶん、嫌だったのかな。元を辿《たど》ると長いんですけど、うちのお父さんのお父さんは二十四ぐらいで戦死して、うちのお父さんと、その弟二人と、お祖母ちゃんが残されたんです。古い家なので、家族で話し合って、結局、お祖母ちゃんは、戦争に行って帰って来た家の次男（お祖父ちゃんの弟）と結婚することで跡を継いでいくっていうことが決まって。再婚したんですけど、やっぱり弟も不満ですよね。うちの祖母ちゃんも、八歳ぐらい年下の弟と結婚するっていうことで、なかなか、たぶん……つらかったんだと思うんですよね。

——うん。

私が高校生ぐらいのときに、離婚したいってお祖母ちゃんが言ったのを覚えてて、そのときは子供だったのでハテナだったんですけど。大人になってわかるのは、やっぱり苦しかったのかなって。で、姉に、「お祖母ちゃん、どうしてあんなことしちゃったんかな」って言ったら、姉はショックだったと思うんですけど、そのときは妙にクールで、「祖母ちゃん、妹も自殺したから、クヨクヨしやすいタイプなんかな」みたいな（笑）。

――単純化してますね（笑）。

私も、ええっ？　クールやな姉ちゃん（笑）と思いながら。でも、姉はいまも祖母の写真を部屋に飾ってお茶を入れてあげていて、いまでもつらいんだと思いますね。

お祖母ちゃんのことは、私、うちの職場でも言ってないんです。

――お祖母ちゃんは、おいくつで自殺されたんですか。

八十に入ってなかったので、まだ若かったと思うんです。で、その前に、ボランティアがしたいとか、ときどき言ってたんですよ。当時、私がいた高松に呼んでも、「畑があるから長くおれん」って帰っていくんです。畑が草もぶれ（まみれ）になったら気になるって。

――勤勉なんですかね、みなさん。

畑がある人って、畑にとりつかれますよね、なんか。あはは。

――ははは。やっぱり、食べるものを確保して生きていくっていうか。

もうそんな時代でもないんですけどね（笑）。うちの母とかも、もうとりつかれてますけど。

――二番目の旦那さんは、お祖母さんが亡くなったとき、生きてらっしゃったんですか。

ええとねえ、祖父ちゃんはしばらく生きてたけど、アル中だったたんですよ。で、結局、アル中で死にましたね。可哀想《かわいそう》な人だったんですけどね。でも、やっぱりひねくれてましたね（笑）。酒癖も悪かったし。うん、いいお祖父ちゃんなんですけど。

祖母ちゃんは村の郵便屋さんをしてたので、それこそ山から山を一日がかりで配達して。

――すごいですね、女の人であの山を。

斜め掛けの郵便のバッグを持って、私が知ってる限り、ずっと歩いて働いてたんで。

私がA町にいたのは小学生までなんですよね。姉が中学校に進学するとき、近くの町に引っ越したんです。人口減で全寮制の中学校になる年で、親が中学で寮に入れるのはちょっとって、その町に家を建てて。なんですけど、うちの親は、会社勤めが完了する年にA町に帰りました。

――ああ、やっぱりA町のほうがいいっていうことですかね。

「どうして？」って聞いたら、「ここ（引っ越した町）にいたら、することないからお金使うんよ」って。ふふふふ。A町にいたら、畑をしたり家の修復をしたり、一日の仕事が結構あって、A町のほうがいいって。私と私の姉も、なぜかA町に帰りたがります。疲れたときとかは。

美子　風景とか、すごくよかったです。山が見渡せていいところでした。

生活がダダ漏れだと嘘を貫けない

――昨日、A町は精神病の人も多いって聞いたんですけど。

うつは多いかもしれないですね。

——精神疾患で比較すると、海部町は少ないっていうことなんでしょうか。

というか、あるけど。

——あるけど、人に言いやすいんですよね、確か。

言いやすいし、バレちゃうし（笑）。たとえばうちの実家だったら、隣までの距離が一軒屋分ぐらいあいてるし、家のなかにいても、何も聞こえないので、干渉しようもないですよね。ここはもうダダ漏れなので。嘘を貫けないって言ったらおかしいかな。かっこつけれないですよね。

——丸聞こえだったら、あんまり聞きたくないことも聞こえてきますよね。

私、二階で寝てたら、ふふふ、近所の奥さんが、「Mさんとこはいつ掃除しよんや」って。

——あはははは。

確かに掃除しないな私、って思いながら聞いてるんですけど。

——掃除機の音も聞こえてこないって（笑）。風通しいいっていうのはいいけど。はははは。

あのね、だから若夫婦は住みたくないって。

——ですよねえ。

生活音で困るのは、洗濯機のアラームとか、炊飯器《すいはんき》とか、電話の音、どこも似てるじゃないですか。二階で洗濯物を干してて、あ、電話、と思って行ったら、隣の家の電話だったり。

——ははは。それぐらい聞こえるんですね。喧嘩とかないですか。テレビの音うるさいとか。

ああ、子供ともルールをつくってて、あまり夜遅く大っきな音はやめようねって。鍵盤ハーモニカを吹くのは七時半までとか、洗濯機も、夜八時にはまわさないようにして。あまり近所がうるさいと思ったこともないですけどね。お年寄りが多いからですかね。

——自殺が少ない地域として、何かありますか、こうしたらいいとか。

うん……やっぱり、あんまりプライドは高過ぎないほうがいいのかも。プライドを高くするなって言われても、できることではないけど。ここみたいに、生活が他人にバレてるっていう環境は、プライドを持ちにくい環境でもあるわけで。もう漏れてますからね、生活が（笑）。

うちは、自殺対策はなにもしないまま、純粋に土地から成り上がった気質とか風土とかで、そういう結論が出てるだけなんで。うちのほうが教えて欲しいし、わかったら教えていただいて。

Mさんが最後に言った「プライドを持ちにくい環境」は、秋田大学の吉岡先生が言っていた「見栄を張る」ことができない環境でもあります。プライドを持たないことがどんなに楽か、しかし、どんなに難しいかということですが、環境がそれをさせてくれるのです。

Mさんのお話のなかの、「わいわいみんな仕事に行って。ああ、伊勢海老に行ってるなと、寝ながら思うんですけど」というのは、子供たちがわいわい騒いでいるのを、お母さんが聞いているような言い方だなと思いました。住民の人たちを可愛《かわい》く思ったり、おかしく思ったりするのは、住民の人たちに対する興味と愛情があるからなのでしょう。

僕はA町気質があり、海部町に馴染《なじ》めないところもあるのですが、Mさんの話を聞いていると、どちらかに住めといわれれば、やはり海部町かな、と思ったりもしました。

規約も罰則もなく数百年

海部町役場を出て、みなみ旅館に向かってぶらぶら歩いて行きました。これからみなみ旅館のご主人、南達二《みなみたつじ》さんにお話を聞くのです。Mさんは、南さんにお話を聞くのなら、時間の余裕を持って行ったほうがいいと言っていました。

一九〇八年創業のみなみ旅館は、奥浦地区のど真ん中にあります。僕らもそこに泊まりたかったのですが、南達二さんと奥さんの歌子《うたこ》さんが高齢になり（達二さんは九十歳ぐらいだと思います）、残念ながらいまは営業を中止しています。岡檀さんに、海部町に行って誰に話を聞いたらいいのか尋ねたとき、真っ先に出たのが南達二さんでした。

南達二さんに聞いたのは、Mさんとのお話でも出てきた朋輩組のことです。朋輩組は青年団のようなものですが、青年団と違うのは、若い人だけの集まりではないということです。十代から七十代ぐらいまで、五歳ずつぐらいの年齢層でグループが分かれています。活動は、冠婚葬祭の仕切り、地域の保安、普請《ふしん》、祭りの担い手など生活に密着するものです。

ご自宅で奥様の歌子さんも入って、南さんからお話を伺いました。

達二　もともと、ここは開拓地らしいです。四百年ほど前のね。そこへ海南《かいなん》あたりから次男坊、三男坊が来た可能性が高いんです。

ここへ来た人がいちばん困ったのは葬式やね。昔は丸っこい棺桶で、直径一メートルぐらいの穴を掘らないかん。墓地が山でしょ。掘ったら岩が出てきたりして、とてもとても大変なんです。ほいで、そこへ埋めてね。埋めた上へ、今度は畳半畳《たたみはんじょう》ぐらいの石を探してきて石蓋《いしぶた》するんです。男の手がいるんで、ほんで相互扶助的に、共済的にできてきたんが朋輩組の走りですね。

よう人に話すんですけど、獣《けもの》の世界があるでしょう。人間の世界があるでしょう。そのずっと上には神さんの世界、仏の世界がある。その人間の世界と、神さんの層との中間ぐらいに、入会退会自由、罰則もなければ規約もなければ、なんにもなしでもほれが結束しているグループ、それが何百年も続いとるという。そういう雰囲気の町です。

——人間の世界と神さんの中間？

達二　だからね、人間の社会だったらルールがあるでしょう、みんな。おたくらの会社でも。たとえば、どこそこに葬式がある、手伝いにいかないかんというとき、無断で休んでも罰則なし、ルールなしいう朋輩組というんが、ずうっといままで続いておるんです。

獣の社会と人間の社会と、上に神仏の社会が、まあ仮にあるとすれば、その中間ぐらいの人間のグループ。縄文時代っちゅうか、だからいまだにこのあたりは自給自足です。

歌子　ほおでもないけどね（笑）。現代ですからね。

——ははは。

達二　いや、その名残《なごり》がね、残っとるんですよ。食わぬ殺生《せっしょう》はせぬという習慣がある。

お宅ら、仮にこの町に来て、朋輩組に入りたいと言えば、たとえば、お正月の初寄りのときに諮《はか》って、で、みんなが「よろしいです」となったらよろしいと。脱会も自由。嫌になって辞めたいという人は自由に辞めてよろしい。罰金も罰則もない。

美子　女の人にはないんですか。朋輩組は。

達二　ご主人が死ぬでしょ。かわりに今度、奥さんが出てきよる。

美子　最初っから女の人のグループはないですか。

歌子　ないんですね。

達二　女の人は強いもんな。

美子　あはは、そうなんですかね。

達二　女の人が家で強いのが家庭平和でね。ご主人の強いとこやったら、ごたごた揉《も》めよる。

——まあ、そうですよね。

達二　あのね、私ら朋輩組がいちばん困ったんはね、ある人が言うてきたんよ。「うちの家内が不倫しよんやけんど、どないしよう」って。こない言われたときは、返事のしようがないです。

——ねえ、それはちょっと困りますよね。どうしたんですか。

達二　朋輩組はね、家族にも誰にも言えないようなことを相談に来るんよ。これはねえ、他人さんの秘密情報に関することやさかいな、できるだけ喋りとうないんです。解決しましたけどね。

——そういう相談は、誰のところにいちばん最初に来るんですか。

達二　当屋《とうや》（地区リーダー。輪番制）のところに相談に来るんです。当屋っていうのは当番で二名おるんです。十人なら十人おるなかで二名だけ、その年の当屋って。

――あっ、一年おきに替わるんですか。一人じゃなくて二人でやるんですか。

達二　ほうです。おい、一体どないするんだこれ、いうようなことでも二人いたら相談できるでしょう、ない知恵絞《しぼ》って。まあねえ、別れさすか収めるか、どっちかですよ。

――そうですね。どっちだったんですか。

達二　それね、ほんまに苦労しましたですわ。相手のほうへも行くし、それからお孫さんにも会うし、子供にも会うし、いろんな人の意見聞いて、総合的に判断してね。最後に、その不倫している奥さん呼びつけて、「あんた、もうお墓へ入るような年になっとんよ、覚悟決めなさい」と。「嫌でもいまの御亭主と一緒にお墓へ入りなさい。これは朋輩組で決まった結論です」と。そしたら奥さん、「承知しました」言うて、それでほっとした。不倫やいうのも、あれやもんな、年関係ないもんね。大将も不倫するかわからんし、せんかもわからんし。

――僕は五十で不倫して、まあ……。

達二　男と女の関係がなくなってからの不倫っていうのはきついね。もうセックスがないんですよ。爺さん婆さんやから。

――何歳くらいの人だったんですか。

達二　七十歳ぐらい。そういう人の不倫のほうが厳しいよ。

美子　えっ、七十歳で。

達二　いやいや、人間っていうのは業《ごう》が深いもんでね、死ぬまでそういう気持ちは残っとるの。

朋輩組に入っていない朋輩組もある

美子　朋輩組を結成するときは、どんなふうに始まるんですか。

達二　学校出るでしょ。お祭りがあるでしょう。お神輿《みこし》担《かつ》ごうとか、地車《だんじり》引っ張るとか。お酒飲んで、飯食うでしょう。ほしたら、自然発生的に朋輩組こしらえるかっていうことになる。

——じゃあ、子供のときじゃなくて？

達二　若い衆になってから。ちょっとね、色気が出てからや（笑）。生活する上で不便だから。自分の親が死んだときに困るんじゃないかということから、必然的にできてくる。

——俺たちでつくろうって言ったとき、儀式も何もないんですか。

達二　ない。話し合いしてやね、上の組がおるでしょう。いちばん上の組は八十代も、七十代も、六十、五十、四十、三十、二十代の組があるので、自分らの組も真似《まね》する。

美子　朋輩組に入ってない人っていうのもいるんですか。

達二　おります。だからね、こんなんもあるんですよ。朋輩組に入っていない朋輩組。

——ええっ、ややこしい。

達二　現在の朋輩組に対しては賛同できん。わしら自由の朋輩組やと。だから祭りにも参加しない。部落の行事も参加しない。

——一応、朋輩組と言っているわけですね。異端ですね。

達二　その代わり、異端であっても、彼らは彼ら同士で冠婚葬祭のお手伝いやってますわ。
美子　朋輩組に入ってたら、葬式のときなんかは、葬儀社は入らないですか。
達二　葬儀社はありませんでした。最近、葬儀社が出てきたり、それから農協がしてみたりしてますけれどね。近ごろはね、漁師の子でも百姓の子でも、銀行員になったり、学校の先生になったり、勤め人が多なってきたでしょう。ほんなんが出てきたら、朋輩組を手伝う人が少のうなるんが一つ。それから葬式が簡単になった。遺骨でしょう、いま。
――ああ、そうか、穴掘らなくていいもんね。
達二　そういう時代の波やねえ。やがてお墓もいらんようになる時代も来るんじゃないかと。

お遍路さんにはみんな優しくお接待

――不倫問題以外の悩みでは、どんな相談を受けたりしますか。
達二　ほれはね、やっぱり脱退。「わし、あいつと仲悪いんや。この会におれんさかい」と。馬が合わんやつおるんや、どうしても。しゃあない、別の組にでも入るかと。当屋同士の話し合いで決めてやらないかんよね。いろんなことがありますよ。家庭と一緒。言えばきりがないで。それでいちばん困ったのはね、選挙。おんなじ朋輩組から、ふたりの候補者が出た。
――ああ、対抗馬が。
達二　真っ二つに分かれるでしょう。朋輩組が空中分解する。ほれでまた、選挙済んだら一緒にせないかん。ところがね、選挙っていうんは孫子の代まで憎みますんや。それで脱退したり。選挙に勝ったほうはいいですよ、陳情《ちんじょう》も行きやすいけど、負けたほうは何言うてもダメやから。

　達二さんは達二さん自身で、海部町の自殺が少ない理由を、岡さんとはまた違った角度で考えているようです。

達二　私ね、自殺が少ないんいうんはね、ひとつは八十八ヵ所の影響が大きいと思う、お遍路《へんろ》さん。お遍路さんの姿っていうんは、この世からあの世へ行くときの旅姿ですよね。不治の病《やまい》の人が、たくさんお遍路さんに来ましたね。私は子供のとき、おとろしかったですわ。

歌子　橋の下、ちょっとあったかいところに、あの、目、鼻が、こないなっとるような人とか。

美子　らい病の人とか。

歌子　うん、耳がないとか、そんな人がね、ぬくいところで、長いこと動かんのですよ。いまはハンセン病いいますけどね。昔は、らい病にかかったらもう、みな、子供に二十日間とか三十日間のお金を持たせてね。そしてお遍路さんに出したんですと。

――死ぬまでずっとお遍路さんするってことですか。

歌子　そうそう。

美子　じゃあ、ここに姥捨《うばす》てじゃないけど、子捨てみたいにして、連れて来られたりしたの。

達二　姥捨て山ですわ、四国は。

歌子　姥捨て山ではないけどね（笑）。ま、そのなかで、治って帰った人もおるみたい。

達二　ここらの人は、みかんとか、おまんじゅうとか、ほんなんで無料のお接待をする。

——お遍路さんって、海部町以外でもありますけどね。あ、でも、そういえば岡さんも、海部町はお寺が徳島県で一番、面積件数あたり多いって言ってました（海部町内に三十軒）。

達二　来たらホッとすると言うんや。このごろは観光バスに乗ってパッと行かれる方が多いけど、いまでもお接待はずっと続いていると思いますね。

　近所との付き合いもね、共同の洗濯場へ行ったら、お母さん連中が話し合いできますでしょう。「あそこの家、新聞がだいぶ溜《た》まっとるぞ。どないかなっとるんちゃうか」とかね。ほんだけん、自殺以前に、未然に発見するいうんが早いわね。

歌子　秋が来ると具合がおかしうなる人がおるんです。病的には、やっぱりうつ病の人が多いね。うつのときは全然出てこん。けど、躁《そう》になったら、朝の六時くらいに「南さーん！」って家のなかにおるもんな（笑）。みんな困る言うけどな、みんな優しいに言うてあげる。あっちこっち行きながら、どうにか暮らしよるね。

達二　あのね、私もうちの家内に教えてもろうてグランドゴルフしよるんやけどね、行くでしょう。お爺ちゃんお婆ちゃんばっかりですわ。おたくらみたいに若い人おらへん。

——テレビで見ましたよ。お爺ちゃんお婆ちゃんばっかり。ま、僕ももうじき七十ですけど。

達二　そこでね、ゲームするよりも、話がにぎやかで、まず第一に、ご主人の悪口ね。それからね、亡くなっとってもええんよ、姑《しゅうとめ》さんの悪口。やっぱり身にこたえているのよ。

——死んでも言いたいんでしょうねえ。

達二　ほいでね、わーっと、あっちもこっちも言うでしょう。ほれで笑うでしょう。いいホルモンがばーっと出るんやなあ。もう、話する前とした後では顔色が違う。

南さんのお話はどんどん脱線していきます。そこがおもしろいところですが、どんどん長くなります。Mさんが、時間の余裕を持って行ったほうがいいと言う理由がわかりました。朋輩組の話も、掟《おきて》もない、罰もない、原始時代のような感じやね、というところから、原稿には書いていませんが、進駐軍《しんちゅうぐん》の話になり、富裕税の話になり、マッカーサーの話になったあたりで、歌子さんが、「まあ、ほれはおいといて、もうちょっと現代に進まんと」とおっしゃるので大笑いしました。

歌子さんが、そういう合いの手のような言葉をちょいちょい入れて笑わせてくれるのは、まるで夫婦漫才でも見ているようです。仲いいんですね、お二人は。

第一印象は「不思議な町」

南さんのお宅から外に出ると、雨が降りそうな雲行きでしたが、世界一人口密度が高い（そう思ってる人が実際にいるそうです）鞆浦《ともうら》まで、散策しながら三人で歩いてみることにしました。

鞆浦はフォトジェニックなところでした。路地に入る手前の二階建ての一軒家は、戸袋は緑に塗《ぬ》り、形のいい木が一本、戸袋の前に植えられていて、玄関には大きなのれんがかかっていて、のれんの絵が浮世絵風の月に梅に鶴でした。なんだか花札みたいな感じもしましたが、すごくかっこいいのです。スマホで撮らせていただきました。

　路地を歩いていると、写真を撮りたいところだらけです。鞆浦の写真集を誰かがつくらないかなあと思ったりしました。軒先《のきさき》に鉢植えの植物各種をぶら下げているところや、カラフルな洗濯物がぶら下がっているところや、景色が賑《にぎ》やかです。どの家も表札がきちっとしていて、家族全員の名前、住所、電話番号、あっ、電話番号はなかったかもしれませんが、それらが書かれた大きめの白い表札が出ていました。

　一通り路地を散策して、路地を出たところにある神社に行きました。高台で港に漁船が行儀よく並んでいるのを眺めてから、また奥浦のほうに戻って来ました。

　美子ちゃんは疲れたらしく旅館で休むと言うので、鈴木さんと二人で海部町の役場に行きました。今度は、岡さんの本にも出てくる保健師のSさん（女性）にお話を伺うのです。役場の会議室でSさんは、ものすごく早口で（あるいは仕事中でお忙しいときだったから、二倍速で話してくれたのか）僕らの質問に答えてくれました。

――岡さんが、初めて海部町を訪れたとき、保健師さんに海部町の第一印象を聞いたら、「この町は何か他と違うところがある」と言われたという、その人がSさんですよね。

ほうですね。

――その「他と違うところ」からお聞きしたいと思うんですけど。

私、ここに来る前は徳大（徳島大学病院）で働いていたんですけど、三十五年くらい前、ちょうど老人保健事業が始まるときに、町長から何回も何回もお誘いがあって、こっちに赴任して来たんです。一介《いっかい》の保健師が来るのに、町長さんのどうしてもどうしてもっていう感じがすごかったから、ほれ自体、すごい不思議な気がしたんです。

来てみたら、ボロボロの古い役場で。どっかの鶏《にわとり》小屋かなんかじゃないのかと思うぐらい。

——はははは。

下駄箱の靴も、公務員だから、きっちりした靴とか履《は》いてると思ってたのに、みんなバラバラで、高いピンヒールや、男の人やのにスリッパを履いていたり。へえ、不思議なところやなって思ったんで、友達に不思議なところに来たよって手紙送ったんです。髪の毛もパンチだったりいろいろで、すごい不思議な人がいっぱいいて（笑）。それも、絵に描いて友達に送ったと思います。訪問をしてても、鞆浦と奥浦《おくうら》と川西《かわにし》って、三つ合わせて自殺ゼロやけど、何かあったら、みんなよく知ってるんですよね、情報を。私が、運動とかしたらいいよ、とか、奥浦で言ったら、そんな話が川西だけじゃなく鞆浦まで聞こえてるっていうような。

おもしろい町やなって思って、入ってすぐに海部町を全戸訪問したんです。なんていうのかな、言葉では表せへんけど、微妙に違うなっていうような感じはありましたね。

それぞれ町々の特徴があって、鞆（鞆浦）やったらほんまに、嫌なことはパッと嫌って、はっきり言うんやけれど、人間関係を壊《こわ》すんでもなくっていうような感じで。だから、あんまり何を言っても、こっちも怒られないっていうんか。

すべての人が住みやすいのがいちばん

——岡さんの担当になった経緯は？

岡さんが初めて電話をしてきたとき、そこでたまたま電話を受けたのが、たぶん、私だったと思うんです。岡さんが自殺が少ない理由を研究したいとおっしゃって、当時の課長さんは、「そら、調べていったらいいわ、なんぼ調べても減るもんでないし、僕らも知りたいわ」って。

保健師って健康問題を考えるので、自殺が少ないっていうことは、課題でもなんでもなかったので考えたこともなかったけれど、なんでだろうっていうような感じはずっとあったんで。

——岡さんの研究がうまくいったのは、海部町もA町も、みなさんがすごく協力的だったこともあったと思うんですよね。面倒臭いから、いい加減にする場合もあるかもしれないし。

でもまあ、全然大そうなことではないですしね。岡さんは自分で勝手にしてくださるし。

——でも、アンケートを取ったり配ったり（アンケートは千人以上の人たちの各戸をまわって直接配布、二週間後に訪問して回収しています）。

それは町にとっても役に立つじゃないですか。岡さんだけのものではないし、何かわかったら、それがまた自分たちのためになるかもしれないし。

——岡さんの研究の結果で、だんだんこの町の謎が解き明かされていきますよね。

なんていうか、自分が感じていたことと、言葉とがぴったりするので、「はあ」っていうような。

私もすごく生きやすいところで、三十年近く仕事ができたんだなというような感じはあって。
だから、合併（二〇〇六年、海南町《かいなんちょう》と海部町と宍喰町《ししくいちょう》とが合併、海陽町に）したときはすっごいストレスで、自由な発言とか、ほんなのが……上下関係がすごくて、やっぱ違うんやなって思いましたね。
いまだったら、それが減ってきているけど、旧海部だったら、岡さんの調査研究で出ているように、大学行ってるからとかほんなんじゃなくて、その人が正しかったらそれを認めていくっていう感じは、役場でも実際にあった。上下関係なく、それが正しいことやったら認めてくれる。

――海部町の特徴のひとつの「人物本位主義」ですね。地位や学歴などに関係なく、その人の能力そのものを見るという。それはやりがいみたいなものと結びついていくんでしょうね。

そうですね。認められるっていうのもあるけど、悪いことは悪いって、パッと言われることもありますし。言ったことに対して、毎回、答えが返ってくるっていうのがすごいなと思って。

――あえてお聞きしたいんですけども、旧海部町の住民性で、こういうところはちょっとマイナスじゃないか、みたいなのはありますか。

うーん、私、それがわからなくて。データが一個もないので。どういうとこに出てるかな……。
でも、やっぱり、体の不自由な人も、すべての人が住みやすいっていうのがいちばんだと思うので。精神（病）の方も多いんじゃないかなと思うんです。それも、ある程度馴染《なじ》んでるっていうか、ちゃんと生活できてる人が多いんじゃないかなっていう感じはしますけどね。

――昨日、Ａ町に行って来たんですけど、ほんとうに真面目な人が多くて、じっと我慢する人とか。そういう人に比べれば、海部町の方々は、ちょっとこう……いい加減っていうか（笑）。

いい加減かもしれませんね（笑）、ほんとに。いい加減だと思います。

――それがまた逆に、精神的な面ではいいのかな、なんて思ったり。

ほんまにちょっとしたゆるさが、少しずつ重なってのことなんでしょうね。だけん、向こう（A町）の方がこっちに来たら、ちょっと住みにくいと感じるところもあるかもしれんし。

マイナス面のことですけど、お金儲《もう》けとか、経済面で落ちるとか、そういうところには出てきているのかもしれないけれど、でもそれを住民の方が一個も不満と思っていないんだったら、それは全然問題じゃないので。はたから見て、あそこ経済面で苦しいのにと思われても、ここの人が幸せと思っているなら、それはそれでいいのかなという感じですかね。


Sさんの、「すべての人が住みやすいっていうのがいちばん」という言葉が印象に残りました。住みやすい町＝生きやすい町＝自殺がない町とつながっているのだと思います。住みやすい町をつくるために、Sさんは保健師として、住民一人ひとりの顔を覚えてしまうぐらいまで、住民の方々と親密にしてきました。町長さんが何回も何回もSさんを誘いに来たのも、そういうことが想像できていたのかもしれません。

岡檀さんと海部町の人たち

この日は岡檀さんたちが海部町入りをしているので、夕食は生本《いくもと》旅館の畳敷きの大広間で、岡さんを中心にいろんな方々が参加する宴会がありました。テーブルには、またまた次から次と、お刺身やら何やらが運ばれてきます（またしても、すさまじい量です）。

参加者は、岡さん、岡さんと一緒に路地の研究（海部町の生き心地のよさを構造から見て、そのヒントは路地にあるのではないかと、路地を調査されているそうです）をされている土木計画学の研究者である大平悠季《おおひらゆうき》さん、鞆浦で生まれ、地域包括《ほうかつ》ケア推進課の課長をしているNさん（男性）、我々がインタビューさせてもらった保健師のMさん、Mさんのお子さん、歴史好きの主婦の三浦朱美《みうらあけみ》さん、そして我々取材班三人も加えてもらいました。

三浦さんのお連れ合いは、海部駅で韓国人旅行者が、「ここは何もない」と言って帰ろうとしているところを目撃して、「そんなことあるかい！」と、その人を車に乗せていろんなところを連れまわし、自宅でご馳走《ちそう》までして帰したそうで、そのハンパない海部町愛がおかしくて大笑いしました。その韓国人からときどきキムチが送られてくるそうです（先日、その三浦茂貴《しげき》さんが海陽町の町長になったことを知りました。海部町の人たちは人物本位主義を貫き、南さんが言っていた熾烈《しれつ》な選挙戦を勝ち抜いて、三浦さんを町長にしたのでしょう）。

宴会といっても飲んで騒ぐわけではなく、それぞれの話に耳を傾け、お互いが好きなことを言い合う海部町気風そのままのような会合でした。岡さんの『生き心地の良い町』が出版され、それをきっかけとして、何かが始まっているような感じがしました。

岡さんの本を読んだけど、いまいち自殺が少ない理由がわからないと言う、海部町ネイティブのNさんと、岡さんのラリーで話が進んでいきました。

N課長　なんか、海部に自殺が少ない理由がわかったら、箇条書きにして売りにするというかアピールできるんですけど、住んどってあまり気づかんよね。

岡　中にいる人はきっとそうですよね。なかなか取り出しにくいというか、腑分《ふわ》けしにくいんだけど、でも、なんかあるぞと思って見ていると、違うことがいっぱい見えてくるんです。

三浦　私も家族でいろんな話をしたけど、なんでやろう、なんでやろうって。

岡　そう、なんでやろうを、だいぶここへ、いっぱい振りまいちゃったんですけど。

SOSが出しやすい町

N課長　みんなよう知っとるな、地域同士のことはな。

三浦　誰がどこにおるか、まだ仕事戻ってないとかな。

M　「おらんけー」って言うね。名前呼んで、「おらんけー」って。

三浦　鍵は掛かってない。「おるけー、おるんけー！」言うて、どどどどどって来て。

末井　びっくりしますよ、東京だったら。

美子　着替えてるときとか、そういうのはないんですか。

M　いや、ありますあります。私、お風呂のときは、絶対玄関に鍵閉める（笑）。

N課長　Mさんが転入して来たときも、「あそこに若い女の子が来たで」と。「祭りのお金集めに行かんとなあ」言うて。「ほな、どこ勤めとんだ」とか、ネットワークがぱーっと広がっていくんですよね。「たぶん子供ができた」、「婿《むこ》さんが来た」、「車どんな乗っとんけ」って。

三浦　ナンバーまでね（笑）。

N課長　そんなのが広がっとって、みんなが見よんよ。

末井　掃除してないとかね（笑）。

N課長　でも、「病を市に出せ」いうんは、なんかわかるんですね。なんでも相談できる場所があるっていうのは、ほうかもわからん。

岡　そうなんです。そういう環境をつくっているところがすごいと思うんですけど。

N課長　たとえば、高齢者の人も、都会やったら家に閉じこもって、なかなか出てこんっていう事態があるけど、ここって、漁協とかにみんなが集まって来るんですね。

美子　漁協がですか。

N課長　はい。漁協のなかで情報交換するんですね。魚の話から始まって、あそこに誰かが替わってきたけど誰の子やとか、いろんな話ができて、デイサービスみたいな要素もあって。

岡　網のつくろいとかしながら、お爺さんたちが輪になって、ずいぶんお喋りしてますもんねえ。ふつう、日本社会では、なかなか男の人が集まってお喋りするっていうのがないし、そういうのをつくっても利用者が少ないけれど、こっちはそれができちゃってるんだよね。

困っていることを言いやすいようにして、早めにわかるようにしておけば、家族も助かるし本人も助かるし、コミュニティー全体も被害が小っちゃくて済む。結局お得なわけですよね。

N課長　お金もいらんしね。

岡　うつなんかも、おおっぴらにしていいことなんだって思うことによって、治りも早いかもしれないですね。以前、八人ぐらい奥さんたちが集まっていたとき、あの人がうつじゃないかっていう話が出たら、全員が「ほな、見に行ってやらないかん！」って叫んだので。

末井　なんか、ここの人たちって喜劇っぽいですよね。

三浦　ちょっと近い（笑）。

末井　みんな喜劇にしてしまって、「あの人、うつやないか？」「見に行こか」「うち、違うわ！」みたいな感じで（笑）。

岡　あと、あんまり男女の役割っていうのが、かっきりしてないところもいいんでしょうけれど。スーパーに行くと、カゴを下げたおじさんのほうが昼間は多いし。

美子　へえ、そうなんですか。

岡　漁業で、もう朝早ーく終わっちゃうので。

三浦　九時に昼寝する（笑）。

岡　「Mさんのところ、子供が泣いとるな」って、いきなり入ってきて抱いて連れて行ったお隣さんの場合も、おばちゃんじゃなくて、おっちゃんが入って来て拉致《らち》してって（笑）。

M　ふつう三秒ぐらい考えて、「結構です」とか言うけど、その三秒はないんですよ、あっという間に入って来て（笑）。

岡　お茶の間ドラマなら、「あらあら泣いてるのね、おばちゃんと一緒にちょっとあっち行ってようね」って、おばちゃんが出て来る。「おい、お前行けよ」とか言って、夫が妻を行かせるみたいなのがありがちなのに、泣いとるな、行って来る、みたいにおっちゃんの体がすっと動く。

N課長　おばちゃんが忙しいんよ。

M　そのおっちゃんとこの猫が、網戸バーンって開けて入って来るんですよ。昨日、家に帰ったら、おっちゃんが、「ずっとフジが待っちょったで」って。猫の名前、フジっていうんですよ。ずっと待っとったって言われるけど、おっちゃんが飼い主なんですけどね。

みなさんの話のなかでよく出てきて、出てくるたびにおかしかったのは、あることをするので、ちょっと困った人の話です。まあ、軽犯罪なのですが、そのことをみんなが知っていて、でも、そういう人も「おもしろいな」と笑ってしまえるのは、人間なんてそんなもんだ、いろんなのがいていいんだ、という共通認識があるからではないかと思います。

N課長　まあ、しゃあないんやないんかなあ。

三浦　諦《あきら》めがあるんよね（笑）「ああいう人やから、しょうがないやん」みたいな。

岡　南さんの口癖でもあるんですけど、「人は、そりゃ悪いことするもんや、誰でも気の迷いとかあるんやから」っていうのが基本にあるんですね。ほんとうに人道的に許せないことと、「まあ、人間、クラッとくるときもあるわな」っていうことをちゃんと区別する。で、「気の迷いもあるわな」みたいなことは、誰でもあるんだと許容していく。

それが、子供が育つ過程で、たとえば、あの人一度は犯罪を犯してもちゃんと償《つぐな》って、みんなに受け入れられているっていうのをなんとなく見て育つと、自分が大変なことをやっちゃったときにSOS出そうかっていうふうになっていくだろうし。

その後も、近江《おうみ》商人の三方《さんぽう》よし（自分よし、相手よし、世間よし）という、商人の合理性と計算高さが海部町にはあると岡さんが言うと、Nさんは、「腹黒い」と言ってみんなを笑わせたり、特別じゃないと言う海部ネイティブと、特別じゃないところが特別だと言う岡さんのラリーが続き、宴会は四時間ほど続きました。

自由・平等・博愛

翌日はよく晴れた日でした。鈴木さんは用事があって、夜明けとともに東京に帰りました。僕たち夫婦は、出発までの数時間、自転車を二台借りて町内巡りをすることにしました。

前日、Mさんから話を聞いたとき、鞆浦の話をしていたら、「酒屋さんの前でいつも何人かたむろしていて、珍しい人が来たら観察するんですよ。皆でジーッと」とおっしゃっていたので、まずはそこに行ってみました。

その山口酒店の前は、広場みたいになっていて、その向こうが漁港でした。確かに、おばさん二人、おじさん三人がたむろされていましたが、僕らは珍しくないのかジーッと観察されることもなく、おじさん、おばさんがそれぞれ二人ずつ、話に夢中になっていました。

美子ちゃんは自転車を止め、早速おばさんたちのところに行って話を始めました。僕も、ちょっと引きつった笑みを浮かべながらおそるおそる近づき、ベンチで話しているおじさん二人に「こんにちわ」と挨拶しました。すると一人のほうが、いきなり、相撲の行司《ぎょうじ》に抱きかかえられている額に入った赤ちゃんの写真を見せてくれました。僕は子供にあまり関心がないので、「可愛いですね」と言って、もう一人のおじさんのほうに行きました。

そのおじさんは、みんなから少し離れたところで、うしろに杖《つえ》を差した車椅子に乗って、黙ってじっと漁港のほうを見ていました。何か、ちょっと孤独を抱えているように見えたので緊張しながら近づき、「かっこいいですね」と声をかけました。

実際かっこいいのです。車椅子に見えたのは水色の三輪スクーターで、半ズボンにオレンジ色のTシャツ、水色の帽子を被って、内田裕也《うちだゆうや》さんみたいなサングラスをかけていました。肌が黒くて黒人のロッカーみたいです。

おじさんは、こちらが聞いたわけでもないのに、自由に歩けないから介護を受けていることを説明しました。誰が見ても車椅子のことがいちばん気になります。そのことを向こうから言ってもらって、おじさんと僕たちの間が少し親密になったような気がしました。

そのおじさんが、「案内してやろか」と言って、三輪スクーターで路地のほうに動き出したので、僕らはそのあとをトコトコついて行きました。案内といっても、おじさんはただ自分の家に帰っただけだったのですが、玄関を開けて家のなかも見せてくれました。誰もいない家のなかは、きれいに掃除されていました。壁には鞆浦の航空写真が飾ってあって、ここが自分の家だと説明してくれました。表札を見ると、奥さんと男の子との三人暮らしのようです。玄関横にはみせ造りの縁台が出ていました。

おじさんと別れて、路地の奥にある法華寺《ほっけじ》まで歩きました。どのお墓にも新しい花が供えられていました。花を替える奥さま方で、毎朝お墓が賑《にぎ》わうという話は、昨夜の宴会でも出ていました（他所からお嫁に来た人が、最初に参っちゃうのが、「あんたんとこの花、枯れよったさけ、替えてやったで」と、奥さん方に言われることなのだそうです）。

そのあと自転車に戻り、おじさんに教えてもらった景色がいいらしい手倉《てくら》湾のほうにも行ってみましたが、ただ海があるだけだったので、すぐに引き返して来ました。

海部駅のほうに行ってみると、山を削ったところに墓地がありました。古い墓石は山のなかにきれいに並べられていて、アスファルトを敷き詰めたところに、ツルツルの墓石が並ん

山口酒店で出会った海部町の
かっこいい男性（右）と筆者（左）。

でいました。法華寺の墓地と同じように、どのお墓の花も枯れていません。祖川家、生本家、近藤家、南家、吉岡家、久保家、和田家、田村家……苗字が全部違います。全国から次男坊、三男坊が、一旗上げようとして集まってきた町らしい墓地でした。

墓地を見たあと自転車を生本旅館に返し、美子ちゃんが運転するレンタカーで徳島空港に向かいました。

祖谷《いや》温泉で体を心地よくし、A町の心地よい風に吹かれ、心地よい海部町で二日間過ごしました。岡さんが、「二、三日滞在しても何も起こりません」と言っていた通り、ほんとに何も起こりませんでした。でも、なんとなく心地よい三日間を過ごしたような気分になりました。

海部町のことを考えていたら、フランスの理念「自由・平等・博愛」を思い出しました。海部町の人たちは、どんな人がいてもいいと考えるし、どんな人でも差別しないし、困った人がいれば助ける、それはまさに自由・平等・博愛じゃないかと。海部町ネイティブの方々は、民主的ともなんとも思ってないでしょうが、いまや言葉だけになってしまった自由・平等・博愛が実践されている、世界に誇る海部町ではないか。帰りの車のなかで、ぼんやりそんなことを考えていました。海部町を出発する際、美子ちゃんがレンタカーを生本旅館の駐車場の柱にぶつけてしまい、うしろのバンパーがボコッとへこんだことを気にしながら。

どんな状況であれ人生を楽しめていれば、病は治っている

岩崎航《いわさきわたる》さんとの話

年をとるにつれ、疲れやすくなったり、膝《ひざ》が痛くなったり、耳が遠くなったり、目がショボショボしたり、喉《のど》に痰《たん》が絡んだりします。この前は、足がもつれて階段から落ちました。血圧が低いので、朝起きるとフラフラします。寝室から這《は》いながら出てきて、ゆっくり立ち上がるのですが、そのときのフラフラ感が結構気持ちいいのです。

晴れた日に散歩すると、目が光に弱くなっているからか、草木の葉っぱが光って見えます。世界が光で輝いているように見えて、なんだか嬉しくなります。

それでもやっぱり、左目が見えなくなってきたり、心臓が苦しくなったりすると、不安な気持ちになってくることもあります。そういうとき、身体によって心が左右されないでいたいと思うのですが、そう思うようになったのは、詩人の岩崎航《いわさきわたる》さんに会ってからです。

岩崎航さんは、筋肉が徐々に衰える筋ジストロフィーという難病を背負い、人工呼吸器と

経管栄養《けいかんえいよう》（チューブで胃に直接栄養を入れる）で生命を維持しながら、「五行歌《ごぎょうか》」という形式の詩を書いています。その五行歌をまとめた詩集『点滴ポール　生き抜くという旗印』（ナナロク社、二〇一三年）を手にしたのが、岩崎さんとの出会いでした。

『点滴ポール』の帯に、人工呼吸器をつけた岩崎さんの写真があります。最初にその本を手にしたとき、その写真にドキッとしたのですが、こちらを向いている岩崎さんの目が子供の目のように澄《す》んでいて、その無垢《むく》の視線に自分の心が射られるような気持ちになりました。

痩《や》せて痩せて
骨皮筋右衛門《ほねかわすじえもん》
でも
いのちに湧《わ》かす
ものがある

写真で見る岩崎さんの腕は、確かに骨皮筋右衛門です。しかし、『点滴ポール』にあるどの五行歌も、驚くほど生きる決意に満ちているのです。

その写真を撮ったのが齋藤陽道《さいとうはるみち》さんでした。

齋藤さんの写真を初めて見たのは、障害者プロレス「ドッグレッグス」を観に行ったときにもらった、写真モデル募集のチラシでした。控え室みたいなところで、義足を外した覆面《ふくめん》レスラーが座り込んでいて、カーテンが風で大きく揺れている、夢のなかのようなその写真がずっと印象に残っていました。それから齋藤さんの写真展を観に行くようになりました。

岩崎さんの本に出会って数ヵ月後、齋藤さんの写真展「宝箱」が、ワタリウム美術館で開催されました。それを観に行ったとき、会場にいた齋藤さんが筆談で（齋藤さんは聴覚障害者です）、「岩崎さんとスカイプがつながっているから話しませんか？」と誘ってくれました。

パソコンの画面では、本で見た写真と同じように、人工呼吸器をつけた岩崎さんがこちらを見ていました。僕は初対面の人を前にするとアガってしまって言葉が出てこないし、会場がザワザワしていたこともあって、岩崎さんに「あ、どうも」と一言だけ言って、その場を立ち去ってしまいました。会場を出て歩きながら、岩崎さんと少しでも話をすればよかったと思い、そのことがずっと気になっていました。

その気持ちが通じたのか、仙台の書店で岩崎さんとトークショーをすることになりました。

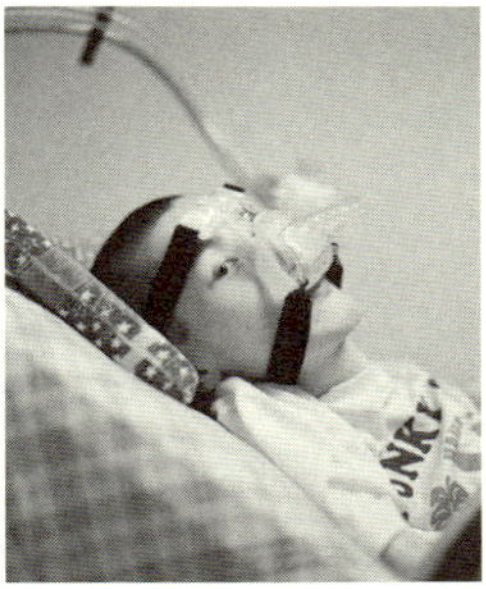

齋藤陽道さん撮影。

司会は岩崎さんの本の出版元、ナナロク社の村井光男《むらいみつお》さんが担当してくれて、齋藤陽道さんが写真を撮りに来てくれることになりました。

二〇一五年二月二十一日、あゆみＢＯＯＫＳ仙台一番町店の会場で待っていると、小さな寝台が車椅子になったようなものに乗った岩崎さんが、お父さんお母さんにつき添われて現れました。人工呼吸器をつけた岩崎さんは、暖かそうな厚手のブランケットのようなものに包まれていて、何か大切に育てられている子供さんという感じがしました。

存在の底から湧き上がってきた気持ち

——以前は失礼しました。齋藤さんがスカイプでつないでくれたのに、ほとんど話さなくて。私も初対面の人がちょっと苦手という性格もあり、言葉がうまく出てこなくて、失礼ながらご挨拶もできなかった記憶があります。

——岩崎さんの『点滴ポール』にすごく心を動かされまして。どういうところかというと、「生き抜く」ということなんです。僕らは生きていても、ただなんとなく生きてるだけなんですけれども、年を取ってくると、あと何年生きるんだろうみたいなことをちらっと思うときがあるんです。そういうときに自分の命ということを意識するというか。それを岩崎さんは、毎日されているのかなと思いまして。そこから出てくる五行歌が素晴らしいんですよね。僕も末井さんの『自殺』に惹《ひ》かれるところがありまして、自殺で亡くなられた方に対して、まずは悼《いた》む気持ちを持つべきだと書いているのを読んで、ハッとしたんです。私自身も、追い詰められてしまって、自分で死のうと思った時期がありまして。生きるか死んでしまおうかという境《さかい》目《め》にあるときは、ほんとうに紙一重《かみひとえ》だと思うんですね。

私はこのような体で、進行性筋ジストロフィーという病《やまい》を持っています。三歳ぐらいのときに発症したので、この病気とずっと一緒に生きてきたんですね。この病気は、だんだん体の自由が奪われていく病気なんです。正常な筋肉がつくれず壊れていってしまい、全身の筋力が低下していく症状が現れてくるんです。徐々に進んでいくので、小さいときは、歩いたり、階段を上ったり、立ち上がったりもできたんですけど、だんだん不自由になってきまして、走れなくなって、歩けなくなってきて、車椅子生活になって。そうして家のなかに閉じこもるようになったんです。

十七歳のときですけど、同世代の友人とか、みんなの姿を見ていると、自分と違って、楽しい高校生活を送っているんだなとか、どうしても人と比べてしまうんですね。人と比べている間は、ほんとうに苦しかったですね。何につけても涙が出てくるんです。なんで自分だけがとか、みんなはできるのに自分はできないとか、どんどん追い込まれてしまいまして。ついには、この病気の体を持ったまま生きていても将来がないというか、希望はないと思い込んでしまったんですね。そのときに初めて、自分で死のうと思ったんです。

でも、そのとき、このまま死んでしまったら、自分はなんのために生きてきたんだろうと、そういう気持ちが湧《わ》き上がってきて。なんて言ったらいいのか、命の奥底、存在の奥底から、怒りっていうと、ちょっと語弊《ごへい》があるかもしれないけど、突き上げるような、このままで死んでたまるかというような気持ちが、ふっと湧いてきたんですね。それが手掛かりになって、自殺するのをやめたんです。

そこですっかり自分の気持ちが整理されたわけではなくて、そこからも葛藤があって、苦しんだり悩んだりしたんですけど、病気を含めての自分なんだ、そのままの自分で生きればいい、病を持ちながら生きればいいんだって、心から思うことができるようになっていったんですね。そうすると、人と比べるようなこともなくなっていって。病を含めての自分で生きるという気持ちが固まったとき、初めて自分の人生を生き始めたんだと思うんです。

——その、心の底から生きてやろうという気持ちが湧き上がってきたというのは、すごいって思うんですけど、その瞬間みたいなのはあるんですか？ それとも、じわじわですか？

そうですね……死のうと思ってナイフを見ていたとき、涙がポロポロ流れてきたんですね。その次の瞬間、奥底からバッと湧き上がってきたんです。自分でも、なんで、その場で、グアーッと湧き上がってきたのか不思議なんですけど。なんて言うんでしょう、気持ちが沈むところまで沈んでしまって、そこから反発力で起き上がるような感じで。

人間に限らず、命っていうものは、芯《しん》になっているようなところに、生きようとするエネルギーがあるんじゃないかと。普段はまったく気がつかない、自覚もできないんですけど。

——どん底というか、そういうときに、命の光を見たというようなことでしょうか。だらだらといい加減に生きていたら、そういうことがないと思いますけど。だから、良かったたっていうとヘンですけど、まあ、病気がそうしてくれたっていうところもあるわけですよね。

そうですね。そうでなければ、たぶん変わってなかったし、考えもしなかったですね。

表現することで、心に血が通いだす

――詩を書かれるようになって、ご自分がどのように変わりましたか。

詩を書くようになったのは、二十五歳のときからです。それまで私は、何かを創作するとか、つくり出すとかということは、一切やってこなかった人間だったんですね。

私は二十代の前半、ストレスとかが原因だったと思うんですけど、すごい吐き気に絶え間なく苦しめられるようになったんです。口から食べることもだんだんできなくなってきて、経管栄養をすることになったり、人工呼吸器を使うようになったり、病気によって生活が変えられてしまったといいますか、そういう時期に重なっていまして。

その吐き気っていうのが、とんでもない吐き気で、三六五日というわけではないんですけど、定期的に発作的に来るんですね。一回そういう症状が出始めると、口からは何も入れられなくなるし、胃も何も受けつけなくなる状態になってしまうんです。そのままだと、命が持たない。入院して、点滴をしてもらって、落ち着いたと思ってうちに帰ると、一ヵ月かそこいらで、また具合が悪くなってしまって、また病院に戻るという状況にいたんですね。

そういう生活のなかでは、何かを考える余裕なんてないんですね。ただただその苦しみに飲み込まれて、ぐっと体を丸めて嵐が過ぎ去るのを待つしかないんです。

二十五歳になって、その症状が落ち着いてきて、そこで初めて少し未来のことを考えられる気持ちになってきたんです。自分はこれから何をして生きていこうかって。

手掛かりもないような状態だったんですけど、寝たままベッドの上で生活している自分、体の不自由な自分、でも自分に何かできることがあるんじゃないかと思って、模索を始めたんですね。それで突き当たったのが短い詩を書くこと、短歌や俳句を書いてみようって思ったんです。

私は文章を書くのが得意でもないし、好きだということでもなくて、続けていけるのかどうかもわからなかったんですけど、自分にできることを見つけた、何かを言葉で表現することを見つけたっていう、そのことがすごく大きかった。

それで、何が変わったかというと、だんだん心が動くようになってきたんです。どうしてもこの障害の環境に引っぱられて生活感が奪われちゃったような、人との関わりが希薄《きはく》になってしまったというのがあったんです。それが、何かを表現することによって、こわばっていた心に血が通いだしたような、そういう感じになったんですね。

——心が動くようになったというのはいいですね。それこそ生きているってことですからね。

そうやって詩を書くようになって、細々とブログに書いて出すということを続けていたんですけど、ごくたまに、感想のメールが届いたりするようになったんです。

そのなかには、読んでとても助けられたとか、励まされたというような言葉があって。ほんとうにささやかなものだけど、誰かが見ていてくれている。で、まっすぐ受け止めてくれて、言葉を返してくれているということが、すごく僕のなかで励まされるといいますか、心を支えてもらっている、生きようとする気持ちをあと押ししてくれている、そういう気持ちになるんです。

僕が表現するということは、自分のことを話すのが多いわけですが、「自分語り」とか、揶揄《やゆ》するような見方もあると思います。けれども、自分のことを話す、別にすべて話す必要はないけれど、何か自分の姿を見せるというか、語るというのは、すごく大事なことだなと思うんですね。それは話した人もそうですけど、聞いた人も心を動かされるんじゃないかと思うんです。

別に作家とか詩人とかでなくても、みんな、生きていれば心のなかに言葉があると思うんですね。自分の思いを誰かに話す、また、そういう話を聞くということが、人間にとって生きていく上で大事なことなんじゃないかと思います。

——僕も、「自殺」をブログで連載していたとき、ツイッターで「いっぱい生きようと思いました」とか呟《つぶや》いてくれる人がいて、そういうのを読むとほんとうに励まされますね。でもたまに批判もあって、「最低の奴だ」とか、だいたい僕自身のことなんですけど。僕は批判に弱いから(笑)、パッと見て見ないふりをするんです。気持ちがやられちゃうんで。

僕も、少ないんですけど、何回かそういうことがあったんです。やっぱり僕も弱いので(笑)、すごくへこむんですね。それでしばらく悶々《もんもん》としたりして。

以前、たった一行、すごいことを書かれたことがあるんです。最初は、なんでこんなこと言うんだろうとか落ち込んだりしたんですけど、これはこの人の心からの叫びなんじゃないかなって思ったんです。そういうふうに考えたら、少し受け取り方が変わったといいますか。

——ちなみに、その一行って、どういう言葉なんですか。

私がたまたま日常的なことをツイッターで呟いたんです。私は二十四時間、介助を受けながら暮らしていて、日曜、祝日にもヘルパーさんに来ていただいて、助けていただいてるんです。そのことについて、ほんとうにありがたいという気持ちを持っていて、そのことを素朴に、ちょっと書いたんです。そうしたら、それを受けて、たぶん福祉関係の仕事をされている人ではないかと思うんですけれど、「そのために死んでます」という一言が返ってきたんです。

介護の仕事をされてる方って、厳しい労働条件といいますか、大変な職場なんですね。私のような重度の人を介助するのであればなおさらです。そのことを知った上での感謝の気持ちがあったとしても、そういう刃のような言葉がパッと出てきて、私はすごくショックを受けてしまいまして。だけど、やっぱりそれも現実の叫びの一行だと、まあ、時間が掛かりましたけれど、そういうふうに思い直したんですね。病気や障害をもつ人の命や生活を支える重要な仕事をしているのに、その内容に見合った処遇がされていないのは社会保障制度の大きな課題だと思います。

祈りと呟き

『自殺』でインタビューさせてもらった作家の月乃光司《つきのこうじ》さんは、数々のどん底を体験した方です。醜形《しゅうけい》恐《きょう》怖症《ふしょう》、対人恐怖症を患《わずら》い、引きこもりからアルコール依存症になり、自殺未遂や精神科病棟への入退院を繰り返していました。

月乃さんが酒をやめることができたのは、自助グループの集会で、ある五十歳ぐらいのスーツを着た立派な紳士が、酒をやめて風呂とトイレと流しの区別ができるようになったとか話したあと、「いまの私は、アパートの二階の自室から見える女子高生を見ながら、オナニーはしません！」と叫んだことに衝撃を受けたからだそうです。そのときの体験を詩にして、「これわれ者の祭典」（月乃さんが中心となって二〇〇二年からやっている、アルコール依存症、薬物依存症、摂食障害といった人たちが集まり、自らのビョーキを自慢するイベント。僕もときどき観に行きます）で絶叫しています。

月乃さんは最後に、「こんな俺でも五十近くになってようやく着地点があったわけだから、どんな人にもある気がするんですけどね。それを考えると死なないほうがいいなと思ってるんです」と話していて、岩崎さんはそれを読んで、「着地点」について考えたようです。

人生の着地点という月乃さんの言葉に心を動かされました。私も生きていくなかで、そうした着地点みたいなものはあると感じるんですけど、末井さんはいかがですか。

――僕の場合、借金地獄やいろんな難関をくぐり抜けて、それなりに平和な生活が送れるようになりまして。仕事も文章に集中できるようになって、楽しい仕事だし、そのことによって自分を肯定《こうてい》できるようにもなったんです。だから着地点というと、月乃さんと同じように、いまじゃないかと。それで、明日になったら明日がまた着地点のような気がしてるんですね。

いまが着地点というのは、私もほんとうにそうだなあと思いますね。

昔といまを比べると、体はすごく不自由になってしまって、できないことが山のように増えています。けれども、私のなかでは、末井さんがおっしゃっているように、ほんとによくなっている。生きている一人の生活者として、日々の質が上向いてきているといいますか、すごい生きる手ごたえを感じられているんですね。

歩いたり、走ったり、いろんなことができたり、おいしいご飯が食べられたり、それは確かにできたら素晴らしいです。だけどそれ以上に、自分のなかで生きる手ごたえっていうものがあれば、別にその人がどんな状況であろうが、人にどう言われようが、思われようが、関係ないんですね。そういうものが、ちょっとでも感じられたら、もう十分。

もう十分って、これから先もいろいろなことが待っていて、悪いこともあると思うんですけど、それ以上に、いのちが輝くような瞬間に会えるっていうことは、なんとなく感じているんです。

岩崎さんの五行歌に、「祈り」について書かれているものがあります。

「本当に／そう思わなければ／祈りでは／なく／呟きなんだ」

「祈り」と「呟き」、もちろんその違いはわかりますが、では祈りとはなんなのか、そのことによって何がどう変わるのか、岩崎さんに聞いてみました。

祈りって、そんなに簡単に説明できるものではないと思いますし、私自身も、なんだろうっていう気持ちは持っています。けれど、自分のなかの実感、生きてる実感といいますか、いのちの底から、ほんとうに自分の存在の底から思うようなことが祈りじゃないかと思ったんですね。まだ、私が病を含めての自分として生きられていなかった時期のことですが、部屋に母といたとき、「僕にはもう夢も希望もないよ」って、私がボソッと言ったんです。愚痴《ぐち》とか恨《うら》みごとを言うために言ったわけじゃないんですけど、ふっと出たんですね。そしたら母がポソッと、「お母さん悲しいな」って。たった一言、「お母さん悲しいな」っていう言葉で答えてくれたんですね。

私が「もう夢も希望もないよ」って言ったのは、私の心からの、ほんとうにそう思ったことだったんです。子供が絶望のどん底で生きがいを見出せずに苦しんでいる、それを目の前にすれば親は悲しい。で、「悲しいな」って言ってくれる。その言葉もまた、ほんとうに心の底、いのちの底から思っている言葉で、それも祈りだと思うんです。

悲しいというのは、息子がもっと生き生きと輝いて、生きがいを持って生きていって欲しいという願いが込められていると思うんですね。そういう言葉を聞いて、その場では、目に見える変化は何も起こらなかったんですけど、そのとき、心の底から言った言葉に対して、心の底から答えてくれる経験といいますか、それが自分を動かしたんじゃないかと、いま、すごく思うんです。

そのあと、いろいろな曲折《きょくせつ》があったのだけれど、いまはほんとうに生きていてよかったって、心から思う自分がいるんです。絶望のなかにいたような、ほんとうにどうにもできないような気持ちでいたときでも、なんか、そこから動き出すといいますか、そこから抜け出していくきっかけのような、そういうものにもなったと思うんです。

だから祈りっていうのは、個人的な願望や、誰かに叶えてもらうとか、そういうものとは全然違うものなんじゃないかなっていうのが、いま、私が祈りについて思っていることですね。

「もう夢も希望もないよ」と岩崎さんが言い、「お母さんは悲しいな」とお母さんが言う。マイナスとマイナスを掛けるとプラスになるように、岩崎さんの生き抜くという思いは、ここが原点だったのかもしれません。

僕にとっての祈りと呟きですが、三年前、『帰還兵はなぜ自殺するのか』（亜紀《あき》書房、二〇一五年）という本を読んだとき、思わずツイッターで「戦争絶対反対！」と呟いていました。それから毎日、そのときの気持ちを忘れないように、「戦争絶対反対！」と呟くようにしています。

その本は、戦地に行って別人になって帰ってきたアメリカ兵五人とその家族をピューリッツァー賞作家のデイヴィッド・フィンケルさんが追ったノンフィクションです。帰還兵たちが、人が変わったように暴力をふるうようになったり、自殺したりしているのです。戦争というものは死んでも地獄、生きて帰っても地獄ということです。善良な人間を平気で人が殺せるように仕立て上げて戦場に送り込むわけですから、おかしくなるのは当たり前です。「そんな呟きで戦争がなくなれば世話はないよ」と言われるかもしれませんが、そんな呟きであっても、死ぬまで続ければ「祈り」になるかもしれません。

岩崎さんの声は、かすれた小さな声でしたが、一言一言ていねいに話してくれました。聞いている人たちも、言葉を聞き逃さないようにシーンとして耳を立てているようでした。印象に残っている言葉は、詩を書くようになって「心が動くようになった」ということです。

自分の心は動いているのだろうかと考えてみると、動いてないときもあるような気がします。年を取ってくると身体が固まりますが、心も固まってしまうことがあるのです。固まると脆《もろ》くなってしまうのは身体も心も同じです。死にたくなるというのも、心が固まった状態なのかもしれません。

＊

それから三年経った二〇一八年の二月、岩崎さんに再び会いました。

その三年の間に大きな事件がありました。二〇一六年七月、相模原市《さがみはらし》の知的障害者福祉施設に元職員の男が侵入し、入所者十九人を殺し、二十六人に重軽傷を負わせた事件です。

『点滴ポール』には、まるで相模原の事件を予測するような詩が載っています。

管《くだ》をつけてまで
寝たきりになってまで

そこまでして生きていても
しかたがないだろ？

という貧しい発想を押しつけるのは

やめてくれないか
管をつけると
寝たきりになると

生きているのがすまないような
世の中こそが

重い病に罹《かか》っている

今回、岩崎さんに会って話を聞きたいと思ったのは、その事件のことと、岩崎さんが行政から二十四時間介護の支給を勝ち取ったことについてでした。

岩崎さんは、自宅で両親の介助によって暮らしていたのですが、お父さんもお母さんも高齢になり、持病もあるので、これまでのような介助を続けることができなくなりました。そのため、終日介護ヘルパーの支給を市に申請したのですが、気管切開《きかんせっかい》（前頸部《ぜんけいぶ》を切開し、気管の前壁に穴をあけて気道を確保すること）していない場合は支給できないという答えが返ってきました（岩崎さんは気管切開はしてなくて、鼻マスク式の人工呼吸器を使っています）。それだと痰《たん》の吸引が多くないから終日介護は必要ない、というのが行政側の言い分のようです。

しかし、岩崎さんはそこで諦《あきら》めず、主治医から根拠となる意見を聞き、障害者の介護保障に取り組んでいる弁護士に支援を仰《あお》ぎ、福祉行政の改善を市議会議員に働きかけるなどして、ついに二十四時間介護の支給を勝ち取りました。

岩崎さんがこうして努力をすることは、生死に関わる切羽詰《せっぱつ》まった問題があったからですが、重度障害者に「絶対諦めないで！」というメッセージを送っているようにも思いました。

岩崎さんとは、仙台のご実家で会うことになりました。仙台駅からタクシーに乗り、住宅街にある岩崎さんのお宅に伺い、お母さんに案内されて岩崎さんがいる部屋に入ると、人工呼吸器をつけて可動式ベッドで横になっている岩崎さんが、三年前と何も変わらない笑顔で迎えてくれました。唯一変わったところは、顎《あご》に髭《ひげ》を生やしているところでした。

自分で暮らしをつくっていきたい

――お久しぶりです。前回お会いしたのが二〇一五年二月二十一日でしたから、今日（二〇一八年二月二十二日）で偶然ですけど三年目になるんですね。ギャンブルをやっていたから、そういうことが気になるんです。一日ずれて「惜《お》しい」って感じなんですけど（笑）。岩崎さんは、二十四時間の介護体制をつくって、自立を目指すとおっしゃっていますけど、そこが三年前と大きく変わったところですよね。

そうですねえ。いままで両親がサポートしてくれている部分が多かったんですけど、年も重ねて七十半ばになって、持病もいろいろ抱えるようにもなっていて、ちょっとこれ以上、両親に介助を頼ることはできない現実があって。これから先、自分の生活を続けていくためには、身のまわりの介助をきちんとしてもらえるような体制をつくらないといけないと思いまして。

あともう少しですべての時間、すべての曜日にヘルパーさんに来ていただける体制ができ上がりつつあるんですね。

——一回申請を断られていますよね。

そう。それがちょっと根拠のないというか、本来きちんと支給されるべきところを、認識不足っていうのもあったと思うんです。ほんとに介助がないと生活が成り立たないし、いのちの維持すらおぼつかなくなるっていうこともありまして。こちらからも強く押し返して、いろんな支援してくれる人もいて、最終的には行政の理解が深まって認められたっていうところです。

——もちろん、ご両親の問題が大きいと思いますけど、それ以外に、自立したいという希望があったわけですよね。

自分一人で暮らしていくっていうことについて、前から考えていたんです。きちんと介助を確保しながら、一人暮らしして、自分で暮らしをつくっていきたいっていう動機もあって。

——まあ、あえて困難な道を選ぶっていうことにもなりますね。

そうですね。まあ、ただ、いままでのままでやっていこうとしても、どっかで必ず何か決断を迫られるというか、何かちょっと動き出さないと、このままでは無理だろうなと。これからいろいろ変わってくるんじゃないかなと思うんですよね、生活を変えるわけですから。

――恋愛、とかはどうなんですか（笑）。

そうですねえ、したいですね（笑）。やはり家族がいると……まあ、特に私はこういう身体ですので、ずっと実家で暮らしているとなると、行動としてはいろいろ制限されてしまうところがあるので。一人暮らしになると、それはまた違ってくるのかなぁと思って。

――恋愛すれば、また、書く詩も違ったものになるかもしれませんね。ところで、酒を飲まれるって聞いたんですけど、よく飲まれるんですか、最近。

はい、飲んでますよ。30ccとか40ccっていうレベルですけど、ちょっとだけ飲めるんで。

――酒はいつから飲んでるんですか。

二十歳のときにビールを飲んで、飲み過ぎたのか、ちょっと心臓のほうがドキドキと、やばい感じになっちゃって、それで怖気《おじけ》づいてやめたんです。けど、まあ、量をきちんと考えて飲めば、医者からも自由にしていいからって言われているので。

――知り合いに、やっぱり障害でほとんど身体が動かないんですけど、ものすごい酒飲みがいるんですよ。身体にすごく力が入っているらしくて、それが飲むことで弛緩《しかん》するらしいです。緊張状態にあるから、それが解けるっていうのがあるんでしょうね。胃ろうからワインを入れる人とかもいるみたいなので。

――ええっ、そうなんですか。美味《おい》しいとかなんとかって、どこで判断するんですかね。酔っぱらうだけなんじゃないのかな。

――ただ酔っぱらうだけ（笑）。

そう聞いたことあるんだけど。

――何が好きですか、お酒は。

日本酒が好きです。

――おお、日本酒、冬は日本酒がいいですよね。どんなときに飲むんですか。

夕方の経管栄養が私にとって晩御飯なんですけど、そのときにちょっと飲みますね。

――おつまみがないのが寂しいですね（笑）。

そうですね（笑）、あるといいですよね。まずは宮城や東北の地酒を飲もうと思って。ちょっとずつしか飲まないので、すぐになくならないから経済的ですよ（笑）。

――酔うと、ちょっと気持ちよくなるんですか。

そこまでいかないですね、量が少ないから。酔っ払ったこともないですから。

――酒の詩は、どこかで書いてますか。

まだ出してないですね。ぐでんぐでん。ぐでんぐでんになったことにして書きます（笑）。

「生きなくていいよ」に等しい

――前回お会いした次の年に、相模原の障害者施設殺傷事件がありました。犯人は、障害者は不幸しかつくれないって言っているわけですよね。あの事件のあとに岩崎さんは、二十四時間介護の自立っていうか、このことに関してものすごく、まあ強く、この方向を絶対勝ち取るみたいな意識を持たれているような気がしたんです。

そうですね。すごく衝撃的な事件でした。私みたいに障害を持って、社会のなかで介助を受けながら生きるっていうこと自体を、丸ごと、そんなことは迷惑なだけなんだ、世の中にとって害悪なだけなんだっていうようなメッセージですよね。しかもひどいやり方で、何人もの人を殺してしまうという事件でしたから。私個人に向けられたわけではないですけど、何か、障害を持って生きる私に対して向けられている悪意というのを、強く感じたんですね。

友人とか知人にも、こういう障害を持って生きる人はたくさんいるんですけど、普通に他の人と同じように、社会のなかで生きていきたい、生活していきたいっていうだけなのに、それを否定されるということは、生きていなくてもいいよって言われているのに等しいと思うんですね。そういうことは自分としても認められないし、あってはならないって思いますから。私ができることは少ないかもしれないですけれど、ちょっと踏み込んだことも書くようになったんです。

犯人のメッセージのようなことが、ああ、それも一理あるよね、みたいに、気がつかないうちに広がっていくっていうのが、ちょっと怖いなって。

――あそこまで極端じゃなくても、そういうこともあるよねっていうのが、まずいんですよ。犯人のメッセージを薄めたような考え方が、世間のみんなの頭のなかにもあると思いますし。

そう。別にナイフで人を刺すとかしなくても、いろんなところで、「あなた、生きなくていいよ」みたいなふうに扱われてしまう人が出てくると、すごくまずいと思うんですよね。

――実際、障害を持った方々が遠慮するようなところもありますよね。

家族に迷惑を、人に迷惑を掛けないっていうのって、特に日本の社会は根深いっていうのかな。

――遠慮する気持ちって、よくない気がするんですね。謙虚になるっていうことでは人間的にいいことなんだけど、世間のそういう考えを改めるには、遠慮しちゃいけない気がしますね。

そうですね。遠慮していいことと悪いことがあると思うんですね。やはりどんな人も人に迷惑を掛けてしか生きられないと思うんです、特に私のような暮らしをしてる人間にとっては。

――迷惑っていうことが、ちょっとねえ。言い方が……。なんかないですかねえ、迷惑に代わる言葉。……迷惑させてあげてる、とか。

ふふふ。そうですね。たとえば、「持ちつ持たれつ」とか、生活に馴染《なじ》んだ素朴な言葉のなかにもヒントがあるかもしれませんね。

――実際、迷惑にも益《えき》があるわけですよね。まあ、その人が迷惑だって思うと益はないかもしれないけど、人を助けたり、介助に参加することで得られることもいっぱいあるわけだし。

なんか、どうしても遠慮してしまって。特に役所に拒否されたとき、強く感じたんですけど、私はたまたま声をでかく、これはおかしいって押し返せたんですけど、必ずしも、そういう声を出せる人ばかりじゃないんですね。実際、重い障害とか難病を持ってる人って、その日々を生きるのが精いっぱいで、そんなに余裕がないっていうのかな。

声も出せなくて、遠慮をして我慢している人たちが、そういう思いをしなくて済むようにしていきたいなっていうのは、すごくありましたね。

ちょっとしたことで生きると逆の方向に

――もう一つ事件がありましたね。「死にたい」っていう人がSNSで発信して、それをキャッチした男が、自室に呼んで次々殺していったという座間《ざま》の事件です（座間九遺体事件、二〇一七年十月三十日に発覚）。事件発生当時はわっと盛り上がったけど、なんか、あっという間に世間から忘れられて。なんだったんだろうって思うような事件ですけれど。

うん……そうですね。……何かを書く場所っていうか、何かを伝えたいような場所っていうのか、死にたいっていうふうなことを、SNS以外に表せる場所がなかったのかな。ちゃんと受け止めてくれて、わかってくれるような人がいなくて。

――普通は親なんかにも言えないし。学校で「死にたい」って言ったら、みんなに馬鹿にされますよね。「あいつ死にたいんだってよ」みたいな（笑）。

ええ。そういうふうに言われたり、気持ちを否定されたりもして、言わなければよかったみたいになっちゃう。たぶん、知らない人、縁のないような人に向けて書かざるを得ない。

――確かにそうですよね。SNSだから死にたいって書けたっていうところもあるんですよね。

僕が個人的に思うのは、「死にたい」って言ってる人たちは、それぞれ問題や悩みを抱えているとは思うんですけど、岩崎さんのような「生き抜く」という気迫が弱いような気がしちゃうんです。岩崎さんは筋ジスになっているのに、ものすごい生きることに前向きな力を持っていますよね。なのに、なんでみんなそうなっちゃうのかなって。

そんな、あれですけれど。うーん……。まあ、最近、ちょっと二回ほど風邪《かぜ》をひいちゃいまして、結構大変で、症状としては痰が出たり、あと消化が悪くなっちゃって。私は経管栄養で、胃にあけた穴から栄養剤を入れて、なんとか栄養を維持してるんですけれど、それを入れると気持ち悪くなって、ムカムカしてきちゃって、ひどいと吐き気が止まらないんです。生きるために栄養を入れると具合が悪くなるっていうのは、とってもつらいなあと。

栄養じゃなくて水分だけの点滴みたいなものだと、お腹にそんなに負担にならなくて、結構楽に入れられるんです。だけど、それを続けていたら持たなくなっちゃうので、具合が悪くても、どこかで栄養を入れないと生きられないというような場面があったんです。そういうとき、気も弱ってくるので、なんか楽なほうっていうか、水分だけのやつを入れたら楽でいいよなあ……みたいなことを、ふっと思ったりするんですよね。

そういうことを感じたりしていると、死にたくなるほどじゃなくても、つらいです。やはり、人間ってちょっとしたことで、生きる方向とは逆の方向に思いが傾くときがあると。ほんとうに苦しい状況に追い込まれると、そういうことってあるなって、あらためて思ったんです。

私は、人間関係に恵まれているほうだと思うんですね。家族も助けてくれますし、ほんとうにつらいときにつらいと、かっこつけないで言える友人たちもいますし。もし、そういう条件もなくて、悪い状況が重なっていたりしたら、いまのように、何がなんでも生きるんだって、そう思えるようになったかどうかは、ほんとうにわからないなって思うんです。

——うん。まあ、岩崎さんでも、めげそうになることもあるっていうことですよね。

そうですね（笑）。苦しいことやつらいことは、そのときその場で、軽くするなり取り除くなりしないと、生きろ生きろと言われても、ほんとうにつらいことになるなって思ったんです。

僕は、SNSで死にたいと言う人たちに、「生きることの希薄《きはく》さ」みたいなものを感じていたのですが、岩崎さんはその人たちの側に立って、自分の経験と照らし合わせて話してくれました。そのとき、僕は若い人たちの生きづらさや苦しみをわかろうとしていないのではないかと不安な気持ちになりました。

「生きることが希薄だ」ということと「いのちを大切にしよう」ということは、同じような無責任な言葉です。死にたいと言う人を前に、「いのちは大切にしようよ」と言う人をどこか軽蔑していたのに、自分もそうなっているのではないかと思いました。

治るとか治らないとか関係なくなる

岩崎さんは、お兄さん、お姉さんの三兄弟で、七歳上のお兄さんも小さいころに筋ジストロフィーを発症しています。お兄さんは家族みんなで暮らす自宅を出て、筋ジストロフィー専門の病棟《びょうとう》に入院しています。

二〇一七年十月、岩崎さんは風邪を悪化させ、自力で痰を出すことができなくなり、気管切開を考えるようになりました。しかし、気管切開すると、かなり高い確率で声が出なくなります。岩崎さんのお兄さんは気管切開していて、その声は、慣れた人でないと聞き取れません。岩崎さんが気管切開を考えているということを知ったお兄さんは、気管切開は勧められないというメールを岩崎さんに送ります。もし喋《しゃべ》れなくなったら、精神的にかなりのダメージを受けること、意思の疎通ができないことからイライラがつのり、感情を平静に保てなくなることなど、自身に照らし合わせて反対していて、岩崎さんは「自分の存在をかけて止めるという意思が強い、迫力のあるメールでした」と書いています。

岩崎さんは、気管切開を回避するための呼吸リハビリを行っている病院が北海道にあると知り、その病院へ十日間、入院することになりました。

——この前、北海道の病院に入院されて、リハビリを受けたんですよね。

そうですね、痰が詰まっちゃって。痰を自力で出せなくなると窒息《ちっそく》しちゃうので、それを避けるために気管を切開して、穴をつくって、そこに呼吸器を接続して、痰が出たらそこから吸引器で取り除くっていうやり方があるんです。いまのように鼻のマスクだけでやってると、痰が取りにくい。チューブを入れて取るのも、奥のほうだと難しくなっちゃうんですね。

ただ、気管切開して穴をあけると、リスクもいろいろあるんです。痰を出しやすいから安全度が高まるっていうメリットはあるけれど、声が出なくなるかもしれない。声を出すための工夫もあるんですけど、必ずしも全員が全員うまくいくかっていうとそうでもないんですよね。しかも、穴をあけることで感染のリスクは高くなる。それでもやるしかないのかなと思いかけていたんです。そんなとき、兄からメールをもらって、思い詰めていた気持ちに風が通って、立ち止まって考え直すことができました。

それと、北海道に国立八雲《やくも》病院というところがあって、そこでは、私のような鼻マスクで呼吸器を使う「NPPV（非侵襲的陽圧換気療法《ひしんしゅうてきようあつかんきりょうほう》）」をする状況の患者が、最後まで気管切開せず、声を出し続けながら生活できるという情報を知ったんです。それをやっているのが、石川悠加《いしかわゆか》先生っていう、この分野では世界的にも名の知られた先生で。

私は、こんなふうに喋りながら創作に結びついていくことが多いのと、電話したり、スカイプをやったり、面談してお話するとか、口で喋るっていうことがとても大きくて。やはり日常生活で声を失いたくないと思ったので、行ってきたわけなんですけど。

——具体的に、どんなリハビリをするんですか。

始終ベッドに寝て身動きできないでいると、体が硬くなってくるんですね。首や腰、手足の関節だけじゃなくて、肺を覆《おお》っている筋肉も硬くなって、動きが悪くなって、呼吸状態も低下するので、それで呼吸リハビリをやるんです。理学療法士さんが、手で胸郭《きょうかく》をちょっとねじったりひっぱったり、機械で肺のなかに一気に空気を送り込んだり。カフアシストっていう、その機械の力で肺を膨らませたり縮めたりすると、胸の動きが柔らかくなって、呼吸状態もよくなるし、痰が詰まったときにも、その機械の力で口元まで引きずり出すことができるので、それを使えるようにしようっていうリハビリを受けてきました。

――（咳込《せきこ》む）……ちょっと飴《あめ》なめます。（咳込む末井。のど飴をなめに行く）

大丈夫ですか。

――年……年なんですよ。僕も痰がよくからむので（笑）。

私も年取ってきたから、痰が多くなってきたんですかね（笑）。

――（岩崎さんのお母さんが水を持ってきてくださり、水を飲む末井）咳込むと苦しいですね。リハビリでちょっと楽になりましたか。

そうですね。やってきた効果はあります。真冬の北海道に行くという冒険をした甲斐《かい》はあったと思いますね。

石川先生もそうですけど、理学療法士や作業療法士の方とか、看護師の方とか、病院全体が、すごく熱意があるんです。病気が治らない人ばかりが来ているので、治るっていうわけじゃないけど、リハビリとか、生活のなかのいろんな工夫で、それまでよりよくできることって、たくさんあるんだなって、あらためて教えられたんですね。

――岩崎さんの五行歌に、「本当に／「治る」とは／何なのか／一生を懸けて／掴《つか》み取る」っていう作品がありますけど、治るっていうことについて、どういうふうに捉えてますか。

筋ジストロフィーが病気としてなくなる、治療できるっていうのが、一般的に治るということだと思うんです。でも、それだけが治るっていうんじゃないって思っていて。

いま、障害として、前より重くなってはいるんですけど、それでも、いろんな人との関わりであるとか、仕事であるとか、普段の生活をしていくことのなかで、いろんな喜び、生きていてよかったと思ったり、楽しいと思うときもあるわけです。だから、どんな状況であれ、そういうふうに自分の人生を楽しむ、苦しいこともあるんですけど、そうやって生きていければ、それはもうほとんど治ったっていうのと同じような、もう治るとか治らないとか、あんまり関係なくなってくるっていうか、そういうふうに思いますね。

以前、NHKEテレで、岩崎さんを特集した「生き抜くという旗印　詩人・岩崎航の日々」という番組が放送されました（二〇一六年四月三十日）。

この番組で岩崎さんが、病院で暮らすお兄さんの健一《けんいち》さんを訪ねていく場面がありました。そのとき、廊下の向こうから電動車椅子で、微笑《ほほえ》みながらスーッと現れる健一さんがすごく印象に残りました。心の底からの微笑みを浮かべている姿が、何かありがたい感じがして、ヘンな言い方ですけど、神様が現れたような感じがしました。

健一さんは、自宅から病院に移ったころ、何か打ち込めるものを探そうと考えていました。外に出て、病院のまわりで咲いている桜の花を見たとき、自分もこんな花の絵が描けたらいいと思ってパソコンで絵を描くことを始めたのだそうです。

——お兄さんは絵を描かれていますね。

描いてます。兄はずっと、花の絵を描いているんです。

——一枚描くのにどのくらい掛かるんですか。

どれくらいなのかな。何週間とか、一ヵ月ぐらい掛かったりするのかもしれないです。起きてる時間が少ないので、描いてる時間が少ないこともあるんですけど。

いま、兄と詩画集をつくっているんです。兄は十年以上描いてきて、初めて本というかたちで世の中に出ていくんですけれども。生きがいっていうのかな、ほんとうに心を傾けて描き続けて来たんです。そういう強い思いを込めて描いたっていうことは、絵に表れていると思うんですね。

――本ができるのを楽しみにしています。

そういえば、三年前と変わったことでは髭も生やされていますけど、よく似合いますよ。

そうですか。よくないって言う人もいて。やめたらみたいな（笑）。

――いやいや、いいですよ、すごく。他に何か新しく始められたことはありますか。

ちょっと遠出をして、旅行してみたいというのがあって。入院するためでしたけど、冬の北海道まで行ってこれたので、行こうと思えば行けるんだなっていう自信になりましたね。八雲町っていうところは、北海道で唯一太平洋と日本海両方に接しているらしいんです。雪のなかの海の景色も見られたので、いろんな景色を見てみたいなっていう思いが強くなって。

――どのへんに行きたいですか。

見たいものはいろいろあるんですけど、香月泰男《かづきやすお》さん（シベリアに抑留《よくりゅう》された戦争体験を持つ画家。「香月泰男さんの絵に込められた光が、僕に闇を手探りで生きる力を与えてくれた」と岩崎さんは書いています）の絵が山口の美術館にあるんですね。そこにも行ってみたいですし、あと、私はパンダが好きなので、上野や和歌山の動物園に行きたいとか（笑）、行きたいところに行けたらいいなって。

岩崎さんの心はますます自由になっているように思いました。

僕も年とともに、血管攣縮性狭心症《けっかんれんしゅくせいきょうしんしょう》やら緑内障《りょくないしょう》やら、抱える病気が増えてきました。岩崎さんを知ってから、身体の調子が悪いときは、自分の気力が試されているように思います。そして、くじけそうになると岩崎さんを思い浮かべて、もう少し頑張ろうと思うのです。

自分の老化現象と筋ジストロフィーを混同するのは、筋ジストロフィーで苦しんでいる方々に申し訳ないのですが、岩崎さんに対してはそう思っていません。岩崎さんは筋ジストロフィーであっても、病の人ではないからです。

岩崎さんのお宅に伺ってから三ヵ月後、岩崎航さんと健一さんの詩画集『いのちの花、希望のうた』（ナナロク社、二〇一八年）が発売されました。

健一さんの花の絵は、ネットで探した花の写真を元に、独学で習ったソフトを使いやすく改良して描いているそうです。わずかに動く指先でマウスを動かしながら描いた絵とは思えないほど緻密《ちみつ》です。

近くの老人ホームに入っている義母の和子《かずこ》さん（八十八歳）に見せて、「どうですか？」と聞いたら、「人間の心の奥深いところの魂《たましい》が浮き上がってきて、それがこの花を見せてくれているっていうの？　そんな感じがする。ほんとに素敵ね」と言って、いつまでも、いつまでも見つめていました。

精神病患者のなかにある豊かな世界

向谷地生良《むかいやちいくよし》さんとの話

前にも書きましたが(159ページ)、僕がべてるの家を知ったのは、『べてるの家の「非」援助論』(医学書院)という本でした。読書が苦手なので、いつもは読み終わるまで何日もかかってしまうのですが、この本はめずらしく一気に読みました。ものすごくおもしろかったからです。なんでそんなにおもしろかったかというと、世間の考え方が崩れていく快感があったからです。

もともと世間の考え方というものが嫌いで、嫌悪感さえ持っているのですが、そういう僕でも、さすがに精神病の当事者になりたいと思ったことはありませんでした。ところがこの本を読んでいると、自分も当事者になって、べてるの家のメンバーと一緒に暮らしたいという気持ちになってくるのです。

べてるの家は、襟裳岬《えりもみさき》の近くにある過疎《かそ》の町、浦河《うらかわ》郡浦河町にあります。

一九七八年、大学を卒業した向谷地生良《むかいやちいくよし》さんが、浦河赤十字病院精神科のソーシャルワーカーとして赴任して来ました。向谷地さんは、初めて浦河の地に降り立ったときのことを次のように書いています。

四時間という長旅が終わり、ヴォーという霧笛《むてき》の音を聞きながら、人通りもなく、寂《さび》れて朽《く》ち果てそうな家々が立ち並ぶ駅前の道を歩いた。すると不意に「こんな町で一生暮らすのか……」という、なんともいえない堕《お》ちぶれた感覚がわき上がってきた。とぼとぼと歩きながら私は、そんな不謹慎《ふきんしん》な感情にうろたえ、うしろめたさを抱いていた。

二十二歳の若者が、たった一人で辺鄙《へんぴ》な過疎の町に来て、こんな気持ちになるのは当然だと思いますが、当たり前でないのは、そういう感情にうしろめたさを抱いているところです。浦河では（どこでもそうですけど）、精神科病棟に入院することがいちばん惨《みじ》めなことでした。退院した人たちは、病院周辺の老朽化《ろうきゅうか》した安いアパートで暮らし、症状が悪化すると再び入院するということを繰り返していました。騒ぎを起こしてパトカーが来たり、救急車が来たりするので住民の評判も悪く、彼らにとって町で暮らすことは、苦労の連続だったと思います。そのため、惨めなはずの病棟《びょうとう》のなかが、いちばんの安住の場となっていたのでした。

向谷地さんが浦河に来てから、浦河教会の会堂は、精神科病棟を退院してきた人たちの集会の場として使われるようになりました。向谷地さんは、赴任して来た次の年から病院の寮を出て、浦河教会のネズミだらけの空き部屋に住むようになり、そのうち、精神科病棟を退院してきた人たちも一緒に住むようになります。

一九八三年四月、精神分裂病（統合失調症《とうごうしっちょうしょう》）で入院していた早坂潔《はやさかきよし》さん（現べてるの家代表）が退院してきます。早坂さんは集中力が三分しか持たないので、働き口がありません。そのために、内職として日高昆布《ひだかこんぶ》の袋詰めを始めます。翌年、ゆくゆくは自分たちで何かやりたいということで、浦河教会の宮島利光《みやじまとしみつ》牧師がべてるの家と名前をつけます。

一九八八年は、べてるの家にとって大変な年でした。まず昆布の袋詰めの手伝いや食事の世話をしていた宮島牧師一家が、教会を移るため転居します。それから、向谷地さんが精神科病棟への出入り禁止、患者への接触禁止を病院側から言い渡されます（その理由はインタビューで）。さらに、メンバーが昆布工場と喧嘩して、昆布の袋詰めの下請《したう》けも断られてしまいます。

向谷地さんは、精神科病棟に足を踏み入れたときから、精神障害者は「人としてあるべき苦労を奪われている」と感じていて、彼らの苦労を取り戻したい、一緒に苦労をしてみたいと思っていました。そのチャンスがきたのです。「潔さん、金欲しくないか？」「欲しい！」他のメンバーも「オレ、金欲しい！」と目を輝かせます。こうして「金儲《かねもう》けをしよう」ということが決まり、日高昆布産地直送販売を始めます。販売部長は早坂潔さんです。

最初の販売は、札幌で開催された全道の教会総会でした。販売を任された早坂さんは会場に辿《たど》りついた時点で燃料切れになり、体が小刻みに震えだし、長椅子に横になってしまいました。総会に来ていた女性たちがそれを見て、「潔さん、具合悪いのに昆布売ってんだよ、みんな買って！」と、売り子を買って出て、昆布は瞬《また》く間に完売しました。早坂さんがちゃんと立ち続けて販売するより、震えて寝転んだことがまわりの人たちを動かして、結果として昆布が売れたわけです。以後、そのことの力と可能性を大事にするようになります。

その後べてるの事業は、多方面にどんどん拡大していき、現在は働くスタッフも一〇〇人近い事業所となり、グループホームなどの住宅は一〇箇所を越え、浦河町のメインストリートにもカフェを出し、浦河の町に活気をもたらしています。

また、当事者が自分の生きづらさを研究する「当事者研究」も事業化され、それぞれの研究成果を語るDVDも多数販売されています。幻聴《げんちょう》を「幻聴さん」と呼び、自分の幻聴さんをキャラクターにして売っている人もいます。そういうべてるの人たちに会いたいと、年間二千人から三千人もの人たちが浦河を訪れています。

僕もべてるの人たちに会いたくて、二〇一四年八月、毎年浦河で開催されている「べてるまつり」に夫婦で行きました。

「べてるまつり」の前日、夕食会があったので、会場の浦河町総合文化会館に行ってみると、べてるのスター早坂潔さんを喫煙コーナーで見つけました。早坂さんはパチンコが好きなことを知っていたので、挨拶《あいさつ》がわりに「パチンコやってますか？」と言うと、真面目な顔で「やってない！」ときっぱり言って、煙草《たばこ》を吸い始めました。向谷地宣明《のりあき》さん（生良さんの息子さん）の話だと、早坂さんに「パチンコ行ってるらしいね」と言うと、負けているのに「勝ってる」と言い、そうするとすぐ入院になるのだそうです。べてるでは「パチンコ入院」と呼んでいるそうです。嘘を言うと病気になるって、おもしろい人ですね、早坂さんは。

翌日の「べてるまつり」は、総合文化会館の大ホールで行われました。当事者研究の発表や、サポーターのみなさんの話や、べてるの家の三十年を振り返る演劇があったり、それはそれは盛りだくさんな一日でした。

誰かが舞台で話していると、マイクを持った人が突然出てきて歌謡曲《かようきょく》を歌いだしたり、誰かが横切ったり、舞台の袖《そで》で寝ていたりします。客席では自分の一日のスケジュールを書いたパネルを首からぶら下げた人が巡回していたり、舞台で向谷地さんが話し出すと、薄くなった向谷地さんの頭を撫《な》でに来る女性がいたり、見ているとおかしくて、どんな演劇よりもおもしろいのではないかと思ったりしました。通常、舞台で誰かが喋《しゃべ》っているとき、それを邪魔する人がいれば排除されます。べてるには排除するということがないのです。

最後は、一九九〇年からやっている恒例の「幻覚妄想大会」です。その年、最もユニークな幻覚・幻聴・妄想を体験し、周囲に豊かな恵みをもたらしてくれた人を表彰します。グランプリを受賞したのは、水の飲み過ぎでお腹がパンパンになっている統合失調症の佐《さ》藤太一《とうたいち》さんでした。水飲みが止まらない理由は、佐藤さんと身長が同じぐらいのピカチューみたいなものが、「水を飲め」と言ってくるからで、それをウラチューと名づけています。

その夜は、バスで大きなホテルに移動してパーティーが行われました。べてるのメンバーは、みなさん、ほんとうによく食べてよく笑う人たちでした。

向谷地生良さんは、精神障害で入院した人たちを、病院という安住の場から、困難や苦労の多い社会生活の場に引き戻した張本人です。病院を魂《たましい》を抜かれた「死」の世界、べてるの生活を苦労を取り戻した「生」の世界と考えたら、その昔、死んだ人を生き返らせたイエスという人がいたことを思い出し、向谷地さんも同じことをしているように思いました。

苦労したくて仕方がなかった

——向谷地さんが最初にソーシャルワーカーとして赴任されたのは、浦河赤十字病院ですね。

はい、総合病院の精神科で、精神病を抱えた人たちの相談業務が就職した初日から始まったんですけれども、大学を出たばかりの右も左もわからない二十二歳の若造でしたね。

——浦河教会の会堂で、向谷地さんと当事者のみなさんが共同生活することになりますよね。

最初、病院の寮に一年間入って、二年目で、浦河教会の空き部屋に住むようになったんです。その次の年ですね、メンバーさんに声を掛けて、部屋が空いてるから住まないかって。

——あ、向谷地さんのほうから声を掛けたんですね。

ええ。浦河に行って、一番最初に私がやろうと思ったことは、病気を経験した人たちとの交流活動だったんです。というのは、学生時代から、難病患者団体の事務局を手伝ったり、特養（特別養護老人ホーム）で住み込みで働いたり、なんとなくそういう人たちのなかで暮らすというのが私の感覚に合っていたのと、そこでものを考えることがしっくりきていたんです。

――大学生のとき、特養に住み込みしようと思った動機はなんだったんですか。

大学生になって、何をしたかったかというと、とにかく苦労したくてしょうがなくてね。

――えーっ、まあ少ないですね、そういう人は（笑）。

どうやったら苦労できるかなと思って。思いついたのが、あ、仕送りを断ればいいんだと。で、親に電話掛けてね、悪いけど仕送り止めてくれないかって（笑）。

――苦労することで自分がよくなるという思いがあったんですか。

自分がよくなるという以上にね、苦労するところに、なんか大事なものの発見があるような気がしてしょうがなかったですね。

――何かおもしろみがあったとか？

おもしろみというか、ある種の真理に通じるね、深遠《しんえん》なものがあるんじゃないかと。

――逆にいうと、向谷地さんには、それまで苦労という苦労はなかったということですか。

結構それなりに苦労はしてきましたね。私は素直じゃないので、先生と反《そ》りが合わなくて、中学一年のときは担任にいつもぶん殴られていましたから。先生にしこたま殴られたあと、今度はスケートで頭を強打してね、スポーツ禁止になって。それから転校した学校でもいろいろありまして、そのころはいまでも苦労したなと思いますね。この苦労の、さらに奥を極めてみたいなと。

――えーっ（笑）。

そもそも、そういう感覚なものですから。特養に住み込みして生活費用を捻出《ねんしゅつ》しながら、足掛け二年くらいそこにいましたね。そこで寝たきりの人たちと一つ屋根の下で暮らしているとね、あ、人間って最後はこうなるんだということが、最初に自分のなかに叩き込まれるんです。素朴な、当たり前なことですけど、人は死ぬんだなと。

筋ジストロフィーの子供たちが亡くなるのも大変だったし、アミトロ（筋萎縮性側索硬化症《きんいしゅくせいそくさくこうかしょう》）の人たちとか、いろんな難病の人たちとつき合ったり、ハンセン病の活動にも首を突っ込んだり、いろいろやっていました。でも、精神科領域に行くなんて、まったく思ってなかったですね。

ただ、学生時代から、精神科関連の本は、読んでいたことは読んでいました。ヴィクトール・フランクルとか、ヴィーゼルとか。パウル・ティリッヒの『存在への勇気』（新教出版社、改訂新版、一九六九年）にある「人は、一日、一日死に続けるという〝死の連鎖《れんさ》〟のなかに生きている」というメッセージは、その後のべてるの理念につながっていったりしていますね。

――浦河の話に戻りますと、会堂で当事者の人と暮らしたのは交流活動ということですか。

私はずっと当事者活動のなかで育てられたんですけど、病院に勤めたら診療チームの一員になるわけですね。ここの落差が精神科の場合は特に大きくて、患者さんと暮らしながらものを考えるというスタンスを大事にしたかったので、一緒に暮らし始めたんです。

――当事者の人と暮らすのは、単純に、その……怖いとは思わなかったですか。

いや、いろいろありましたけど。百五十年前にイギリスのロンドン郊外にあるスラムで始まったソーシャルワークの原点が一緒に暮らすことで、それにチャレンジしてみたいと思ったんです。

私はちょっとヘンなところがあって、浦河の町に来ていちばん最初にしたことは、保健師さんのところを訪ねて、「浦河の町でいちばん困っている家族を紹介してください」って、それでその家を訪ねて行くんですね。いまでもそういうところは変わってなくて、ご縁のあった精神科のお医者さんに、ヘンな言い方ですけど、「先生がいまいちばん治療に困っている患者さんを紹介してもらえませんか?」って。それで、そこに訪ねて行くんです。

——そのいちばん大変な人に会うことって、苦労したいっていうことにつながるんですか。

そうですね、いちばんそこで鍛《きた》えられるし、いちばんわかりやすいですね。

私がこれまで、いろんな人、いろんなどうしようもない、ひどい人とつき合ってみて気づいたことは、どんなひどい人よりもひどいのは自分だろうなということですね。酒を飲んだくれる人とか、信じられないことをやらかすような、どうしようもない人たちがいっぱいいて、家族が別れたとかくっついたとか、そういうのをいっぱい見てきたんですけど、そういう現場に立ち続けるためにも、実際的にも、いちばんどうしようもないのは自分だと思っていればいいっていう。

——僕もそうしたいんですけど、なかなかできないんです。どこかで自分が偉《えら》いと思っちゃう。

ふふふ。実際、自分はどうしようもないと思いますし。

自殺した人はもう数えきれない

向谷地さんは看護師さんの控え室に机を一つ置いて、相談業務を開始します。「浦河は小さい町だし、住んでいるところや電話番号を患者さんに知られたら大変だよ」と忠告されますが、向谷地さんがつくった名刺には、自宅の住所と電話番号がきっちり入っていました。

病院の医者を頂点とした治療チームで働いていると、患者さんや家族には、病気を治してもらいたいという期待がありますよね。その期待に応えなきゃいけないということで、問題があれば問題を解決するという方向で仕事をしちゃうんですけど、現実にはそう簡単にいかないんです。

こちらが治そうと思ったり、なんとかしてあげなきゃと思っても、どんどん現実は裏目に出るし、患者さんは回復していかないし、いちばん大変なのは死なれることですよね。自殺されることです。あの、もうもう、たくさん死なれてきましたんで。

――そうですか。

目の前で飛び降りられたこともあるし。

――それはたまらないですね。

走って駆《か》けつけたけどダメだった。病院で仕事してるときに、窓からこう、ぶら下がってる患者さんがいて、慌てて駆けつけたら目の前に落ちてきたっていう。

――ああ、下から見て。女性ですか、男性ですか。

男性で、お年寄りでしたね。酔っ払って、なんか投げやりな電話掛けてきて、いろんな話をして、次の日に死なれちゃった経験もあります。こういうふうに言っていればよかったとか……。

――それは残りますよね。自殺した人は何人ぐらいいるんですか。

いや、もう数え切れないですよ。病院で働いた二十五年を含めて、この四十年で百人は下らないと思いますね。駆け出しのころは、もうなんだかんだあって、酒飲み過ぎて死んだとかそういうことも含めて、年間十人ぐらいの人が亡くなっていました。

——多いですねえ。

最近はほんと少なくなりましたけど。それでもやっぱり、何年かに一人とか、ぽつりとね。こんな仕事、四十年もやってますからね……。

——宣明さんが、浦河では死ぬ人は海に行くっておっしゃってましたね。なかなか海では死ねないっていうか、浮いちゃったりして。酒でも飲んでないと溺《おぼ》れないかもしれないですね。

港で身投げする人もいますね。私たちが関わっている人が、急にそんなふうになっちゃうし、自殺だけじゃなくて、いろんなことで突然死したりね。やっぱり、死なれるっていうことは、避けて通れない仕事ですけど、つらいですよね。でも思うのは、亡くなった人が一番びっくりして、ゴメンって頭かいてるんじゃないかと思うんですよね。

そういうメンバーさんたちと会堂で一緒に暮らしていて、大変だった反面、いろんな発見もありました。一人の青年は朝から酒飲んで、カセットで「君《きみ》が代《よ》」をがんがんかけて日の丸立てて町を練り歩いたり、へんなことばっかりして、その後始末に追われたんですけど、わかったのは、ああ、この人たちも人間なんだなっていう(笑)、非常に素朴なところですね。

浦河は町民のおよそ三割の人たちがアイヌの人たちで、歴史的な背景から、アイヌの人と朝鮮半島出身者が出会って家族を形成してきた人がたくさんいたんですね。当時、アルコール依存症をかかえて困っている人の多くが、そんな背景を持っている人でした。やはり、貧しさとか差別の問題があって酒に溺《おぼ》れるということが日常茶飯事《さはんじ》に繰り広げられているんですけど、そこに電話一本でとにかく家まで駆けつけるっていうことを、ずーっとやっていたわけです。

——どういう電話があるんですか。

お父さんが暴れているとか、酒飲んで金を全部使い果たしてしまって、どうしたらいいかとか、酔っ払い同士の喧嘩とか、そういう電話があればそのつど駆けつけるわけです。

あるときなんか、奥さんから電話があって駆けつけたら、ちゃぶ台がひっくり返っていて、旦那さんはお酒飲んで寝てるわけですよね。「あれ、奥さんは?」って言ったら「知らねぇよ、そんなもの」って。そこに奥さんが入ってきたんだけれど、タオルで巻いた包丁《ほうちょう》を持っているんです。私が行かなかったら、奥さんがやろうと思っていた、そういう場面だったんです。

——怖いですねえ。

そういうことがあったりすると、だんだんだんだん、家族の苛立《いらだ》ちとか憎しみとか、「この人さえいなかったら」みたいな感覚がわかる感じになるんですよね。この奥さんだからということではなくて、人って同じ環境に置かれたら、誰しもそういう状態に陥るんだって。そういう発見は自分のなかでは大きかったですね。もう蹴飛《けと》ばしてやりたいと思いましたからね。ふっふっふ。

——あ、向谷地さんがその親父さんを(笑)。

そうね。そんなふうに電話一本で駆けつけたり、メンバーさんと一緒に住んだりする、そういう仕事のスタイルって、あまり一般的じゃないんです。非常識だし、やり過ぎだって言われる。

——それで精神科病棟に出入り禁止になるんですよね。

五年目で、病院の一番偉い先生に、「今日から出入り禁止です」と言われて、患者との接触禁止になって、窓際《まどぎわ》になるんですけど。

病棟から追い出されて、どうしよう、どうなるんだろうと思ったときに、ふと浮かんだアイデアは、この大変さをメンバーさんに相談したらおもしろいなあって。いままでは相談に乗ってたメンバーさんに、自分が相談するということにチャレンジしたらおもしろいんじゃないかと。

――なるほど。具体的にどういう相談をされたんですか。

「佐々木さんも、いままで職場の人間関係でいろんな苦労があったと思うんですけど、どうやって乗り越えてきたんですか」とか（佐々木実《みのる》さんはべてるの理事長。統合失調症で長期入院。退院したときの、「自分たちはこの町でどうやって生きていったらいいのだろう」という言葉が、べてるの発祥《はっしょう》となりました）。相談していい結果が出ることより、相談できることが、こんなに嬉しいんだと。

――それもまた、なんでしょう、羨《うらや》ましいと思いますね。相談したとき、みなさんの反応は？

ま、大変ですねって（笑）。でも真剣に聞いてくれましたよ。

私はヘンな性格で、病院を追い出されたときも全然困らないというか、そういう大変さからちょっと離れたところでものを考える癖があって。このあと何が来るのかって。だから可愛《かわい》くないって言われるんですけどね（その五年後、接触禁止を言い渡した先生は「君には負けたよ」と握手を求めてきたそうです）。

――いや、可愛がられてるじゃないですか。「べてるまつり」のとき、メンバーさんに頭撫でられたりしてましたよね（笑）。でも、何か、揺るぎないものがありますよね、向谷地さんのなかに。それは信仰的なこととと関係はあるんですか。

信仰的なものは関係あるんだろうか……。信仰って言っていいのかどうかわからないですけど、私は中学のときから母親に連れられて教会に行っていて、そういう世界でずっとものを考えてきたんで。あの、私のモデルには、イエスっていう人がいつもイメージとしてあるんです。

——ああ、僕もあの人をモデルにしたいんですけど、ああはなれないっていう。

あのイエスという人も、やることなすことみな裏目に出てるんですけど、おもしろいんですよね。ユダヤ人の救世主として期待されながらも、まわりの期待とは違ったところにいて、白馬にまたがった王子のような登場を期待されたら、ロバに乗って現れてみたり、まわりの期待をことごとく挫《くじ》いて、やることなすことにまわりが嫌がって、最後は弟子《でし》に裏切られますからね。

あの物語のなかには、全部予定通りなんだよっていうメッセージがあるような気がして。べてるの家のなかに「それで順調」っていう言葉があるんですけど、そんな感覚ですよ。

——予定通りというのは、神様の考えということですか。何に対して予定通りなんでしょう。

何か大事なものを見い出したり、大事なものを知ったり、そのために必要なことが起きてるんだろうなっていうことですかね。そう思っていると、ある種の行き詰まりとか、壁にぶち当たったときとか、なんか、そこから新芽が出てくるような経験があるんですね。

死にたいを一つの現象として捉える

——たとえば、「死にたい」「自殺したい」と言われたとき、どう対応すればいいんですかね。

死にたいとかそういう話って、もう、しょっちゅうあるわけです。前に、講演で宮城の石巻《いしのまき》に行ったんですけど、主催者の人と打ち合わせをしてたら、その人に電話が掛かってきたんですよ。(主催者側の当事者グループの)メンバーさんが死にたいって言ってるって。そのスタッフの人が、「わかった、実はね、浦河から向谷地さんっていう人が来てるんだけど、ぜひあんたに会わせたいと思ってる。死ぬのはそれからでもいいんじゃないか?」って話をしてるんです。

次の日、その三十四、五歳の青年が講演会場に現れて、主催者の人から「この人が死にたい青年です」って紹介されたんですよ。話聞いたらおもしろくて。「よかったら、私と今日一緒に話しない?」って言って。そうしたら、すぐ、「いいですか?」って。なんかわからないけど死にたくなる、死神に襲われるような感じになるって言うんで、それを今日、みんなで研究しようねって。で、その「死神の研究」を舞台でやったんですよ。

その人は詩が好きで、その青年の詩が石巻の被災地活動をやっている事業所のホームページに紹介されたんです。いい詩は、落ち込んでいると書けると言うんですね。だから、いい詩を書くためには落ち込まなきゃならない。だけど、つらいこととか悲しいこととか思い出しながら机に向かっていると、気がついたら詩を書くじゃなくて、死にたいほうの境界線を飛び越えちゃって、いつの間にか「お前はもう死ぬしかない、死ぬしかない」っていう声が聞こえてくると。

彼は被災者なんです。家にいたら津波が押し寄せてきて、押し入れによじ登ったんだけど、首のあたりまで水がきて、もうちょっとのところで死ぬところだったんです。で、被災後何日かして、死にたくなって橋から飛び降りて、でも、ちょうど水かさが少なくて助かったんですね。

それで、詩を書くのはどんな意味があるのかって聞いたら、詩を書くと多くの人がホームページを見てくれて、被災地支援の関心が高まって、寄付金も集まっていいんじゃないかと。だから彼は「死にたい」じゃなくて、復興支援をなんとかやろうと頑張っているんだけど、煮詰まってくるとそっちのほうの世界にいっちゃうっていうことがわかって、死にたいことが目的ではなかったってみんなと分かち合えたので、あんまり「死にたい」って言わなくなったんです。

——ああ、まさに当事者研究ですよね。

あとはね、翌日に講演があった日に、誰かメンバーさんを連れて行こうかなと思って、ふと浮かんだ女性のメンバーさんに電話を掛けたら、「向谷地さん、なんでわかったの。私、いま遺書書いてた」って（笑）。「それはいいタイミングだったね、そのことも含めて明日講演があるんだけど一緒に話してくれない？」って誘ったら、「いいんですか？」って（笑）。

——はっはっは、そうか〜……。なんだか明るいですね。

死にたいっていうのは一つの現象と捉《とら》えて、ほんとうにその人が死にたいのかどうかということは、また別の問題として考えますね。

彼女ができればテロしなくてもいい

死にたいって言う人もいますけど、殺したいって言う人もいますよ。ここ三、四ヵ月、その青年とやり取りしてるんですけど、相模原《さがみはら》の事件みたいなことを俺もするかもしれないってね。

――ああ、それはちょっと厄介《やっかい》ですね、死にたいと言う人よりは。

この青年は、ほんとに一歩間違ったら秋葉原《あきはばら》のような事件を起こすんじゃないかなって思うことがありますね。その人はある市役所の人に、そういうことをほのめかして、何回も市役所に電話を掛けて、その対応がまずいと、もう営業妨害のように一日何十回と電話を掛け続けるんです。

――それはまだ現在進行形なんですよね。少しは変わってきてるんですか。

ええ、少しは変わってると思うんです。

――向谷地さんはどういうふうに対応していったんですか。

今日も二、三回電話が来てるんですけど、電話で一緒に研究してるような感じですね。「そんなことしちゃダメだ」とか、そういうことは一切言わないで、「あんたがもしイラクにいたら、立派なＩＳの戦士になれるかもしれないね」って。

――確かにね（笑）。

格差問題とか、社会のことをよく知っていて、よく言ってくるんで、「その通り」って。

――そういう憤《いきどお》りがあって殺したいってなってるんですか。

うん。すごく極端なんですけどね。ずっと七、八年ぐらい仕事してないんですよ。

――誰をどういうふうに殺したいと。

もう、誰でもいいって。

――政治を憎んでるってことですか。

政治も憎んでます。私はね、そういう見方もあるよねっていうところがちょっとでもあれば、全部賛同します。「そりゃあそうだ」「しっかり勉強してるね」って。

――一応賛同して、そこから分析なわけですか。

分析も何も……。ただ、ときどきね、出会いが欲しいと言うんですよね。「俺、なぜ彼女ができないんだろう」って。彼女ができればね、テロをしなくていいみたいなこと言うんです。

――はははは。急にそういう話になるんですか。それでどうするんですか。

「出会いは大事だよ」って（笑）。だけど、ほんとうの出会いの場面になると怖気《おじけ》づくんでね。「誰か紹介してくださいよ」って言うんだけど、人を殺したいとか、テロリストをやると標榜《ひょうぼう》してる人にね、紹介できる人って……なかなかいないっていう、この落差がね。

――「テロリストの若いのがいて、人を殺したいって言ってんだけど紹介しようか」って（笑）。

その青年に対しては市も困って、物騒《ぶっそう》なことを言うもんだから警察とか保健所とかが集まって「どうする？」ってことになって、市の関係者から相談があったから、私の電話番号教えてあげたらいいですよって言ったら、ガンガン掛かってくる。電話は私のほうからも掛けますけどね。

――どういうときにかけるんですか。

「どうしてますか？」って（笑）。やっぱり、気心が知れて普通の話ができるかどうかっていうことなんですね。人とつき合った経験があまりにも希薄《きはく》な人たちが、なんか、みんな行き場を失ってるような感じがするんです。人に揉《も》まれてないというか、人のなかで生きた経験を持たない人たちが、情報だけで物事を判断して、単純な構図で生きてるような感じがあるんですね。

――高齢者の自殺率は下がってきたらしいですけど、若い人は変わらないらしいですね。そういうことも根本にあるのかもしれませんね。社会にうまく溶け込めないみたいな。

自分たちの若いときと比べたら、社会があまりにも単純になっちゃって。昔、世の中にはもっと細かい網の目のような、いろんな人と人の縁みたいなものがあったと思うんですけど。

——隙間《すきま》がなくなったというかね。僕が若いころは、たとえばパチンコしかできない人がいて、パチンコ店もその人の居場所をつくってあげるとか。それで生活できるわけです。いまはなんかキチキチとしてて、なかなかそういう人の居場所が見つけられない感じがしますけど。

ＩＴとかね、ああいうのをやめたらいいんじゃないかと。

——それは止められないと思いますけど。何万人かでどっかの島に移住したり、独自の文化をつくるとかしないと。

ＩＴを使わない町とかがもしできたら流行《はや》ると思うね。スマホもないしコンビニもない、そういう町があったら、過疎化が止まるんじゃないかなあ（笑）。

死にたいという乗り物から降りられなくなる

死にたい人たちって、死にたいわけじゃなくて、死にたいというある種の乗り物から降りられなくなっている人たちなんじゃないかと思いますね。

いままで、電車に飛び込んだり、マンションから飛び降りたりして、それでも助かった人たちとつき合ってきて共通しているのは、気がついたとき、なんであんな馬鹿なことしたんだろうって。ほとんどの人がそう思ってるし、死にたいわけじゃないって、だいたいそう言いますね。亡くなった人たちの、おそらくほとんどの人が、死にたくて死んだというよりもむしろ余儀《よぎ》なくされたというか、何かそういう力に飲み込まれて止めることができなかった人たちじゃないかなという気がしますけどね。

――死にたいという乗り物から、なぜ降りられなくなるんですかね。

大橋力《おおはしつとむ》という情報環境学の研究者が、『地球文明の危機』(稲盛和夫《いなもりかずお》編、東洋経済新報社、二〇一〇年)という本のなかで、なぜ自殺が起きるか、そのメカニズムについての説を書いているんです。

どういうことかというと、人類が誕生して約七〇〇万年だとすると、ほぼ人類の歴史は狩猟民族なんです。狩猟社会は六九九万年続いたんですけど、ストレスフリーな生存ですね。今日食べるものは今日狩りに行って獲って、木の実を採って、それをみんなで分けあって暮らすという。

狩猟民族から農耕民族になって、科学文明になってくると、助け合いと協調をベースに設計されている人間の遺伝子のなかに、競争原理という文化が入ってくる。そうすると、助け合いと協調の遺伝子は「それじゃあ無理して生きていかなくてもいいよ」って。絶滅スイッチというか、そういうものを遺伝子そのものが機能として持ってるって言うんですね。

――説得力ありますね。突き詰めれば、競争原理が原因で自殺している人も多いと思いますね。

うん。土に還《かえ》りなさいってね。土に還ってまた一つの有機物になって、他の生き物に取り込まれるなりして、次の役割を果たす。そういう生命的な循環のなかに戻るように、ある種の絶滅スイッチが起動して、そこから降りられなくなった人たちが死にたい人たちなんじゃないのかな。

だから、元々の遺伝子が持っている助け合いと協調の部分、かすかに残っているその部分に働きかけて、それをギリギリで起動させると、絶滅から救われるんじゃないかと。

ではどうしたらいいのか。その一つのヒントが、向谷地さんが言っている「右下がり」論だと思います。

〔略〕元来、人間には人としての自然な生き方の方向というものが与えられているのではないか。その生き方の方向というのが、「右下がり」である。昇る生き方に対して「降りる生き方」である。

現実には多くの人たちが、病気になりながらも〔中略〕「右上がり」の人生の方向を目指している。〔中略〕ところが不思議なことに、「精神障害」という病気はそれを許さない。「再発」というかたちでかたくなに抵抗する。まるで「それはあなた自身の生きる方向ではないよ」と言っているかのように……。

その意味で精神障害者とは、誰よりも精度の高い「生き方の方向を定めるセンサー」を身につけた、うらやむべき人たちなのかもしれない。

（『べてるの家の「非」援助論』）

精神病患者を「うらやむべき人たち」と捉えている向谷地さんは、世間から見れば相当変わった人ですけど、「右下がり」という考え方は、目からウロコが落ちるようでした。

僕らは「右上がり」という方向性を知らず知らずのうちに植えつけられ、それを疑おうともしないでいます。しかし、それは誰もができることではありません。「右上がり」は人を蹴落としていく競争でもあります。その競争から脱落して病気になったり、精神のバランスを崩して、その結果自殺をする人もいるのです。

大橋さんは、文明というのは、ある現実に適応しようとして生み出されてきた一つの社会活動の体系だと言ってるんですけど、私は病気そのものが、そうじゃないかなと思ってるんですね。右下がりということは、私たちが持っている遺伝子の設計図に沿った生き方をすることなんじゃないかな。そういう意味では、「分かち合いの共同体」にもう一回立ち戻らないといけない。対話とか当事者研究の世界のなかには、そういうものがあると思うんです。

前向きの無力さ

――今後は、当事者研究を広めるっていうか、いろんなところでやっていくみたいな方向性なんですか。海外からも、浦河にたくさん来ているんですよね。

おもしろいですよね、海外の人たちが、北海道でいちばん交通の便の悪い浦河によく来るんです。韓国からはもう毎月のように来て、私たちも来月行くんですけれど、韓国の隅々に当事者研究の種がまかれている。日本と韓国の現状は、まるで双子の兄弟のように似る傾向があります。

世界で唯一、精神科病床《びょうしょう》数を増やしてきたのも日本と韓国で、多剤大量も同様です。法制度もほぼ似ていて、本来はもっと交流して、知恵を出し合うべきですよね。韓国は、先行する日本を反面教師にして、スピード感と熱意をもって改善に取り組んでいます。

ただ、まあ、こういう切り口、発想というものは、そもそも昔の社会のなかに、人のなかにあったものじゃないかと思うんですね。それを私たちはことさらにやってるだけであって、そのことが大事だと気づけば、当事者研究という言葉がなくなってもいいんじゃないかなと思ってて。

元々、当事者研究は、いろんなメンタルな病気を抱えた人たちと、「一緒に研究してみない?」というノリで生まれてきた、ある種の知恵みたいなものですね。研究するためには、お互い目の前にある現実に対して、どうしたらいいんだろう、なぜだろう、これは一体どう考えればいいんだろうって、そういう共通の前向きな無知っていうか、前向きな無力さ、誰かが知ってて誰かが知らないということではなくて、一緒にそのことに無知である、無力であるというところから「どうする?」って、ワイワイやりながら発展していく、このプロセスそのものが大事なんですね。それは、遡《さかのぼ》ればギリシャ哲学の時代から、ソクラテスやプラトンが対話だと言った、まさにそのことが実は最も大事なんだと。

不思議にね、あるタイプの認知症《にんちしょう》の人とか、病院で一番治療が難しい人とか、そういう人たちに治療のためっていうよりも、まず、その対話の構造を持っていって、コツコツコツコツその人たちと一緒に研究するというか、対話し始めると、みんな元気になるんですよ。

——認知症にも効くんですか。

認知症のなかでもレビー小体《しょうたい》といって、若い人たちでもなる若年性《じゃくねんせい》の認知症で、幻視《げんし》が前面に出て記憶障害はゆっくりなんですけど、そういう人たちが最近増えていて、結構トラブるんですね。で、そのスタッフから相談されて関わったんですけど、よくなるんですよ。

たとえば、ヤクザがまわりに住んでいて、水道局とヤクザがつるんで水道局に払った水道料金を掠《かす》め取るみたいな、おもしろい理屈を言って水をじゃんじゃん出す主婦がいるんですよ。

その人と一緒に、「そのヤクザとあなたはどんな関係なんですか、ヤクザはどの辺に住んでいらっしゃるんですか、何人いるんですか、どんなお人柄ですかとか、詳しく聞きながら研究していくんですけど、最終的にその人が一人じゃないってわかってくると、ヤクザの勢力がどんどん縮小していく。いまだに狙われてる感じがするけど、ヤクザは弱ってきたって。不思議ですよね。

――そうやってみんなでわいわい話しているうちに、だんだんみなさん、自分の言葉で話すようになっていくって本に書かれていましたね。

そうですね。不思議なくらい、みなさん研究が大好きで、熱心ですよね。

ヤクザに狙われている主婦の方にしても、「最近オレオレ詐欺《さぎ》が流行《はや》っているから注意してください」という回覧板を見たとき、それが刷《す》り込まれたり、社会で起きていることがどんどん刷り込まれていく。安心とかつながりとか、そういう情報が圧倒的に少なくて、不安の情報のほうが肥大化していくと、そんなふうになっちゃう。だから、どこかに具体的なつながりとか、一人じゃないっていう関係ができて、それがだんだん積り上がってくると、もう簡単に逆転しますね。

――それだけ過敏な人たちということですね。

最初におっしゃっていた、いまいちばん困ってる人、治療がいちばんうまくいってない患者さんを紹介してもらってるっていう、それはどんな方々なんですか。

札幌二ヵ所、あと岩手と千葉の病院なんですけど、その人たちは統合失調症です。深刻な幻覚妄想状態で、支離滅裂《しりめつれつ》で、お薬をいろいろ変えても、全然薬に反応せず、スタッフも困り果てている人です。そういう人たちが変わるんですよね。

一つの成果を得るために、私たちはその一〇〇倍くらいの失敗や行き詰まりをコツコツと重ねています。そこから得られた成果は、生きること、暮らすこと、生命や社会のあり方について、すごく示唆《しさ》に富んだ情報をもたらしてくれるんです。私たちはそのことに学びながら、研究するという、実に頼りなく不確かな毎日を生きていくことを諦《あきら》めずに、マイペースで続けている感じですかね。

向谷地さんは、精神病院から治療困難と言われている患者さんを紹介してもらっていると話していましたが、その患者さんたちと、どんなふうに話をしているのかが、雑誌『精神看護』で紹介されていました（医学書院『精神看護』二〇一六年三～九月号）。

神様がテレパシーを通して十四の罰を自分に下してくる人、天井《てんじょう》にいる山姥《やまんば》からいつも見張られている人、換気扇《かんきせん》に話し掛けられる人、厚労省の役人に巻かれたワイヤーが身体に食い込んでつらい人などが出てきます。まるでシュルレアリスムのような、ミシンと蝙蝠傘《こうもりがさ》が解剖台の上で出会うようなおもしろさがありました。

向谷地さんが対話を続けていくと、神様の十四の縛りが七つに減っていったり、敵対関係にあった山姥と停戦したり、その妄想の世界が少しずつ変わっていくのだそうです。そして、「あの看護師は気に入らない」とか、現実のことがちょっとずつ入ってくると、それが回復の兆《きざ》しで、妄想的な世界が解けてくることだと向谷地さんは言っています。「それはもったいない」と思うのは、当事者の苦しみを知らない僕の無責任な発想ですけど。

向谷地さんは「豊かな世界」という言葉をよく使います。精神病の人たちと密にして、その妄想の世界を覗《のぞ》いてみて、「ああ、豊かな世界があるな」と思っている人を、僕は初めて知りました。それは逆に言うと、豊かな想像力と感受性を持っている人こそ、何かをきっかけに妄想の世界に入り込んで、一般人とコミュニケーションが取れなくなるということです。そういう人を、みんなは精神病患者として社会から隔離《かくり》してきたのです。

べてるの家には、豊かな世界を持った人がたくさんいます。その人たちの活躍に期待したいです。そうすると、もっとおもしろい世の中になるように思います。

何年か前、町田市民ホールで行われた当事者研究に行ったときのことです。そのとき向谷地さんは道に迷ったらしく、開催が二十分ほど遅れました。

向谷地さんは、「途方《とほう》にくれますね。どっちへ行っていいのか。途方にくれてる人がたくさんいるんじゃないかと思いますね」と、道に迷ったことと生きていくことに迷っている人を重ねて話していました。そんな向谷地さんが、すごく愛らしくてかっこいいと思ったのでした。

母の自殺を自分のなかに取り込むため、三ヵ月間休まず絵を描き続けた画家

弓指寛治《ゆみさしかんじ》さんとの話

母親がダイナマイトで心中してから三年か四年後に、父親が再婚しました。三年後だったか四年後だったかさえ覚えてないほど、二番目の母親の記憶は薄いのです。ダイナマイトの母親とは一年間しか一緒にいなかったのですが、二番目の母親とは僕が高校を卒業するまでの七、八年間、一緒に暮らしていたのに、その人を母親と思うことができないままでした。

二番目の母親は晩年気が狂ってしまい、僕が土産《みやげ》に持って帰った饅頭《まんじゅう》を、「毒が入っとる!!」と言ってぶつけられたことがあります。僕は当然の報《むく》いだと腹も立ちませんでしたが、母親の孤独を思って悲しい気持ちになりました。しかし、弟はダイナマイトの母親に思い入れがないぶん、二番目の母親と仲がよかったと最近になって聞いて、ちょっと安心しました。

僕がたった一年しか一緒にいなかった母親に対して思い入れが強いのは、母親が好きだったこともありますが、母親を表現の対象にしてきたからです。フリーの看板屋を経て、エロ

雑誌のイラストや漫画やデザインをやり始めてからは、編集者が求めているものを描くようになったのですが、自由に描いていい場合は、死のイメージが強いおどろおどろしいものを描いていました。事務所名も「葬儀社《そうぎしゃ》」と名付けて、専用の封筒もつくりました。

母親のことを文章で表現するようになってからは、自分のなかに母親がいるような気持ちになることもありました。時間が経つにつれ、逆に鮮明になっていくようで、それは母親が自分のなかで生きていると言ってもいいのかもしれません。その自分のなかの母親が、僕を導いてくれたり、元気を与えてくれたりしているように感じることがあります。

そういう僕と似ていると思ったのが、画家の弓指寛治《ゆみさしかんじ》さんです。名前だけ見ると年配の方を想像しますが、弱冠《じゃっかん》三十二歳の若者です。

三重県伊勢《いせ》市出身の弓指さんは、哲学者で批評家の東浩紀《あずまひろき》さんが運営する株式会社ゲンロンのアート部門カオス*ラウンジ新芸術校の一期生です。成果展「先制第一撃」で作品『挽歌《ばんか》』が金賞を受賞し、ワタリウム美術館にあるオン・サンデーズに展示されました。

その記事をネットで見たのですが、『挽歌』は横六・五メートル、縦二・五メートルの大作で、なにやら怪物のようなものが空を覆《おお》い、無数の鳥が飛んでいて、左下のほうに盆踊り大会のようなものが描かれていました。何かシュールで、エネルギーに満ちている不思議な絵でした。ネットの記事には、お母さんが自殺してやりきれない気持ちで描いた絵だということが書かれていました。また、次の声明文のようなものも載《の》っていました。

母の自殺によって全てが一変してしまいました。
母の自殺、また自殺によって発動する呪《のろ》いについて今日も考えています。
僕は母やすべての哀《かな》しい自殺者を救う為《ため》だけに作品を制作していきます。
宗教でもセラピーでも疑似《ぎじ》宗教でもなく
芸術だけがそれを引き受けることが出来ると思ってやってます。

それから四ヵ月ほどして、弓指さんの個展「四月の人魚」が開催されていることを知りました。その展覧会の主題は、アイドルOの慰霊《いれい》と書かれていました。アイドルOとは、一九八六年四月に飛び降り自殺で亡くなったアイドル、岡田有希子《おかだゆきこ》さんのことです。

二〇一八年の四月の終わりごろ、担当編集者の鈴木さんと「四月の人魚」展を観に、ゲンロンカオス*ラウンジ五反田《ごたんだ》アトリエに行きました。

ギャラリーに入って目を引いたのは、やっと自由になれたようにアルプスの山々に向かって少女が両手を広げて走っている大きな絵です。その少女はもちろん岡田有希子さんです。空をカラフルな鳥が無数に飛び交《か》い、エーデルワイスが咲く草原ではヘンな顔をした羊のような動物たちが遊んでいます。かなりあの世感が漂《ただよ》っていましたが、とても明るい絵でした。

それから二週間後、弓指さんに会いに、鈴木さんと伊勢市に行きました。

伊勢市駅からタクシーに乗り、弓指さんの住所を告げ、降ろされたのは住宅街の人気のない通りでした。鈴木さんが弓指さんの携帯に電話すると、どこからか着信音が小さく聞こえてきました。音のするほうに行ってみると、絵の具だらけの上着を着た弓指さんが笑いながら立っていました。なんだかすごく人懐《ひとなつ》っこい感じの人だったので安心しました。

そこは倉庫のような細長いスペースで、壁面に七枚のパネルに描かれた、あの『挽歌』が立てかけられていました。やっぱり現物は迫力があります。

真っ暗な空中で、巨大な火の鳥が巨大なサソリの化物《ばけもの》と戦っていて、そのまわりを無数のカラフルな鳥が飛んでいます。下のほうに川が描かれていて、編笠《あみがさ》を被《かぶ》って踊ってる人たちや、幼稚園で遊ぶ子供たちや、商店街や、学校などが細かく描き込まれています。

挽歌

——これは、板に直接描いてるんですか。

板に新聞貼って。

——あ、新聞貼って、白塗《しろぬ》りかなんかして。

いや、新聞貼っただけで、そこから描いてます。新聞の造形とかデザインっていうより、死んだ人の命日《めいにち》とかって絶対覚えてるじゃないですか。十月の二十三日で、とか。新聞って毎日届くし、そこに昨日あった出来事とか記されとるから、その上から描くっていうのはいいかなあって。

——あのへん、うっすら字が見えますね。あれ？……お金が……これ、違いますか。

いや、お金は貼ってないと思うけど。

——ああ、違いますね。お金じゃなかった（笑）。

そんな贅沢《ぜいたく》なことできないですよ。ふふふ。その下の人物も、個人的に思い入れがある人とかを描いたりしてます。これは死んだお祖母《ばあ》ちゃん。これ、小学校のとき、僕、サッカー部やったんですけど、見た目ヤクザみたいで、めっちゃ怖い監督を描いたりとか。

——もう、みんな亡くなってるんですか。

いや、生きてます生きてます。そんな死人だらけの……はははは、あの世みたいな。これ、中学校の友達なんですけど、いま消息不明で。

——あ、ヤンキーですね。

噂では名古屋で、元締めかなんかの女の人に手ぇ出して、沈められたんじゃないかって。

——あららら。その下の猫は？

これは僕の昔の恋人ですね。

——へえ……どうしてネコ？

猫のお面かぶってた写真があったんですよ。懐かしいなあと思って。

——踊ってる人がかわいいですよね、編み笠かぶって。

そうそう、この近くの公園で盆踊りをやってたんですよね。僕のお祖母ちゃんが、むちゃくちゃ盆踊りが好きで、よく連れられて行ったんです。

絵のなかには死んだ人もいるし、生きている人もいるし、行方不明の人もいます。生きていようが死んでいようが、そんなこと関係なく、みんな一緒にお祭りをしているような絵です。この絵を描いているときの弓指さんは、お母さんやお祖母ちゃんや、友達や初恋の人と

一緒にいるような、とても濃密な時間だったのではないかと思います。

交通事故の怪我は奇跡的に治ったのに

――いま、なんだか、自殺ハイエナみたいに僕らはなってまして。

自殺ハイエナ？（笑）、どういうことですか。

――自殺の臭《にお》いを嗅《か》いで、そういう人がいると、まあ、すぐ飛んで行く。

あ、飛びついて。はははははは。自殺ハイエナ……。

――弓指さんのことは朝日新聞の記事で知って、『挽歌』の主題はお母さんの自殺だって書かれていて、おっと思ったんです（笑）。この絵、現物を観ないとダメですよね。細かいからねえ。

末井さんのお母様も自殺されているので、今回は母親つながりで、この絵を用意しました。

――ありがとうございます。いつまで観ていても飽きない情報量がありますね、この絵には。

あの、自分の話なんですけど、僕も、母親の死っていうものが、ちょっと特異な自殺だったっていうのがあって、ずっと人に言えなくて。でも、それを人に言い出してから、なんか自分にパワーが出たようなところがあるんです。パワーが出るってへんだけど。で、母親のことをモチーフにしたイラストや漫画を描くようになったんですね。

うんうんうん。

――で、文章でも書くようになって、最近はいろんなところに書き散らすような感じで（笑）。

ふふふふ、書き散らす。

——その、ある意味売りものみたいにしてるんですけど。

はい。

——まあ、同じじゃないと思いますけど、弓指さんの場合、お母さんの死ということが、弓指さんをアーティストにしていったっていうような感じはあるんですか。

……えーっと……自分で言うのもあれですけど、あるような気はしますね。

それまでも、僕、制作はしてたんですよ。名古屋学芸大学っていう、映画撮ったり、写真撮ったりCGつくったりする学校なんですけど、その途中で絵を描きだして。

——以前は、いまとはまったく違う絵を描かれていたんですか。

そうですね。なんか落書きみたいな。バスキアとかが好きだったんで。

——あ、僕も好きなんです。ヘロインに溺《おぼ》れていったところとか、ちょっと悲しいところが。

もとは、サイ・トゥオンブリーっていう作家さんの絵を見て、絵描きになろうと決めたんです。手を動かせば、何か描けるじゃないですか。この筆跡っていうものが残ること自体がおもしろいんやっていうような。でも、それやっとっても全然響《ひび》かなくて、一人で個展開いて、じいさんとかばあさんが見に来てくれるぐらいの、鳴かず飛ばず感をずっと続けとって。

で、そのあと、映像関係の会社やったりして、制作してない時期もあったんですけど、それから、もう一回芸術と真剣に向き合ってみようっていうことで、東京に出たんですよ。

新芸術校に入って勉強し直すっていうことをやってたんですけど、たとえば社会へのアプローチとかいわれても、何か上っ面《うわつら》みたいになるんですよね。原発がどうのっていっても、僕は地震のとき名古屋におったから、ほとんど影響なんかなかったし、いきなり福島のこと扱ったりしても全然しっくりこないというのを経験していったんです。そんなときに母のことがあって。

母が亡くなるきっかけになったのは交通事故やったんですけど、母が交通事故をした日、僕、伊勢に帰ってきとったんですよ。たまたまなんですけど。電話が掛かってきて、出たら知らんお婆《ばあ》さんが、「いま、弓指先生が交通事故に遭《あ》われまして」って。

母は音楽療法士で、老人ホームに行ってピアノを弾《ひ》いたり、大正琴《たいしょうこと》を教えたり、小っちゃい子にピアノを教えてたんですけど。その大正琴を教えに行った帰りに事故したと。

そのまま病院に行ったんですが、首の第二頸椎《だいにけいつい》っていう喉仏《のどぼとけ》が折れてるので、入院して手術することになったんです。手術は成功して、第二頸椎に二本ボルトが刺さった状態でリハビリして、だんだん治ってきた。寝たきり状態だったのが、からだ起こすようになって。で、車椅子《くるまいす》から、一ヵ月半ぐらいで歩くようになるっていうのを僕は見てきたので、ああ、よかったなあって。

病院にも毎日行ってたんですね。ほしたら、途中ぐらいから、おかしいって言い出して。立ち上がったとき、足がふわふわするって。先生に言っても、一ヵ月寝たきりやったんで、感覚っていうものが戻ってないんやと思いますよ、とか言われるって。俺も、リハビリってそういうもんやから、ゆっくり治していけばいいやんって言ってたんですけど、本人だけ納得しなかった。

で、それから、まあ、うつですよね。僕、そのとき、相談とかされてもへんに励ましてしまったりとか、まあ、いちばんやったらいかんようなことをやっていたんです。

――どんな相談？

これから先、仕事に戻れんのじゃないかとか、自分はどうやって生きていったらいいかわからんとか言うんですけど、それを、ほんとうは聞けばよかったのに、いや、そんなこと言ってもしゃあないからって。ゆっくり治していけばいいし、先生も悪くなってないって言っとるから、そんなに心配する必要ないよ、とか言ってたんです。退院してきてちょっとよくなるのかなと思ったら、家におると人がおらへんし、ダメなんじゃないかっていう気持ちがもっと大きくなるって。

僕、うつの友達が何人かいて、もう目が死んだようにというか、座ったようになって、どんどん喋《しゃべ》らんようになる人たちを見てきてたんですけど、お母ちゃんはそんなことなかったんです。めちゃくちゃ喋るし、すごい相談してくるから、一応はけ口みたいになっとるんじゃないのかなと思っとったら、結局そのまま（二〇一五年）十月の二十三日に亡くなってしまった。

その経緯を、ずーっと、いままで名古屋とか東京に行っとったのに、亡くなる前の三ヵ月だけは、もう、ほぼ毎日一緒におるような感じやったからこそ、なんにも気づかなかったんです。

――ここで一緒に住んでたんですか。

そう、この二階です。東京にアパートがあったんですけど、そのままこっち帰ってきて。

――後遺症《こういしょう》とか、結構あったんですか。足がふわふわする以外に、どこか痛いとか。

いや、それが後遺症はなかったんですよ。第二頸椎って、人の頭と神経を全部つないでいる背骨のいちばん重要なところで、ふつうはこれを損傷すると麻痺《まひ》とかが残ったりするらしいんですけど、そういうの何もなかったんですよ。外から見たらすごい奇跡的なことで。

腰とか五箇所ぐらい骨折はしとったけど、痛みっていうよりは、あとの不安ですね。個人事業主やから、ぜんぶ自分でやらないかんやないですか。車の運転、絶対できないかんし、大正琴とかピアノを弾くにしても、ずっと座っとらないかんとか。

――不安妄想《ふあんもうそう》みたいな感じですかね。

そうです。まわりの僕とかが、うつへの対応の仕方っていうのを、全然知らなかったっていうのも大きかったと思うんですけどね。

亡くなったときは、僕は学校があるから東京に行ってたんですけど……どういうことが起きとるのかわからんまま死んでしまったっていう、そのショックが大きかったんですよ。

――お母さんが亡くなったのは自宅の衣装《いしょう》簞笥《だんす》でって、記事にあったんですけど。どういう？

首吊《くびつ》りですよ、簞笥で。

――簞笥で？　よくドアノブに引っかけてみたいなのがありますね。ああいう？

いや、簞笥の上と天井《てんじょう》との間に隙間《すきま》があるじゃないですか。そこに、地震で倒れるのを防止するつっかえ棒があって、そのつっかえ棒に、こたつの電気コードで。第一発見者は妹なので、僕は見てないんです、その亡くなった姿は。

妹は、その日、バイトに行っとって、夕方帰るはずやったらしいんですけど、お寺に行ったんですって。母がよくなりますようにって。で、帰ってきて、六時ぐらいやったのに部屋が暗いのがおかしいなと、それで見つけて、親戚のおばさんちに走って行ったって言ってましたね。

棺桶に入れた、死者の魂を持った鳥

死んでしまったあとは、二日間でお葬式やって。僕、父親もいないんですよ。

——あ、もともと？

ええと、中学のときに出て行きました（笑）。

——ああ、離婚っていうやつですね。

僕が喪主《もしゅ》をすることになって、作業がいっぱいあるじゃないですか。でも、ショックが大きくて、なんつうか、頭が真っ白になる的なやつです。何も手につかんみたいな感じで。

最後に、棺桶《かんおけ》にいろんなもん入れてあげるじゃないですか。妹は手紙書いたりしとって。一応、自分も書いたんですけど、なんか他にできることないかなと思って。絵ぐらいやったら描けるやろうって。で、描いたのが、この鳥の形なんですけど。これ描いたときに、なんかめっちゃしっくりきたんですよ。その鳥の形をした絵を、Ａ４の紙にバッて描いて、ちゃちゃっと色塗って、棺桶に入れる前に写真撮っといて。本物は遺体《いたい》と一緒に燃えてしまったんですけど。

そっからは、アートとかマジでどうでもいいと思ったんで、学校でも毎日そればっかり描いて。

——ああ、これ。なんか、キャラクターグッズになりそうですね。

はははは、そうですね。

——ねえ。大儲《おおもう》け、できるかもしれない。

うん、したいですねえ（笑）。この紙は、おかあちゃんが音楽療法で使っとったなんかで（楽譜《がくふ》のコピーの裏に鳥の絵が描かれている）。

――高校三年生の歌詞ですね。

そう、替え歌かな、じいさんばあさんが歌う。母が残したものに描きたいと思うようになって、毎日こんなのばっかり描いてたんです。で、東京の学校も行かへんようになって。

そんなとき、学校の主任講師の黒瀬《くろせ》（陽平《ようへい》）さんという方に、「弓指くん、いまどんな感じなん？」って言われて。「いや、僕、もうアートとかいいです」って。「なんかないの？ 作品みたいなの。もうほんとにやらへんの？」って言われて。で、そんとき、たまたま持っとった絵を見せたんです。白い鳥だけをいっぱい描いたやつがあって、こんな感じで描いてますって。

それを黒瀬さんが見て、「うーん、なんか、画面が窮屈《きゅうくつ》だね」って。母が死んで一ヵ月とかですよ。画面を埋《う》めるために描いてたんですよ、その鳥は。やのに、画面が窮屈だねって言われたのが、もうめちゃくちゃショックというか、腹が立って。もう二度とこんなとこ来るかと思って（笑）。

でも、そっから、三日か四日間ぐらい考えたんですけど、黒瀬さんはあくまで批評家として画面構成を見たんやろうと。ほんとうはちょっとぐらいなんかあってもいいじゃないですか。お察《さっ》しします的なやつが（笑）、普通あるのに、一切お察ししなかったから、人間としてほんと信用できひんけど、でも、美術の批評家としては信用できるかもしれんと思って。

もう一回だけ、自分にはこの鳥のモチーフがあるから、それで絵を描いてみようって考えて、で、描いたのがこの絵（『挽歌』）なんです。そのときは、母の死ということをテーマに、ちゃんと画面をつくろう、ちゃんと構成しよう、ちゃんと描いてみようって考えてやったんで。

——この『挽歌』こそ、まあ、空間恐怖症的ですよね（笑）。

そうですね、ほんとうはそうなんです。とにかく埋めようっていう（笑）。

——僕もね、空間恐怖症なんですよ。僕は雑誌を八〇年代につくってまして、レイアウトもやってたんですけど、とにかく隙間があるとまずいんです。がんがん全部写真で埋めていく。一方でマガジンハウスの雑誌があって、ものすごい空間をあけて、文字がちょっとだけあって。

はい、おしゃれなやつ。

——そういうのを見ると、ええっ?!、怖い!!、みたいな。

はははは、余白が。

——そうそう。そういうのがあるから、弓指さんの絵はより自分にフィットするっていうか。

最初の末井さんの質問の、母のことが僕をアーティストにしていった感じはあるかっていう話

上・棺桶に入れた鳥の絵。
下・楽譜の裏に描いた鳥の絵。

に戻ると、この絵が描けたときに、いわゆる芸術家として、結果的にですけど、力をもらったというか、力を与えられたような気がするって考えるようにはなりましたね。

――これ、描くのにどのくらいかかったんですか。

これは三ヵ月かな。

――え！　そんなもんで描ける。

そうですね。でも、もうガッツリですけどね、朝から晩まで。十月二十三日に母が亡くなって、制作を開始したのは十二月に入るか入らんかぐらいやと思うんですけど。三月頭に学校の成果展っていうのがあって、これで金賞を取るとデビューさせてもらえるんです。金賞取れば箔《はく》がつくし、その箔っていうのは承認欲求《しょうにんよっきゅう》とかじゃなくて、これがあれば自殺をテーマにした作家がおるって多くの人に知ってもらえる可能性があるから、金賞は絶対いるなって思ったんです。

『挽歌』の中央に描かれている怪物みたいなものは、お母さんの棺桶に入れた「死者の魂を持った鳥」が巨大化したものでした。弓指さんはこの絵で画家としてデビューし、自殺をテーマに作品をつくっていくことになります。

敏子賞でガッカリしたり嬉しかったり

弓指さんは、二〇一八年二月に「〇の慰霊」という絵で岡本敏子《おかもととしこ》賞を受賞しています。

Oとは、「四月の人魚」展で主題にしていた岡田有希子さんのことです。この絵もネットで見たのですが、かなり大きい絵のようで、中央には当時のサンミュージックのビル。その上で花火が上がっています。地面を口を開けた怪物が這《は》っていて、慰霊に訪れた人たちが大勢集まっています。ここにも「死者の魂を持った鳥」が飛び交《か》っていて、絵を展示している両脇のパネルと床は、絵に入りきらない鳥たちを描いた絵馬《えま》でびっしり覆《おお》われています。

絶対に岡本太郎《おかもとたろう》賞を取るというような意気込みがこの絵から伝わってきますが、受賞したのは岡本敏子賞でした（ちなみに、岡本太郎賞をもらったのは、五年間に描いた絵を集約したインスタレーション、「さいあくななちゃん」さんの「芸術は爆発だ」じゃなくて、「芸術はロックンロールだ」でした）。

――敏子賞の絵も観たいですね。

これ、高さ五メーターあるんですよ。だからここには立たないんですよね（笑）。

――え、あれ、そんなに大きいんだ。サンミュージックのビルがメインに描かれていますよね。

あのビルの前の自殺現場を見に行ったりしましたよ。

あ、当時ですか。

――そう。岡田有希子さんが飛び降りた直後の、脳みそが散らばってる写真を写真週刊誌が載せてたんで、南伸坊《みなみしんぼう》さんとそれをパロディにしようって。南さんが女装《じょそう》して、あのビルの前で転んで、豆腐《とうふ》をバーッて投げて。転んで豆腐が潰《つぶ》れたって設定で写真を撮って（笑）。

ははは。最悪ですね、それ。

鈴木　すみません。

ははは。別に僕は、あの、岡田さんの親族でも遺族でもないので全然いいんですけど。

――岡本太郎っていう人は、まあ、ちょっとこじつけになりますけど、僕の本『素敵なダイナマイトスキャンダル』の始まりが……。

ああ、そうですね。芸術は爆発だ――で。

――「芸術は爆発だけど、僕の場合はお母さんが爆発だった」って書いたんです。そのころ、岡本太郎はコマーシャルなんかによく登場されて、「うう〜〜ん」ってまず唸って（笑）、「爆発だ！」って言われていたころで。

僕は、岡本太郎の講演も聞いたことあるんです。池袋西武《いけぶくろせいぶ》のカルチャーセンターで講演があったとき、それを運営していた、いまは作家の保坂和志《ほさかかずし》さんから、おもしろい講演があるから見に来ませんかって言われて、それが岡本太郎の講演だったんです。敏子さんと二人で来られて。奥様方が集まって五十人ぐらいが聞いていて、壇上《だんじょう》に岡本太郎さんが出られて、「……う〜ん……疲れた」って。最初の一声が「疲れた」（笑）。

はっはは。

――「昨日も…………」。昨日もって言ったときから、「う〜〜〜ん」ってなって、昨日が思い出せないわけですね（笑）。それで敏子さんが横から出てこられて、岡本太郎の耳元で何か言うと、「うん、昨日は神戸《こうべ》で講演があって……」って。もうね、おかしくて、クスクスクスクス笑ってたんですけど、みんなやっぱり、真面目《まじめ》な顔して聞いてるんです。で、また「う〜〜〜ん」ってなって。また、敏子さんが出てくる。岡本太郎自身が、その、すごくおもしろくて。最後、僕なんか声出して笑ってたら、奥様方も笑うようになって。

はははははは。岡本太郎はべつに笑わそうとしてないですよね。それがおもしろいんですよね。

——そう、ウケてるんです。で、すごいなと思ったのは、パリでアンドレ・ブルトンとかバタイユとかと一緒に酒飲んだりみたいな、その時代のことはものすごい鮮明《せんめい》に覚えている。

はあはあ、若いときの。確かにそっからですもんね。岡本太郎が芸術でやっていかないかんって決めたのは。……僕、岡本太郎賞をとる予定やったんですけど……。

——いや、敏子さんには青森でお会いしたことがあって、すごくおもしろい人で、いいんじゃないかと思いますよ、岡本敏子賞。

いいですか。よかった、それはよかった〜（笑）。

——青森に岡本太郎さんと懇意《こんい》にしている古牧《こまき》温泉グランドホテルっていうのがあって（現在は星《ほし》野《の》リゾート）、浴衣《ゆかた》のデザインも岡本太郎がしていて、なんか火の玉が飛んでるような。

青森で寺山修司《てらやましゅうじ》フェスティバルがあったとき、写真家の荒木経惟《あらきのぶよし》さんが写真を撮りに行くというので、僕ら夫婦も参加したんです。それでそのホテルに泊まったら、敏子さんがいらっしゃって。荒木さんと敏子さんが一緒に大騒ぎして、お酒飲んでチークダンスなんかして、夜遅くまで盛り上がって。さすがの荒木さんも疲れていたけど、敏子さんはずっとテンションが高くて、ほんとうの岡本太郎は敏子さんだとかみんなで言ってたんです。敏子さん、あのぶっ飛んだ絵（『〇の慰霊』）を見て喜ぶと思いますよ。よい賞をとられた（笑）。

ふふふ、よかった。あの絵は、岡田有希子っていう一人のアイドルがおったからこそ成立する、ファンと岡田さんとのあいだの慰霊みたいなものを作品にしたので、おっさんの名前がついた賞より、敏子さんの名前がついた賞のほうが合っとるなあと。あとから思うとですけど、へへへ。

——ははは。岡田有希子さんをテーマにしようと思ったのは、どうしてなんですか。

母が死んだあとに、なんで人が自殺してしまうのかを知りたくて、自殺に関する心理学的な本とか、うつ病に関する本とか、遺族の人、残された側の人が書いた本とか、いっぱいあるじゃないですか。そういう適当に見つけたやつを全部読んでいったんです。

そうすると、いくつかの本の序章に、一九八六年にアイドルOが飛び降り自殺をしました。彼女が亡くなったことをきっかけに、当時の中高生が次々に死んでいきました。これがいわゆる後追い自殺っていうやつです、っていうような書き方がしてあって。アイドルOって誰なんやろうって、検索したら一発で出てきました。あ、こういう人がおるんやと思って。

——ああ。Oっていえば、沖雅也《おきまさや》も（同じ飛び降り自殺で死亡。ゲイだった沖雅也が義父で恋人の日景忠男《ひかげただお》さんに残した、「おやじ、涅槃《ねはん》で待つ」という言葉が有名です）。

ああ、そうですね。沖雅也さんのこともよく言われました、展覧会で。

で、岡田さんのことを調べたら、お墓が愛知県にあって、僕、名古屋で仕事もしとったから、行ってみたんですね。そしたら、墓碑《ぼひ》に岡田さんが書いた文章が転写されとって、画家になりたかったって書いてあって、これはちょっと何かあるなと思ったというのがきっかけなんです。

——岡本太郎賞を目指していたのはどうして？

あの、やっぱりタブーなんですよね。ネットで検索すると、亡くなられたときの写真があるし、ファンの人たちも三十年とかやから、相当どろどろした文章とかが出てくるんですよね。それに対して、得体《えたい》のしれない作家がいきなり岡田有希子さんを扱いますっていうのは、ちょっと難しいなと思ったんです。

――うん、勘違いされるかもね。

そうそう。なんか一発、賞をとって、自分がいかに真剣に取り組んどるかを見せたいと。

――ああ、順当な……。

はははははは。手続きを踏んでますね。

――偉《えら》いですね。ちゃんとしてる。

いやいや、やめてください。はははははは。

――賞をとるったって、すぐとれるもんでもないし。才能もあるけど、運も作用してる。

運ですよ、まじで。いま、僕の人生のなかで初めて、ちゃんとこう、流れみたいなやつがついてきとるような感じはしますけどね。

――岡本太郎賞の発表は、電話で来るんですか。

違うんです。入選した人、二十五人くらいで展示して、その場で。横並びに作家たちが並べられて、来賓《らいひん》の方々がいる前で、特別賞、敏子賞、太郎賞って呼ばれるっていう。

――テレビのオーディション番組みたいな感じですね。その場で一等賞みたいな（笑）。

しかも、わざわざそのために、ドラムロールとかの楽器隊もいるんですよ、生演奏でダダダダダダとかって、金かけとんなと思うんですけど（笑）。
……もう、絶対太郎賞やって思ってたんです。で、負けるとしたらななちゃんやろうな、ぐらいやったんですよ。そしたら……まあ、負けてしまったんですけど（笑）。ただ、審査員の人が、今年は太郎賞と敏子賞はどっちでもよかった、レベル的に大差があるとかじゃないって話をしてたので、別に負けてむっちゃ悔《くや》しいとかもなかったんです。強《し》いていうなら、太郎賞が賞金二〇〇万円で、敏子賞が一〇〇万円なんですよ。僅差《きんさ》でどっちでもよかったっていうなら、金額的にも一六〇万と一四〇万ぐらいにしてくれたらいいのになと（笑）。

——ははははは。敏子賞である意味ガッカリもしたし嬉しくもあったっていう。微妙なところですね（笑）。ぜったい太郎賞だっていう、その自信は、どういうとこからきてたんですか。

展示ですね。全員、審査される一週間前に展示するんですけど、他の人たちに全然負けてないなって思ったんです。たとえば、ただ物として大っきければいいとか、数多けりゃいいっていうだけやったら、誰でもやろうと思えばできるけど、二万一七六四羽の鳥を描いたっていうのも、ちゃんと意味がある。一年間の自殺者の数で、ほんとは、もっと多いんでしょうけど。

——統計はそのくらいですね。

出てる数字をもとにしたときに、最新が二万一七六四っていう数（二〇一六年の警察庁による速報値）やったので、まあ、そんだけの数の鳥は描こうって決めて。

五メーターっていうサイズも、岡田さんが飛び降りたビルを描いて、そのビルよりも大っきい鳥というか、怪物みたいなやつを描かないかんから、スケール感が絶対にいるなと思ったので、そういうサイズでやる必然性がちゃんとあるなって思った。

――この鳥の数、数えた人いるんですか。

えっ、絶対数えられないですね（笑）。僕はこうやって数えて（正の字を書いて数えた紙がある）。

――あ、これ、ほんとだ。はははは。

これ、逆算して、一日で三〇〇羽ぐらい描かないかんな、とか思いながらやってた。

遺族会でパァッと活力が出た

――お母さんのことだけじゃなく、自殺をテーマに描こうと思ったきっかけは？

最初に、母の自殺をテーマにして描こうって決めたとき、いろいろ行ったんですよ、遺族会とかにも。で、まあ……悲惨《ひさん》な出来事があったりするじゃないですか。それを聞いて、そういうこ

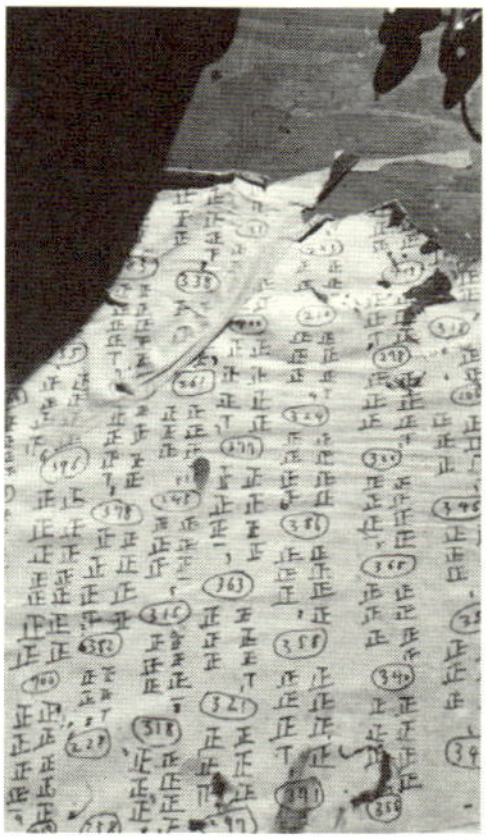

鳥の数を数えた紙。

とを作品にしたりする人って、もちろん、ピカソとかも描いてますけど（有名なのはスペイン内戦を描いた『ゲルニカ』）、それがメインのテーマではないので、これは自分がやろう、やるべきやと思って。

——あの、遺族会には、どうして行ってみたんですか。

遺族会は、あの……僕、めっちゃくちゃ悲惨な目に遭っとると思ってたんです。母が自殺とかして、お父ちゃんも最低やし、なんて酷《ひど》い人生なんやと思っとった。で、遺族会に行きたいと思ったほんとうの理由は、僕以下の人を見たいっていうのが本心なんです。

——ああ、なるほど（笑）。

もっと酷い目に遭っとる人を見れば……（笑）って。おるんじゃないのかと思ったんです。

——うん、いると思います。

いましたね。めっちゃくちゃ……レベル高い……（笑）。

——はははは、レベルが高い。

自殺のレベルが高い人たち。末井さんのお母さんだってレベル高いじゃないですか。

——まあ、僕は小さいころだからね。レベルって……トップはどんな感じですか。

僕も一応自殺遺族なので、弓指さんは遺族会で聞いたトップレベルの話を内緒《ないしょ》で教えてくれましたが、それはほんとうに想像もしなかった、怖く、悲しい、映像的でもある自殺の瞬間の話でした。その後、弓指さんは、『挽歌』で金賞をとってから、再び遺族会を訪れます。

遺族会っていうのは基本的に猛烈《もうれつ》に暗い場所で、話をしながら泣いている人や、じっと聞いているだけの人や、うつ病になってしまって目が虚《うつ》ろな人だったり、後悔の念にさいなまれ続けている人たちが集まっとるんです。

僕は、絵を描いてることは話してなかったんですけど、その日、母の話をしたあと、『挽歌』の写真をみんなに見てもらって、金賞をもらったことも話したんです。

そうしたら、なんか、みんなのテンションが少し上がったっていうか。パァッと活力が出たっていうのかな、そんな一瞬があって、さっきまで泣いてた（奥さんが焼身自殺した）おじいさんが「こんなことができるんやな、これはすごいなぁ」って言って笑って。

――ネガティブな気持ちがポジティブに変わる瞬間ですね。

息子さんが（おそらく電車に飛び込み）亡くなったお母さんとか、クリスマスにお父さんが首吊りで亡くなった方も『挽歌』の写真を回し見しながら「すごいすごい」って言ってくれて、少し楽しそうにしてたんです。

主催者の方（十年前にお連れ合いが亡くなった女性）は僕に向かって、「頑張ってね」って言ってくれて。遺族会では「頑張って」は絶対に禁句なんですね。参加する際の注意事項なんかにも明記されてるくらいで。僕は「はい！」って返事したんですけど、主催者さんは他の参加者さんから「それは言っちゃやだめですよ」って指摘されてました（笑）。

――つい、言っちゃったんだ。

つい、うっかり「頑張って」って言ってしまうくらいには場が盛り上がっていたのかなって。

自殺についてやっていこうって思ったのは、このときの経験が大きかった気がするんですね。

弓指さんが絵を交換して、『まつり』という絵を立てかけてくれました。これもパネル三枚ぶんある大きな絵で色がきれいです。

夕暮れのガレージに、赤ちゃんを抱いた目が飛び出した女性がいて（お母さんと弟さんだそうです）、ガラスの破片《はへん》と一緒にキーボードや大正琴が飛び散っています。飛び散った無数のガラスの破片が、他の絵で描いている鳥のようにも見えました。背を向けて歩いている男の子と女の子がいて、それが弓指さんと妹さんです。唯一の家族写真をもとにして描いた絵だそうで、写真を撮ったのは家を出て行く前のお父さんです。

——これすごい。迫力ありますね。

これ、お母さんですね。車ってバンッてぶつかったら、ガラス全部、すごいきれいに粉々になるんですよね。この飛び散っとるのがガラスで。

——ああ、これ、交通事故の、その粉々になった瞬間ですね。

そう、パーンとぶつかったときの。

——どんな事故だったんですか。

相手の車は、道路の直線上に職場があって、遅刻寸前やったんですね。で、ぶっ飛ばしとるところに、十字路に侵入してきた母親の車とバンッてぶつかって。

――相手のほうが悪かったんですね。

ええと、そうですね、刑事責任的には。まあ、両方とも前方不注意は間違いないんですけれど。

――相手は生きてるんですか。

生きてます。相手はほぼ無傷（笑）。バーンッてぶつかって、民家の壁に叩《たた》きつけられるっていう事故で、死んどってもおかしくないようなやつやった。横から叩きつけられて、助手席がつぶれた状態で、壁と運転席の間だけが空間になっとって、その運転席のうしろの席は電柱がめり込んでるんです。

――ああ……じゃあ、奇跡的ですね。

運転席にいたから助かって、めちゃくちゃ奇跡的によかったやないか、みたいに思っとったところもあって。……うん、なんでやねんっていう感じはありますけどね。

で、二〇一七年に交通事故の展覧会（「Death Line」）をやるんですが、一緒に展示したアリー

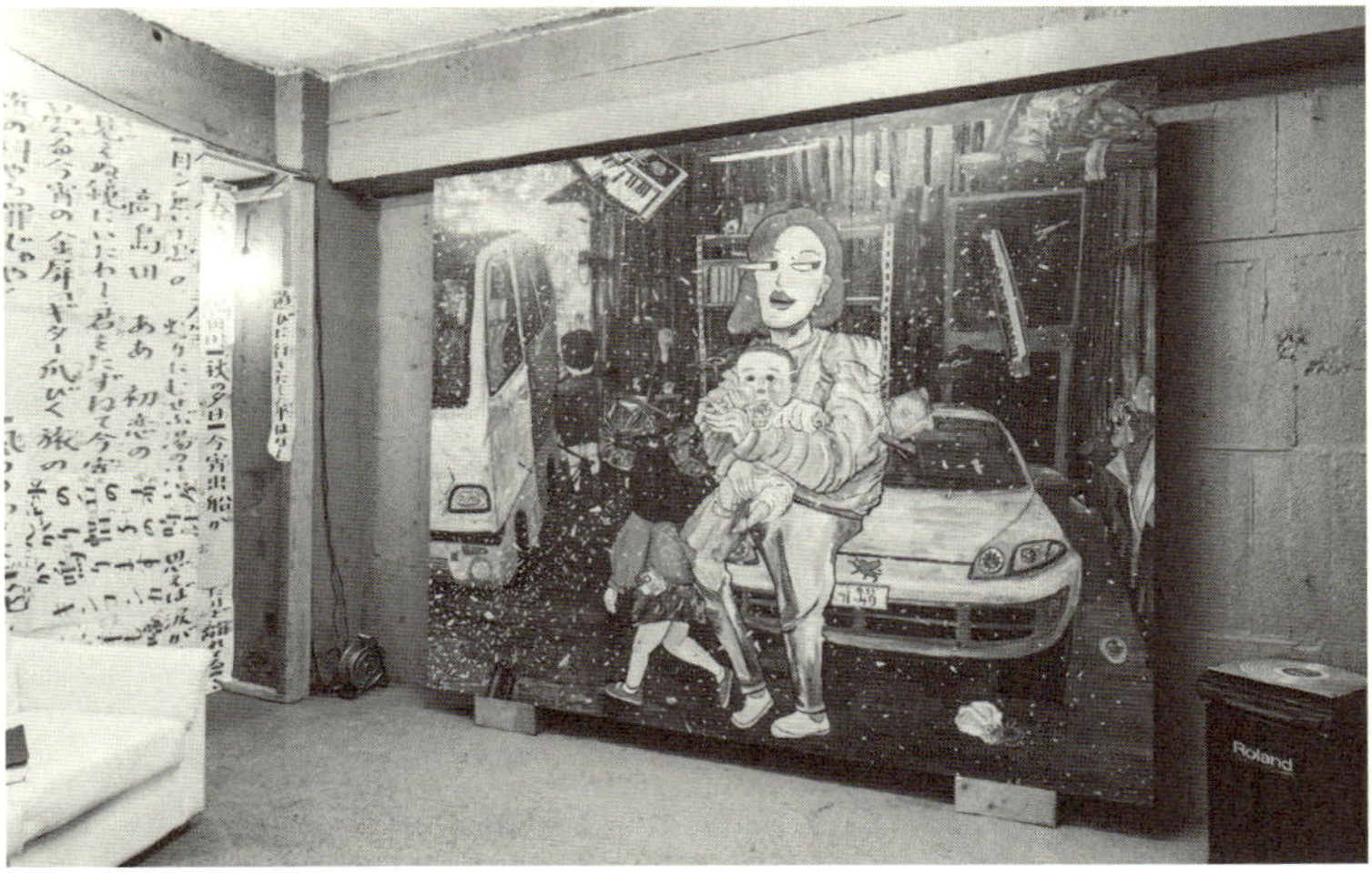

（ALI-KA）さんっていう、四十歳ぐらいのおじさんは、お父さんが車にはねられて死んだ。お父さんは、夜中、歩行の練習みたいなことをしとるときに、うしろからバーッとはねられて亡くなったんですって。その死の瞬間が、向かいにあったセブンイレブンの防犯カメラに映っていて、それを見たっていう。あと一人は女の人で、人を轢《ひ》いてしまったっていう人。その三人でやったんです。

最初は、人きぃひん、どうしようって言ってたんですけど、途中から見に来てくれる人が増えて、そのなかに、死について疑問に思っとる人たちが来るようになったんですよ。

たとえば、お医者さんの卵。実習で病院に行って働いていると、人が毎日死んでいく。なんで人が死んでいくのか、助けられへんっていうだけじゃなくて、人が死んでいくこと自体が自分はよくわからない。でも、それを誰にも喋れない。同期のやつらに言っても、病院はそういう場所で、人が死んでいくのを見て一人前になるんやからって言うけどって。

——確かに、死っていうのが毎日あるとねえ、わかんなくなっちゃうかもしれない。

うん、そうっすよね。彼のその状況が、展覧会に来る理由にもなったのかなって。そういう、なんか、喋る場所がわからないっていうことを喋る場所になっとるっていうのも、僕はおもしろいなと感じるんですよね。

弓指さんの展示には、死について話したいというような人たちが引き寄せられるように訪れたそうです。奥さんが自殺して、それから自分の左半分が、自分の妻になったような気がするといって、左半分を女性の服装にし、左手にマニキュアを塗り、左手に女性の日傘（全部奥さんの持ち物）を持った方が現れたのには驚いたとか。湯灌士《ゆかんし》の若い女性は、死化粧をやっているときには死体はそこにあるけど、死への実感はないから不思議だということを話していたそうです。さっき墓石を納品してから来たという墓石屋さんもいたそうです。

暴力をふるう父親と、情けない父親

――お母さんが亡くなったの、五十五歳って若いですよね。

若いですねえ。

――遺書とかは残してないんですよね。

残してないです。妹は探したっていうんですけどね。

――いまも妹さんと一緒に住んでる？

いますいます。今日は遊びに行ってるんですけど。妹は、中学校で挫折《ざせつ》して、うつ病になって、いま二十九ぐらいで、もう、うつは治ったんですけど。母が亡くなるまでは引きこもりで、亡くなるちょっと前ぐらいから元気になってきたけど、バイトやったんです。亡くなったから、ひとりで生きていかなしゃあないんで、介護の仕事とかして社員として働いたりしています。

――まあ、よかったですね。

そう、逆に自立ですね（笑）、へんな言い方するけど。うつになったのは、まあ、家庭環境です。父親がすごい暴力をふるう人で。すごかったんです。その果《は》てに出て行ったので。

――うん。暴力っていうのは、お母さんに？

そうですね。僕らにもですけど。妹は殴られてないけど僕は殴られた。

父は単身赴任で、週末だけ隔週ぐらいで帰ってきて、土日になると両親が喧嘩しだす。夜、寝とると、隣の部屋から怒鳴《どな》り合いが聞こえてきて、嫌やなと思っとったのが僕の記憶なんで。僕が中学校のときに出てったんですけど、もう、めちゃくちゃよかったと思いましたもん（笑）。「俺、出て行くから」って出て行ったとき、ああもう、これで……！って（笑）。

――ははは。でも、いいお父さんといえば、そうですよね。俺出て行くわってねえ。

いや、あの、とてもじゃないけどいいお父さんとは僕は言えない（笑）。

――お葬式にも来なかったんですか。

あ、来なかったです。

――連絡はした？

しました。あの……お父さんの悪口ばっかりになって申し訳ないですけど（笑）、でも最低やから仕方ないですね。

四十九日のあいだ、骨壺《こつつぼ》を置いとる状態のときに、一回ぐらい手を合わせに来てよって言ってたんですけど、ずっと来なかったんですよね。で、四十九日終わるぐらいに、もう一回電話したら来たんですよ。一通りちょっと喋って、で、「ちょっと少ないけどこれ」って、渡してくれた封筒がすっごい分厚かったんですよ。あ！　こんなに？　なんか人の心があるというか考えてくれとんのや！と思って、ぱっと開けたら、全部千円札で。

――あっ！

ふっふっふっふっふ。

――それ、なんか詐欺《さぎ》のような……。

ご、五万円……あるかないかぐらいで。もう終わっとるなと思ったんですけど、たぶん、本人的には頑張ってつくったお金やと思うんです。

――わざわざ千円札に替えたわけじゃないんですよね？

いや、わかんない。なんなんやろって。それが最後かな、いまのとこお父さん見たのは。まあ、他にももっといろいろあるんですけど、なんか隠し子がおったとか。まあ、いろいろ。

――僕の場合は、憎むべき親父じゃないですけど、情けなさすぎるんですよね。反面教師みたいにして育ってるんで、父親がいたからわりとしっかり、しっかりっていうか、ちゃんと生活するとか、そういうのを目指してました。自立っていうのを早くからね。

そんなに？　そんなに情けない（笑）。

――働くのがすごい嫌いな人だったんです。いつもグチばかり言って、ちょっと金が入ると近所のおばさんに千円ずつ配っていい顔したりね。

小銭なんか稼がないで、全部ぶっ込め！

――あ、働くで思い出したけど、弓指さんは、いま、絵以外の仕事はしてないわけですよね。

してないです。

——それがね、おっと思ったんですよ。「お、新しい！」と思ったんですよ。

ど、どういうことですか（笑）？　新しい？

——いや、みんな、バイトしながら絵を描くとか、バイトしながらバンドやるとかしてる人多いんだけど、あれ、どうかなあって思ってたんですよ。

いま、たとえば居酒屋なんかで働いても、ものすごくこきつかわれるじゃないですか。じゃあ、実際、自分がやる本業の絵を描くとか、音楽やるとか、そっちのエネルギーって余ってるのかなみたいな、そういう疑問があるんですね。弓指さんは、一切やめる、お金を稼《かせ》ぐことをやめるっていうことが、「おお……新しい！」と思って。

あっはっははは、新しい……。

——いつから働いてないんですか。

母が死んでからなんで、ええと、三年前ぐらいですね、二年半とか。

——やめればやめたで、なんとかなるものなんですかね。

まず、僕は会社をやっとったんで。

——あ、株もってる？

いや、なんにもないんですけど、そのときの貯金みたいなのが、ちょっとはあったんですね、微々《びび》たるものですけど。あと、母が亡くなったときに、ちょっとだけ残してくれたお金もあったので、これ足して考えれば、まあ一年ぐらいはいけるなと。

そのあとは不思議なもんで、作品が売れたんです。たいした額ではないんですけど。母の自殺の絵も友達が買ってくれたり。応援してくれてると思います。飾るところもないのに。

——……でもいずれ、何億かに跳《は》ね上がる。

はっはっは。結局、友達も置く場所がないからここに置いてるんです。いろんなものを合わせてですけど、二〇〇万ぐらいは入ったりしたんですね。もちろん、減っていきはするんですけど、でも、絶望的にお金がなくなっていくっていうわけではないんやろうなっていうのを、いま、ちょっとずつわかったりしてますね。

そう言われたの、初めてですけど……その、新しいって、はははは。そうやって決めてやってるので、エネルギーの使い方は、制作に関しては圧倒的に効率がいいじゃないですか。

——まあ、居酒屋でバイトしてたら、鳥だって、ちょっと誤魔化《ごまか》そうかなってなるから。

そうそうそう。もう間に合わへんしー、どうせ二万も一万五千も変わらへんやろとか（笑）。

——はははは。

さっきの絵（『挽歌』）を終わったあと、この作品（『まつり』）をつくるのに、その翌年はかけたんですけど、そんときにどんどん貯金が減っていってたんですよね。

で、展覧会を一緒にやったアリー（ALI-KA）さんに、この展覧会終わったら、バイトとかしながらもう一回制作していこうかなと思うんですって話したとき、アリーさんが、いやいや、弓指、お前いままでの人生で、いちばんいまが昇《のぼ》り調子やってゆっとったやないか。そんときに、バイトなんかして小銭稼いで、制作なんかすんのはよくない。もういま、ぶっ込むんやったら、全部なくなるまで、貯金もすべてなくなるまでぶっ込め、なくなったぐらいに返ってくるやろうと。

――いいこと言いますね。

うん。ただ、いいことと同時に、なんて無責任な……（笑）自分は働いとるくせに。

――ははははは。

と思ったんですけど、それ、信じてみようかなと思ったのはありますね。

――写真家の荒木経惟さんも、森山大道《もりやまだいどう》さんも、僕は雑誌で連載してもらっていたのでよく知ってるんですけど、あの人たちが売れてないとき、アルバイトしたことないんですよ。

へえーっ。

――荒木さんは電通辞めて無職だったとき、車に轢《ひ》かれてペチャンコになったコーラの空《あ》き缶を拾ってた（笑）。それをきれいに水で洗って、一個ずつ白い紙の上に置いて撮影してたんですね。ペッチャンコーラって呼んでたんだけど、それで「廃墟《はいきょ》に花」っていう展覧会をしたり。
森山さんなんか、どこか東北に撮影に行ってるとき、列車の窓から農家の人が稲刈りしているのが見えたんですね。これだけたわわに米が実っているんなら、俺のところにもまわってくるだろう……って（森山さんの本『昼の学校　夜の学校』〔平凡社、二〇〇六年〕に書いてあります）。

ははは。その思考回路がヤバいですね。

――達人だなと思って。僕は生活のほうを取っちゃう。僕の場合は、横尾忠則《よこおただのり》さんや粟津潔《あわづきよし》さんに憧《あこが》れてポスターとかをつくりたかったんだけど、お金を稼がなきゃいけないんで、看板屋になったりキャバレーでチラシ描いたり。まあ、常に生活が基本にあったわけです。だから、それをバッとやめるっていう潔《いさぎよ》さが、かっこいいと思うんですよね。

いやいや、かっこよくはないですけど、お母ちゃん死んだし、仕方ねえやみたいな感じっすよ。あと、ほんとに人っていつ死ぬかわからへんのやな、交通事故もあるしって。

——居酒屋でバイトやってても、そこの火事で丸焼けになって死んだりねえ。

そうそう。よく言うじゃないですか、死はいつも隣にいるみたいな。あれはマジでそうやと思うんですよね。やったら、もう、やるべきことをやるだけやろうっていう感じですよね。

——やっぱり、毎日、板と向かい合うっていうことが……祈りっていったらヘンか。何かそこに気持ちの濃《こ》さっていうか、濃度《のうど》っていうのが出ちゃうんだなあと思いますね、作品に。

幽霊を必要とする代わりに絵があった

——お母さんの幽霊《ゆうれい》は、見たことはないんですよね。

あ、ないです。僕、霊感ないって思いますけど(笑)。あと、母の幽霊は出ない気がする。

——どうして？

なんの理由もないですけど、ただ、僕の知ってる母なら幽霊にはならないという。

——どんな感じのお母さん？

なんつったらいいのかな……。

——さっぱりしている感じの。

あ、さっぱりはしてますね。職場関係の人たちが線香《せんこう》あげに来てくれたんですよ。その人たちの話聞くと、すごいサービス精神があったたって。人を笑わせたり、楽しませたりしながらレクリエーションをやっとる感じだったたっぽいので。うつ病やから性格が変わってたかもしれませんけど、わざわざ幽霊になって（笑）、恨めしく出てくる感じではないなっていう感じかな。

——あの、東北の被災地はいっぱい出てるんですよ。そういう本が何冊か出てて。あの、恨めしいじゃなくて、夢に出てきたり。眠らなくても、目を閉じればすぐに出てきたりするらしいんですよ。

ほうほう。残された方の意識として、幽霊をみたいっていう。

——うん。だから、幽霊が出なかったらまずいんです。身内が死んだことを受け入れられなくて、自分の気持ちの持っていき場がないわけですよ。奥さんと子供を同時に失って、旦那《だんな》さんが一人残ったとか、そういうケースもあって、その子供と奥さんが出るんです。子供と奥さんが出ることによって、その人が生きられてるっていう感じになってるんです。

うんうん。

——だから、お母さんの幽霊が出ないっていうのは、転化したところがあるのかもしれないですよね。作品に昇華《しょうか》するっていうか。絵を描いてなかったら出てきてたかもしれない（笑）。

あの、さっき末井さんがおっしゃっていた、絵に向き合うのが祈りかっていう話、僕は祈りとは思わないんですけど、でも、その作業が重要やった。母の死っていうものを、自分のなかで取り込むために、描くっていう作業がすごく必要で、いくらでも手間をかけたいっていうか、どんだけでも描いて描いて描いて描いてやりたいっていうのは、一つの、なんていうんですかね、幽霊を必要とする代わりに、絵があったのかもしれないですね。

残された側のサンプル品になって

――これから次、どんな絵をっていうのは考え中ですか。

ええと、まだ全然決まってないんで、なんとも言えないんですけど。あの、御巣鷹山《おすたかやま》の……。

――日航機墜落事故《にっこうきついらくじこ》。おっ……多いよぉ……。

多いよって……そりゃあ、五二〇人も……。日航のことは考えたりはしていますね。ただ、あまりにも事故的に大きすぎて、どう扱うんやみたいなところはあったりするんですけど。

そういうのを考えたり、自分とは関係のない、事故のことや自殺された人のことをテーマにした展覧会っていうのもやってみたいなとか思ってます。

――沖雅也もぜひ、取り上げてください。

沖雅也……まあ、なにかわからないですけど、いっぱいいますからね（笑）。こう、おもしろそうな、おもしろそうなって言ったらダメなんでしょうけど、イメージが湧《わ》いてきそうなというか、そういう人を扱ってみたいなとは思ったりします。

やっぱり、悲しいだけじゃないっていうか、人って、死んで終わりじゃないなっていうふうに、すごい思うんですよね。末井さんのお母さんも、死んで肉体はなくなったかもしれんけど。

——いや、そうなんですよね。ますます……繁盛《はんじょう》しちゃって……。

繁盛しちゃってって、はっはっはっはっは。

——はっはっは。本になるは映画にもなるわ。でも、弓指さんと話して思ってたんですが、こんなに自殺のことを、え?、大丈夫かな、ぐらいに笑って話せる人、なかなかいないですよ。

はははははははは。末井さんが大丈夫かなって言うのか。大丈夫かな、俺ほんとに。

鈴木　大丈夫です。

ははははは、俺、めっちゃ不謹慎《ふきんしん》なやつみたいになって。

——僕もそうですから。亡くなった人のことを思い出して笑うってのは、不謹慎なことじゃないと思うんです。みんなが笑って、思い出して、話できるのがいちばんいいと思いますよね。

そうやと思います。やっぱり、何回考えても、自殺っていうものは、自分で自分を殺す、その字のごとくですけど、やからなんでしょうね。まわりの人から見ると、なんてことをした人なんやっていうふうに思ったりするし。

そういう印象はたぶん、みんな持ってるんで、それはしゃあないと思うんですけど、でも、案外、それだけじゃないっつうか。この二年半ぐらい、展覧会して、その場所で喋って、また描いて、展覧会してってやってきたので、より、そう思うんですけど。死んで終わりじゃないって。うん。やっぱり自殺はなくならないと思うので、これから先も人は死に続けるので。死んで終わりじゃないっていうのは、すっげえ重要なことの気がするんですね。それで残された側の人たちが、どういうことができるのかみたいなやつのサンプル品に僕がなって、それをやっていきたいなって。

――ああ、それはぜひ、よろしくお願いします。

自殺のことを話しながら、こんなに笑ったのは初めてのことでした。

それから一ヵ月ほどして、弓指さんからメールが来ました。次回制作する作品のテーマを僕の母親のダイナマイト心中にしたいと書かれていました。そのため、母親の墓と心中現場に行ってみたいから住所を教えて欲しいということなので、住所と簡単な地図を送りました。心中現場は案内人がいないと行けないので、親戚の清美《きよみ》ちゃんを紹介しました。

後日、弓指さんから、ひまわりの花を供《そな》えた母親の墓の写真が送られてきました。よく見ると、鳥の絵を描いた絵馬も供えていました。

映画の次は絵画です。母親の墓参りをしてくれた柄本佑《えもとたすく》さんも弓指寛治さんも、同じ三十二歳です。母親は三十で死んだのでみんなほぼ同年代です。次々とハンサムボーイが来てくれるので、母親もきっと喜んでいると思います。

それから二ヵ月ほどして、弓指さんを母親の墓まで案内してくれた親戚の清美ちゃんが、盆踊りの音頭《おんど》を取るというので、弓指さんと一緒に行くことになりました。絵のイメージを摑《つか》むこともあったと思いますが、弓指さんはよほど盆踊りが好きなんじゃないかと思います。

八月のお盆過ぎ、岡山駅で弓指さんと待ち合わせて、岡山からレンタカーで和気《わけ》に向かいました。盆踊りは、和気の安養寺《あんようじ》というお寺の境内《けいだい》で行われるのですが、そのお寺と川を挟んだ向かい側に、母親が入院していた平病院《たいら》があります。

陽が落ちてだんだん薄暗くなるにつれ、浴衣姿の老若男女が集まってきました。仮装している人もいます。境内の中央に組まれた紅白幕で覆われた櫓《やぐら》に、音頭取り三人が上がります。太鼓《たいこ》がドドンと鳴って音頭取りが歌い始めます。三〇分ほどある音頭を三人が順番に歌いまわしていきます。清美ちゃん頑張れ！

暗くなるにつれ人も多くなり、いつの間にか、弓指さんもタオルでほっかぶりして踊っていました。僕は平病院のほうをときどき眺めながら、母親のことを思い出し、少し離れたところから踊りの輪を見ていました。盆踊りって、こうして死者を思い出しながら踊るものなんだろうな。弓指さんも、お母さんのことを思い出しながら踊っているのかもしれません。


翌日は、弓指さん、清美ちゃんと、吉永《よしなが》の小林定子《こばやしさだこ》先生のお家に行きました。小林先生は僕が小学校一年生のときの担任で、母親が亡くなったあと、食べ物がない僕のために、大きなおにぎりを机に置いてくれていたり、学芸会で使う猿《さる》の尻尾《しっぽ》を縫《ぬ》ってきてくれたり、僕が描く絵を褒めてくれたり、いつも優しくしてくれて、僕は密《ひそ》かに母親のように思っていました。今年九十四歳になられるそうですが、そんな年にはまったく見えません。

小林先生に母親のことを聞くと、決まって「色が白くて、きれいな人だったよ」と言ってくれるのですが、今回は参観日の話をしてくれました。母親は、着物の上に全員お揃《そろ》いの緑の事務服のようなものをつけ、熱心に授業を見ていたそうです。複式学級で、小林先生は一年生と二年生を担当していて、五十人以上の人と話をしないといけなかったので、「一〇分ほどしか話ができんかったけどな」と言ってから、「きれいな人だったよ」と言ってくれました。

そのあと、母親の墓参りをして、弓指さんに、僕が通っていた小学校の跡地や中学校を案内したあと、八塔寺《はっとうじ》の山荘に泊まりました。

夕食のあと、弓指さんと外に出て星を見ました。カエルがゲロゲロ鳴く田んぼの畦道《あぜみち》で、二人で一時間以上星空を見上げていました。月明かりがなければ満天の星空で、天《あま》の川や流れ星が見えるはずなのに、月が煌々《こうこう》と輝いていて、天の川は薄《う》っすらとしか見えませんでした。あとで、二人でほとんど何も喋らず、一時間も空を見上げていたことが可笑《おか》しくなりました。

弓指さんがお参りしてくれた末井冨子の墓。

あとがき

今年は知っている人が八人亡くなりました。僕より年上は一人だけで、同い年が二人、あとはみんな僕より若い人たちです。病死が五人、孤独死が一人、殺された人が一人、自殺した人が一人でした。いろんな死に方があるものだと思いました。

そういうことが続いたからかもしれませんが、そろそろ死んでもいいかなと思うことがあります。といっても、自殺じゃないですよ。自分からじゃなくて、死が向こうからやって来ないかなと思うのです。年とともに死を受け入れられるようになったのかもしれません。

でも、死にたいような気持ちは、若いときから心のどこかにあったような気がします。世間と折り合いが悪く、いつも居心地が悪く、どこか違う世界にふっと行きたいような気持ちだったかもしれません。がむしゃらに仕事をするようになった三十代のころは、寝る暇もないくらい働いたりセックスしたりしていたので、死にたいと思ったことはありませんが、空虚感はいつもつきまとっていました。

最近になって、ふっと真《ま》っ青《さお》な空を見上げたときなんかに、「あー死にたい」と思うときがあります。そういうとき、ちょっとわくわくします。死は忌《い》まわしいもの、怖いものと思っている人もいますが、死を想っていると心がゆったりしてきます。煩《わずら》わしいことなんかどうでもよくなってきます。

自殺する人が好きだとまえがきで書きましたが、それは自分と同質の人に対するシンパシーだと思います。僕にとっては大事な人なのです。だから死なないでください。死んだら会うこともできません。忘れられていくだけです（僕は自殺した人のことは忘れませんが）。

死を想え、しかし自殺するなって、何か矛盾しているようなことを言っているようですが、自殺をしてもいいから、寸前でやめるということです。やってみると寸止めが利かないこともありますから、頭のなかで寸止めしてください。自殺するけど、とりあえず明日まで待ってみることです。そうして毎日少しずつ先延ばしして、何年か経ってそのときのことを思い出すと、笑い話になっているかもしれません。時間にはそういう力があります。それはあなた自身の力でもあるのです。時間の経過のなかで、良い方向に変わっていけるのです。

繰り返すようですけど、死にたい気持ちを持っていることは悪いことではありません。僕はそういう人が好きです。だから最後にもう一度、どうか死なないでください。

この本を担当してくれたのは、『自殺』のときと同じ朝日出版社の鈴木久仁子さんです。

最初に打ち合わせをしたのが、確か二〇一七年の四月でした。それからあの人にも、この人にもと、話を聞きたい人がどんどん増えていき、僕らはだんだん自殺の匂《にお》いを嗅《か》ぎまわる自殺ハイエナのようになっていました（初期の原稿は優に五〇〇ページを超えていました）。

その合間、福井県の東尋坊《とうじんぼう》に行ったり、徳島県のA町と（旧）海部町《かいふちょう》に行ったことが、楽しく想い出されます。想い出すといっても、行ったのは昨年なのですが、この本の企画がスタートしてからの一年七ヵ月が、三年も四年も経っているように感じられるのは、鈴木さんに来る日も来る日も原稿の書き直しを命じられて、死にたいような毎日が続いていたからだと思います。あえて言わせてもらうと、つくづく鈴木さんは、見かけと違って妥協ということをしない鬼のような編集者だと思いました。

最後になりましたが、『自殺』に続いてあっと驚く素敵な装丁をしていただいた、昔から大変お世話になっている、鈴木成一《せいいち》デザイン室の鈴木成一さん、岩田和美《いわたかずみ》さん、カバーに六人の〝おさけびさま〟を描いていただいた下杉正子《しもすぎまさこ》さん、度重なる細かい修正作業を素早くやってくださったDTPの越海辰夫《こしのみたつお》さん、原稿を読んで感想と疑問点を寄せてくれた、朝日出版社の大槻美和《おおつきみわ》さん、ほんとうにありがとうございました。

「この本を読んでいたら、バカらしくて死ぬ気がなくなった」となれば嬉しいです。

二〇一八年十一月

末井　昭

謝辞

イースト・プレス　藁谷浩一さん、元リブロ池袋本店（現「Title店主」）辻山良雄さん、同（現「BOOKS　青いカバ」店主）小国貴司さん、医学書院　白石正明さん、アップリンク石井雅之さん、講談社　青木肇さん、スタンダードブックストア心斎橋のみなさま、ナナロク社　村井光男さん、あゆみBOOKS仙台一番町店　二階堂健二さん・石岡千裕さん

なお、本書に収録してはおりませんが、イベントを開催させていただき、筆者が自殺の話をいたしました、多くの書店さま、お寺、NPO法人のみなさまがたに厚く御礼申し上げます。

自殺会議に参加くださったみなさんのプロフィール

冨永昌敬 とみなが・まさのり

一九七五年、愛媛県生まれ。日本大学芸術学部映画学科卒業。主な監督作品は『亀虫』(二〇〇三)、『パビリオン山椒魚』(二〇〇六)、『コンナオトナノオンナノコ』(二〇〇七)、『シャーリーの転落人生』(二〇〇八)、『パンドラの匣』(二〇〇九)、『乱暴と待機』(二〇一〇)、『ローリング』(二〇一五)、『南瓜とマヨネーズ』(二〇一七)、『素敵なダイナマイトスキャンダル』(二〇一八)など。テレビドラマ、ドキュメンタリーなども多数手がけ、筆者のバンド・ペーソスのMVの監督も。巨匠の顔と学生のような顔を持つ映画監督。Twitter @dolvic2002

松本ハウス まつもと・はうす

(**松本キック** まつもと・きっく、**ハウス加賀谷** はうす・かがや)

松本キックは一九六九年、三重県生まれ。ハウス加賀谷は一九七四年、東京生まれ。お笑いコンビとして一九九一年より活動開始。「進め！ 電波少年インターナショナル」「タモリのボキャブラ天国」などのレギュラー出演で一躍人気者になるも、ハウス加賀谷の統合失調症の悪化により、一九九九年に活動休止。十年の時を経て、二〇〇九年にコンビ復活。全国で講演活動を行う。著書に『統合失調症がやってきた』(イースト・プレス)、『相方は、統合失調症』(幻冬舎)がある。唯一無二の名コンビ。Twitter @matsumotohausu

岡 映里 おか・えり

一九七七年、埼玉県生まれ。ホテル宴会場の皿洗い、パソコンショップ店員、歯科助手などの職を転々としながら、慶應義塾大学文学部フランス文学科卒業後、新潮社に入社、『週刊新潮』、『新潮45』編集部で取材・編集に携わる。週刊誌記者として東日本大震災を取材後、二〇一三年、双極性障害と診断される。離婚、退職などの経験を経て、二年間の治療を行い症状が落ち着く。英語のできる精神保健福祉士として、日本に住む外国人向けの相談支援業務も行う。著書に『境界の町で』(リトルモア)、『自分を好きになろう』(KADOKAWA)がある。ややこしいことをわかりやすく分析してくれる人。Twitter @okaimhome

茂 幸雄 しげ・ゆきお

一九四四年、福井県生まれ。一九六二年から福井県警察官に。三国警察署(現・坂井西署)勤務時代に東尋坊で自殺防止のパトロールを始め、二〇〇四年に定年退職後、NPO法人「心に響く文集・編集局」を設立。東尋坊に活動拠点、茶屋「心に響くおろしもち」店を開設。自殺しようと同地を訪れた人を思いとどまらせるために、日々パトロールにあたる。二〇〇六年、毎日新聞社会事業団の毎日社会福祉顕彰、二〇〇七年、あしたの日本を創る協会振興奨励賞など受賞。著書に『東尋坊の茂さん宣言』『自殺したらあかん！』(共に三省堂)、『これが自殺防止活動だ…！』(太陽出版)がある。人助けの名人。NPO法人「心に響く文集・編集局」http://toujinbou4194.com/

原 一男 はら・かずお

一九四五年、山口県生まれ。東京綜合写真専門学校中退後、養護学校の介助職員を経て、一九七二年、小林佐智子氏と疾走プロダクションを結成。同年、『さようならCP』で監督デビュー。一九八七年の『ゆきゆきて、神軍』で日本映画監督協会新人賞、ベルリン映画祭カリガリ映画賞、パリ国際ドキュメンタリー映画祭グランプリなど受賞。二〇一八年公開の『ニッポン国VS泉南石綿村』で山形国際ドキュメンタリー映画祭市民賞、東京フィルメックス観客賞、釜山国際映画祭メセナ賞(最優秀ドキュメンタリー賞)など受賞。柔らかくしなやかな牙を持つ映画監督。Twitter @kazu19451

坂口恭平　さかぐち・きょうへい

一九七八年、熊本県生まれ。早稲田大学理工学部建築学科卒業。卒論をもとに日本の路上生活者の住居を収めた写真集『0円ハウス』(リトルモア)を刊行。東日本大震災後の二〇一一年五月、故郷熊本で独立国家の樹立を宣言し、新政府総理大臣に就任。主な著書に『独立国家のつくりかた』(講談社現代新書)、『幻年時代』(幻冬舎、熊日出版文化賞)、『坂口恭平 躁鬱日記』(医学書院)、『徘徊タクシー』(新潮社)、『家の中で迷子』(新潮社)、『建設現場』(みすず書房)などがある。弾き語りCDアルバムに『Practice for a Revolution』、『アポロン』など。純粋芸術家。Twitter @zhtsss

向谷地宣明　むかいやち・のりあき

一九八三年、北海道生まれ。北海道浦河町の社会福祉法人「浦河べてるの家」理事で北海道医療大学教授、向谷地生良氏の長男。生まれた頃から、べてるの家の精神障害を体験した当事者達と共に育った。国際基督教大学卒業。二〇〇六年にべてるのメンバー有志と株式会社MCMedianを設立。医療法人社団宙麦会理事、NPO法人BASE代表理事。東京・豊島区と中野区で当事者の就労支援や生活支援を行うかたわら、べてるの家から生まれた「当事者研究」を関東の各地で実践したり家族会や当事者会活動をサポートしている。精神障害の人達と共に育つとこんなに爽やかになるのかの人。Twitter @Mukaiyachi_n

岡檀　おか・まゆみ

北海道生まれ、大阪育ち、高校から東京。外務省外郭団体の職員をしていた二〇〇七年、思うところあり大学院へ。二〇一二年、慶應義塾大学大学院にて博士号(健康マネジメント学)取得。和歌山県立医科大学保健看護学部講師、慶應義塾大学SFC研究所上席所員、二〇一七年より統計数理研究所医療健康データ科学研究センター特任助教。コミュニティ特性と住民の思考や行動様式との関係について、フィールド調査とデータ解析を重ねている。第一回日本社会精神医学会優秀論文賞受賞。著書に『生き心地の良い町』(講談社)。学者には思えないほどチャーミングな学者。

岩崎航　いわさき・わたる

一九七六年、宮城県生まれ。三歳頃に症状が現れ、翌年に筋ジストロフィーと診断される。現在は胃ろうからの経管栄養と人工呼吸器を使用し仙台市内の自宅で暮らす。二十代半ばから短詩に関心を持ち、二〇〇四年秋より五行歌形式での詩作をはじめる。著書に詩集『点滴ポール 生き抜くという旗印』、エッセイ集『日付の大きいカレンダー』、兄・岩崎健一との共著に『いのちの花、希望のうた』(いずれもナナロク社)がある。コラム「岩崎航の航海日誌」連載(ヨミドクター)、BuzzFeed Japan への外部執筆、講演会、トークイベントなど、表現の幅を広げ活動している。話している時点で言葉が詩になりかけている詩人。Twitter @iwasakiwataru

向谷地生良　むかいやち・いくよし

一九五五年、青森県生まれ。ソーシャルワーカー。北海道医療大学看護福祉学部臨床福祉学科教授。一九七八年より浦河赤十字病院医療社会事業部に勤務。一九八四年に「浦河べてるの家」発足。二〇〇二年、全国で初めて当事者が理事長・施設長に就任し、社会福祉法人を設立。二〇〇三年より現職。主な著書に『べてるの家の「非」援助論』(浦河べてるの家著、医学書院)、『技法以前』(医学書院)、『べてるの家の恋愛大研究』(浦河べてるの家との共著、大月書店)、『安心して絶望できる人生』(浦河べてるの家との共著、NHK出版)がある。筆者が知っている人のなかでいちばん変わった人。べてるねっと https://bethel-net.jp/

弓指寛治　ゆみさし・かんじ

一九八六年、三重県生まれ。名古屋学芸大学大学院メディア造形学部修士過程修了。院修了と同時に起業。学生時代の友人と名古屋で映像制作会社を設立。二〇一三年、代表取締役を辞任し、作家活動に力を入れるため東京へ。二〇一五年、ゲンロンカオス*ラウンジ新芸術校に参加。二〇一五年一〇月、母親が自殺。二〇一六年、ゲンロンカオス*ラウンジ新芸術校成果展「先制第一撃」にて金賞受賞。二〇一八年、『Oの慰霊』で岡本敏子賞受賞。現在、筆者の母親のダイナマイト心中をテーマに絵画を制作中。爽やか過ぎて芸術家に見えない画家。Twitter @KanjiYumisashi

参考文献

＊主な参考文献は全て本文中に記載しており、それについては省略いたします

・プチ鹿島『芸人「幸福」論』ベストセラーズ、二〇一八年
・『クイック・ジャパン vol. 20』太田出版、一九九八年
・岡映里『自分を好きになろう』KADOKAWA、二〇一七年
・アルフォンス・デーケン『新版 死とどう向き合うか』NHK出版、二〇一一年
・現代ビジネス「ときどき死にたくなるあなたへ…坂口恭平の新政府総理談話」(1)～(3) 講談社、二〇一七年四月十四日
・東京新聞、「〈私が選んだ道〉躁鬱病抱え 自殺防止活動する作家・坂口恭平」二〇一八年一月四日
・坂口恭平『幸福な絶望』講談社、二〇一五年
・岩崎航・齋藤陽道撮影『岩崎航エッセイ集 日付の大きいカレンダー』ナナロク社、二〇一五年
・ヨミドクター「筋ジストロフィーの詩人 岩崎航の航海日誌」YOMIURI ONLINE、二〇一六年七月～一七年三月
・BuzzFeed News「「しかたない」を乗り越える。誰もが生きることを脅かされないために」BuzzFeed Japan、二〇一七年七月二十六日
・BuzzFeed News「あなたも 私も 生きるための伴走者になって」BuzzFeed Japan、二〇一八年三月五日
・BuzzFeed News「難病と生きる兄弟が命を注ぎ込む「生きるための芸術」の凄み」「同じ病を生きて「弟は同志であり戦友」「兄は隣にいる表現者で自分の灯明」」（記事・岩永直子）BuzzFeed Japan、二〇一八年七月二三日、二四日
・『社会事業研究54号』日本社会事業大学社会福祉学会、二〇〇五年
・今西乃子『僕の父さんは、自殺した。』そうえん社、二〇〇七年
・浦河べてるの家『べてるの家の「当事者研究」』医学書院、二〇〇五年
・斉藤道雄『悩む力』みすず書房、二〇〇二年
・向谷地生良『精神障害と教会』いのちのことば社、二〇一五年
・『ゲンロンβ12 アートと生の力』ゲンロン、二〇一七年三月一七日号
・『ゲンロンβ25 アイドルとアンドロイド』ゲンロン、二〇一八年五月二五日号
・『ゲンロンβ26 チェルノブイリと哲学』ゲンロン、二〇一八年六月二二日号
・奥野修司『魂でもいいから、そばにいて 3・11の霊体験を聞く』新潮社、二〇一七年
・リチャード・ロイド・パリー『津波の霊たち 3・11 死と生の物語』早川書房、二〇一八年

末井 昭《すえい・あきら》

一九四八年、岡山県生まれ。工員、キャバレーの看板描き、イラストレーターなどを経て、セルフ出版（現・白夜書房）の設立に参加。『ウィークエンドスーパー』、『写真時代』、『パチンコ必勝ガイド』などの雑誌を創刊。二〇一二年に白夜書房を退社、現在はフリーで編集、執筆活動を行う。『自殺』（小社刊）で第三〇回講談社エッセイ賞受賞。主な著書に『素敵なダイナマイトスキャンダル』（北栄社／角川文庫／ちくま文庫／復刊ドットコム）、『絶対毎日スエイ日記』（アートン）、『結婚』（平凡社）、『末井昭のダイナマイト人生相談』（亜紀書房）、『生きる』（太田出版）などがある。平成歌謡バンド・ペーソスのテナー・サックスを担当。Twitter @sueiakira

自殺会議

二〇一八年十二月十五日　初版第一刷発行
二〇一九年二月十四日　初版第二刷発行

著者　末井 昭
ブックデザイン　鈴木成一デザイン室
装画　下杉正子
DTP　越海辰夫（越海編集デザイン）
編集　鈴木久仁子（朝日出版社第二編集部）
発行者　原 雅久
発行所　株式会社 朝日出版社
〒一〇一-〇〇六五 東京都千代田区西神田三-三-五
電話 〇三-三二六三-三三二一 ファクス〇三-五二二六-九五九九
http://www.asahipress.com/
印刷・製本　図書印刷株式会社

 ISBN978-4-255-01093-9 C0095